中等职业教育汽车专业技能课教材

汽车机械基础
（第2版）

全国交通运输职业教育教学指导委员会
中国汽车维修行业协会　组织编写

胡　琼　何向东　主　编
张水珍　黄沃光　副主编

人民交通出版社股份有限公司
北　京

内 容 提 要

本书是中等职业教育汽车专业技能课教材,主要讲述了汽车机械概要、汽车机械识图、汽车常用材料、汽车常用机构、汽车常用连接、汽车支承零部件、汽车机械传动、汽车液压传动和汽车气压传动等方面知识。

本书是中等职业教育汽车运用与维修专业、汽车车身修复专业、汽车美容与装潢专业、汽车服务与营销专业、新能源汽车运用与维修专业五个汽车类专业技能核心课教材之一,也可作为职业技能培训和相关技术人员的参考用书。

图书在版编目(CIP)数据

汽车机械基础/胡琼,何向东主编. —2 版. —北京:人民交通出版社股份有限公司,2021.8(2025.6重印)

中等职业教育汽车专业技能课教材

ISBN 978-7-114-17447-6

Ⅰ.①汽… Ⅱ.①胡… ②何… Ⅲ.①汽车—机械学—中等专业学校—教材 Ⅳ.①U463

中国版本图书馆 CIP 数据核字(2021)第 129028 号

书　　名:汽车机械基础(第2版)
著 作 者:胡　琼　何向东
责任编辑:戴慧莉
责任校对:孙国靖　龙　雪
责任印制:张　凯
出版发行:人民交通出版社股份有限公司
地　　址:(100011)北京市朝阳区安定门外外馆斜街3号
网　　址:http://www.ccpcl.com.cn
销售电话:(010)85285911
总 经 销:人民交通出版社股份有限公司发行部
经　　销:各地新华书店
印　　刷:北京印匠彩色印刷有限公司
开　　本:787×1092　1/16
印　　张:15.75
字　　数:291千
版　　次:2017年3月　第1版
　　　　　2021年8月　第2版
印　　次:2025年6月　第2版　第5次印刷　总第10次印刷
书　　号:ISBN 978-7-114-17447-6
定　　价:39.00元

(有印刷、装订质量问题的图书由本公司负责调换)

编审委员会

主　　任：王怡民(浙江交通职业技术学院)
副 主 任：刘建平(广州市交通运输职业学校)　　杨经元(云南交通技师学院)
　　　　　赵　琳(北京交通运输职业学院)　　　张京伟(中国汽车维修行业协会)
　　　　　陈文华(浙江交通职业技术学院)　　　王凯明(中国汽车维修行业协会)
特邀专家：朱　军(中国汽车维修行业协会)　　　魏俊强(北京祥龙博瑞汽车服务有限公司)
　　　　　张小鹏(庞贝捷漆油(上海)有限公司)　刘　亮(麦特汽车服务股份有限公司)
委　　员：(按姓氏笔画排序)
　　　　　毛叔平(上海市南湖职业学校)　　　　王　健(贵阳市交通技工学校)
　　　　　王彦峰(北京交通运输职业学院)　　　王　强(贵州交通职业技术学院)
　　　　　占百春(苏州建设交通高等职业技术学校)　刘新江(四川交通运输职业学校)
　　　　　刘宣传(广州市公用事业技师学院)　　齐忠志(广州市交通运输职业学校)
　　　　　吕　琪(成都工业职业技术学院)　　　李　青(四川交通运输职业学校)
　　　　　李雪婷(成都汽车职业技术学校)　　　李春生(广西交通技师学院)
　　　　　李文慧(新疆交通职业技术学院)　　　李　晶(武汉市东西湖职业技术学校)
　　　　　陈　虹(浙江交通技师学院)　　　　　陈文均(贵州交通技师学院)
　　　　　陈社会(无锡汽车工程中等专业学校)　张　炜(青岛交通职业学校)
　　　　　杨永先(广东省交通运输高级技工学校)　杨承明(杭州技师学院)
　　　　　杨建良(苏州建设交通高等职业技术学校)　杨二杰(四川交通运输职业学校)
　　　　　陆松波(慈溪市锦堂高级职业中学)　　何向东(广东省清远市职业技术学校)
　　　　　邵伟军(杭州技师学院)　　　　　　　周志伟(深圳市宝安职业技术学校)
　　　　　林育彬(宁波市鄞州职业高级中学)　　易建红(武汉市交通学校)
　　　　　林治平(厦门工商旅游学校)　　　　　胡建富(浙江交通技师学院)
　　　　　赵俊山(济南第九职业中等专业学校)　荆叶平(上海市交通学校)
　　　　　郭碧宝(广州市交通技师学院)　　　　姚秀驰(贵阳市交通技工学校)
　　　　　崔　丽(北京市丰台区职业教育中心学校)　曾　丹(佛山市顺德区中等专业学校)
　　　　　蒋红梅(重庆市立信职业教育中心)　　喻　媛(柳州市交通学校)

第2版前言 Preface

本套由全国交通运输职业教育教学指导委员会、中国汽车维修行业协会组织编写的教材,自2017年3月出版以来,多次重印,被全国多所中等职业学校选为教学用书,受到了广大师生的好评。

为了体现职业教育理念,贴近汽车运用与维修专业实际教学目标,促进"教、学、做"更好地结合,突出对学生实践能力的培养,使之成为技能型人才,2020年11月,人民交通出版社股份有限公司吸取教材使用学校的意见和建议,组织相关老师,经过认真研究和充分讨论,确定了修订方案,对本套教材进行了修订。通过教材修订,使教材在结构和内容上与教学内容更加吻合。

《汽车机械基础(第2版)》是其中的一本。此次修订内容如下:

1. 对第1版中陈旧的内容、数据和车型进行了更新;
2. 对第1版中采用的标准进行核查,更新了部分法规、技术标准;
3. 替换了第1版中不清晰的图片;
4. 补充了物体静力分析的基本概念和液压传动知识;
5. 配套的电子课件也进行了修订,并将单元后思考与练习的参考答案添加到配套电子课件中供教师参考。

本书由广东省清远市职业技术学校的胡琼、何向东担任主编,广东省河源理工学校的张水珍、广东省清远市技师学院的黄沃光担任副主编。参加编写的还有广东省清远市连山壮族瑶族自治县职业技术学校的潘振洲、广州市公用事业技师学院的刘宣传、广州市增城区职业技术学校的叶峻峰。

限于编者水平,书中难免有不当之处,敬请广大院校师生提出意见和建议,以便再版时完善。

作　者
2021年4月

第1版前言

为深入贯彻落实全国职业教育工作会议精神和《国务院关于加快发展现代职业教育的决定》，促进职业教育专业教学科学化、标准化、规范化，教育部组织制定了《中等职业学校专业教学标准（试行）》。全国交通运输职业教育教学指导委员会具体承担了汽车运用与维修（专业代码082500）、汽车车身修复（专业代码082600）、汽车美容与装潢（专业代码082700）、汽车整车与配件营销（专业代码082800）4个汽车类专业教学标准的制定工作。

根据教育部《关于中等职业教育专业技能课教材选题立项的函》（教职成司函[2012]95号）文件精神，人民交通出版社申报的上述4个汽车类专业技能课教材选题成功立项。

2014年10月，人民交通出版社联合全国交通运输职业教育教学指导委员会、中国汽车维修行业协会在北京召开了"教育部中等职业教育汽车专业技能课教材编写会"，并成立了由全国交通运输职业教育教学指导委员会领导、中国汽车维修行业协会领导、知名汽车维修专家及院校教师组成的教材编审委员会。会上，确定了4个汽车类专业34本教材的编写团队及编写大纲，正式启动了教材编写。

教材的组织编写，是以教育部组织制定的4个汽车类专业教学标准为基本依据进行的。教材从编写到成稿形成以下特色：

1. "五位一体"的编审团队。从组织编写之初，就本着"高起点、高标准、高要求"的原则，成立了由国内一流的院校、一流的教师、一流的专家、一流的企业、一流的出版社组成的五位一体的编审团队。

2. 精品化的内容。编审团队认真总结了中职院校的优秀教学成果，结合了企业的职业岗位需求，吸收了发达国家的先进职教理念。教材文字精炼、插图丰富，尤其是实操性的内容，配了大量实景照片。

3. 理实一体的编写模式。教材理论内容浅显易懂，实操内容贴合生产一线，将知识传授、技能训练融为一体，体现"做中学、学中做"的职教思想。

4. 覆盖全国的广泛适用性。本套教材充分考虑了全国各地院校的分布和实际情况，涉及的车型和设备具有代表性和普适性，能满足全国绝大多数中职院校的实际需求。

5. 完善的配套。本套教材包含"思考与练习""技能考核标准",并配有电子课件和微视频,以达到巩固知识、强化技能、易教易学的目的。

《汽车机械基础》是本套教材中的一本。与传统同类教材相比,本书注重课程的基础性和服务性,以"必须、够用"为原则,紧密联系应用和教学实际,为学生的综合职业能力和可持续发展奠定坚实的基础。本书文字简洁,通俗易懂,图文并茂,形象直观,可真正提高读者的学习兴趣。

本书的编写分工为:广东省清远市职业技术学校的胡琼编写了单元一、单元三,广东省连山县职业技术学校的潘振洲编写了单元二,广东省河源理工学校的张水珍编写了单元四,广东省清远技师学院的黄沃光编写了单元五,广东省广州市公用事业技师学院的刘宣传编写了单元六,广东省清远市职业技术学校的何向东编写了单元七、单元九,广东省城市职业技术学校的叶峻峰编写了单元八。全书由广东省清远市职业技术学校的胡琼、何向东担任主编。

限于编者水平,又是完全按照新的教学标准编写,书中难免有不当之处,敬请广大院校师生提出意见和建议,以便再版时完善。

编审委员会
2016 年 3 月

目录 Contents

单元一　汽车机械概要 ……………………………… 1
　一、机械的认识 …………………………………… 1
　二、物体静力分析 ………………………………… 7
　三、机械摩擦、磨损、润滑和密封 …………… 10
　单元小结 ………………………………………… 15
　思考与练习 ……………………………………… 16

单元二　汽车机械识图 …………………………… 19
　一、机械制图标准与绘图工具 ………………… 19
　二、点、线和平面的投影 ……………………… 28
　三、零件图的表达与识读 ……………………… 39
　四、装配图的识读 ……………………………… 50
　单元小结 ………………………………………… 56
　思考与练习 ……………………………………… 58

单元三　汽车常用材料 …………………………… 61
　一、金属材料的力学性能 ……………………… 61
　二、碳素钢 ……………………………………… 65
　三、合金钢 ……………………………………… 68
　四、铸铁 ………………………………………… 72
　五、有色金属及其合金 ………………………… 74
　单元小结 ………………………………………… 78
　思考与练习 ……………………………………… 79

单元四　汽车常用机构 …………………………… 82
　一、平面机构 …………………………………… 82
　二、平面四杆机构 ……………………………… 87
　三、凸轮机构 …………………………………… 93
　单元小结 ………………………………………… 98
　思考与练习 ……………………………………… 98

单元五　汽车常用连接 …… 102
  一、键连接与销连接 …… 103
  二、螺纹连接 …… 111
  三、弹性连接 …… 122
  四、联轴器与离合器 …… 127
  单元小结 …… 139
  思考与练习 …… 140

单元六　汽车支承零部件 …… 144
  一、轴 …… 144
  二、滑动轴承 …… 150
  三、滚动轴承 …… 156
  单元小结 …… 160
  思考与练习 …… 161

单元七　汽车机械传动 …… 164
  一、带传动 …… 165
  二、链传动 …… 176
  三、齿轮传动 …… 185
  四、蜗杆传动 …… 199
  五、齿轮系 …… 202
  单元小结 …… 212
  思考与练习 …… 213

单元八　汽车液压传动 …… 218
  一、液压传动的认识 …… 218
  二、液压传动的主要元件 …… 222
  三、液压传动基本回路 …… 231
  单元小结 …… 232
  思考与练习 …… 233

单元九　汽车气压传动 …… 235
  一、气压传动的认识 …… 235
  二、气压传动的主要元件 …… 237
  单元小结 …… 241
  思考与练习 …… 242

参考文献 …… 243

单元一　汽车机械概要

　学习目标

1. 知道汽车机械总体构造；
2. 理解机器、零件、部件、构件、机构、机械基本概念；
3. 描述机器组成,理解物体静力分析基本概念；
4. 分析机械的摩擦、磨损、润滑和密封。

　建议课时

4课时。

一　机械的认识

（一）汽车机械总体构造

汽车一般由发动机、底盘、车身和电气设备四大部分组成。汽车是一个以机械系统为主的机器,通过这四大部分实现汽车安全行驶功能。典型的轿车总体构造如图1-1所示。

图1-1　典型的轿车总体构造图

(二)机器的组成、特征和组成部件

❶ 机器的组成

机器是由各种金属和非金属部件组装成的装置,消耗能源,可以运转、做功。它可以用来代替人的劳动、进行能量变换、信息处理以及产生有用功。机器贯穿在人类历史的全过程中。但是,近代真正意义上的"机器",却是在西方工业革命后才逐步被发明利用的。

图 1-2 所示为单缸内燃机剖视图,其中活塞、连杆、曲轴和缸体组成主体部分。缸内燃烧的气体膨胀,推动活塞作直线往复运动,通过连杆使曲轴转动并将动力输出。活塞两边设有进、排气门推杆,其下端的凸轮转动使气门按时开关,分别用来控制进气与排气。

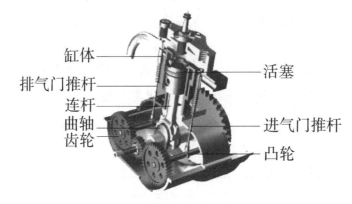

图 1-2 单缸内燃机剖视图

❷ 机器的特征

机器的种类繁多,其结构、功用各异,但从机器的组成分析,具有下列三个特征:

(1)都是人为的实物组合,由多种构件组成;
(2)各构件之间有确定的相对运动;
(3)能实现能量转换或完成有用的机械功。

❸ 机器的组成部件

1)零件

图 1-3 螺母零件

零件又称机械元件。从制造角度看,机器是由若干个零件组成的。零件是机器组成中不可再拆的最小单元,是机器的制造单元,如螺钉和螺母(图 1-3)等。

(1)零件的分类。机器中的零件可分为专用零件和通用零件。

①专用零件。专用零件只适用于一定类型的特殊机械,具有专门的功用和

性能,如汽车上使用的曲轴和凸轮轴等。

②通用零件。通用零件是在各类机械中经常使用的零件,具有普遍的适用性,如汽车上使用的各类连接螺栓和螺母等。

(2)零件的受力和变形。机械零件在不同的外力作用下,将产生不同形式的变形。主要的受力和变形有如下几种。

①拉伸或压缩。这类变形形式是由大小相等、方向相反、作用线与杆件轴线重合的一对力引起的,主要表现为杆件的长度发生伸长或缩短,如起吊重物的钢索,液压油缸的活塞杆的变形等,都属于拉伸或压缩变形。在汽车中经常见到承受拉伸或压缩的杆件,例如紧固螺栓的受力(图1-4),当拧紧螺母时,被压紧的工件对螺杆有反作用力,螺杆承受拉伸;千斤顶的螺杆在顶起重物时,则承受压缩。前者发生伸长变形,后者发生压缩变形。直杆沿轴线受大小相等、方向相反的外力作用,发生伸长或缩短的变形时,称为直杆的轴向拉伸或压缩。

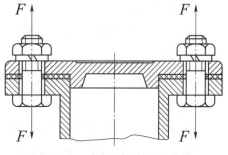

图1-4 紧固螺栓的受力

②剪切。在汽车中经常见到承受剪切作用的构件。这类杆件受力的共同特点是:在构件的两侧面上受到大小相等、方向相反、作用线相距很近而且垂直于杆轴外力的作用。在这样的外力作用下,杆件的主要变形是:以两力间的横截面为分界面,构件的两部分沿该面发生相对错动,构件的这种变形形式称为剪切,截面称为剪切面,剪切面与外力的方向平行。当外力足够大时,构件将沿剪切面被剪断。只有一个剪切面,称为单剪,同时构件受压,两侧还受到其他构件的挤压作用,这种局部表面受压的现象称为挤压。若压力较大,则接触面局部区域会发生显著的塑性变形,致使构件不能正常使用,这种现象称为挤压破坏。连接件除了受剪切和挤压外,往往还伴随有其他形式的变形。例如,弯曲或拉伸变形,但由于这些变形相对剪切和挤压变形来说是次要的,故一般不予考虑。这类变形形式是由大小相等、方向相反、作用线相互平行的力引起的,表现为受剪切杆件的两部分沿外力作用方向发生相对错动。汽车中常用的连接件,如铆钉(图1-5)、键、销和螺栓等都产生剪切变形。

剪切变形

③扭转。扭转这类变形形式是由大小相等、方向相反、作用面都垂直于杆轴的两个力偶引起的,表现为杆件的任意两个横截面发生绕轴线的相对转动,如汽车的传动轴、电动机和发动机的主轴等都是受扭杆件。在垂直于杆轴线的平面内有力偶作用时,杆件将产生扭转变形,即杆的各横截面绕杆轴作相对转动。

图 1-6 所示为承受扭转的杆轴。

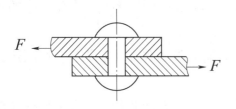

图 1-5　铆钉剪切变形　　　　图 1-6　承受扭转的杆轴

杆的扭转变形具有如下特点。

a. 受力:在杆的两端垂直于杆轴线的平面内作用着两个力偶,其力偶矩相等,转向相反。

b. 变形:杆上各个横截面均绕杆的轴线发生相对转动。任意两个横截面之间相对转过的角度称为相对扭转角。

在汽车中常有遭遇扭转变形的构件。例如驾驶人双手在转向盘上的平面内各施加一个大小相等、方向相反、作用线平行的力,它们形成一个力偶,作用在操纵杆的上端;而在操纵杆的下端则受到来自转向器的反力偶的作用,这样操纵杆便受到扭转作用。

④弯曲。弯曲这类变形形式是由垂直于杆件轴线的横向力,或由作用于包含杆轴的纵向平面内的一对大小相等、方向相反的力偶引起的,表现为杆件轴线由直线变为曲线。如汽车钢板弹簧(图1-7)、车桥、载货汽车底盘纵梁等受力后,这些直杆的轴线将由原来的直线弯成曲线,这种变形称为弯曲。以弯曲变形为主的杆件通常称为梁。

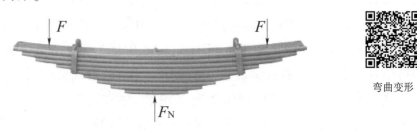

弯曲变形

图 1-7　汽车钢板弹簧弯曲变形

还有一些杆件同时发生几种基本变形,例如发动机曲轴工作时发生弯曲、扭转和压缩三种基本变形,这种情况称为组合变形。

(3) 机械零件失效。机械零件失效的形式多种多样,按机械零件的工作条件及失效的宏观表现与规律,可分为断裂失效、表面损伤失效、变形失效等。

①机械零件彻底破坏,不能再使用,如轴断裂。

②严重损伤继续使用不安全,如有裂纹产生、表面磨损。

③虽然还能安全工作,但已不能起到预定的作用,如有严重变形。

只要发生上面情况中的任何一种,都可以认为机械零件已经失效。

2)部件

部件是指一套协同工作且完成共同任务的零件组合,如滚动轴承(图1-8)等。

3)构件

从运动角度看,可以认为机器是由若干构件组成的,各构件之间具有确定的相对运动。所以,构件是机器中作为一个整体运动的最小单元,如汽车轮胎(图1-9)等。构件一般由若干个零件刚性连接而成,也可能是单一的零件。

图1-8 滚动轴承　　　　图1-9 汽车轮胎

根据运动状况的不同,构件可分为固定构件和运动构件。

固定构件(如机架)一般用于支撑运动构件,通常是机器的机座。

运动构件是相对于机架运动的构件,分为主动件和从动件。主动件是带动其他可动构件运动的构件,从动件是随主动件运动的构件。

(1)构件转动的角速度。角速度是表示构件转动快慢和转动方向的物理量。图1-10所示为角速度示意图,设有一动点绕 O 点做圆周运动,经过时间 t 后,动点从 A 点转到 A' 点,即绕旋转中心 O 点转过的角度为 φ。

角速度是指单位时间内动点转过的弧度,用 ω 表示,计算公式为

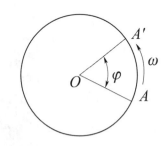

图1-10 角速度示意图

$$\omega = \frac{\varphi}{t} \tag{1-1}$$

式中: ω ——角速度,其方向与角位移增量方向一致,rad/s(弧度/秒);

φ ——动点在 t 时间内转过的角度。

工程上常用转速 n 来表示物体转动的快慢。角速度 ω 与转速 n 之间的关

系为

$$\omega = \frac{2\pi n}{60} \tag{1-2}$$

式中：n——构件的转速，r/min。

（2）转动惯量。静止的飞轮，如果不对其施加外力，飞轮仍然保持静止状态；转动的飞轮在机器切断动力后，并不会立即停止，仍然会继续转动。可见，转动物体具有保持原有运动状态不变的惯性。物体转动过程中表现出来的惯性称为转动惯性。度量物体转动惯性大小的物理量称为转动惯量。转动惯量是恒为正值的标量，转动惯量通常用 I 表示，其单位是 $kg \cdot m^2$，计算公式为

$$I = \sum \Delta m r^2 \tag{1-3}$$

式中：$\sum$——将所有质点的转动惯量求和；

Δm——每一质点的质量；

r——每一质点离旋转中心的距离。

发动机飞轮通常做成边缘厚而中间薄的形状，这是为了将大部分材料分布在远离飞轮中心的地方，以便使用较少的材料而获得较大的转动惯量，即使发动机负荷有波动时，其也仍能平稳转动。

4）机构

机构指由多构件组成且各构件之间有确定的相对运动，用来传递运动和力的构件系统，如发动机的曲柄连杆机构（图1-11）等。与机器相比，机构仅具备机器的前两个特征。

图1-11　发动机曲柄连杆机构

（三）机械和机械传动

1 机械的定义

由机器的结构可见，机构的性能和零件的质量决定着机器的完善程度。无论是制造机器还是使用机器，都必须将机构和零件作为基础来学习。除了能量转换或完成有用的机械功方面的不同，机器与机构并无区别，因此，习惯上将机器和机构统称为机械。

2 机械传动类型

机械传动装置是用来传递运动和动力的机械装置。

按传递力的方式不同,机械传动可分为摩擦传动和啮合传动。

摩擦传动可分为摩擦轮传动和带传动等;啮合传动可分为齿轮传动、蜗轮传动、螺旋传动、链传动和同步齿形带传动等。

❸ 机械效率

机器在工作时,由于摩擦力等阻力的存在,必然要损耗一部分功率,以致功率不能被完全利用。损耗功率的大小是衡量机器性能的又一个重要指标。为了衡量机器输入功率被利用的程度,引入机械效率的概念。

机器的输出功率 P_{out} 与输入功率 P_{in} 的比值,称为该机器的机械效率,用 η 表示,即

$$\eta = \frac{P_{out}}{P_{in}} \times 100\% \tag{1-4}$$

(四)机械的组成

由汽车这种典型的机械代表可见,机械通常由四部分组成。

1)原动机部分

原动机部分是机器工作的动力来源,可将其他形式的能量转为机械能,如发动机、电动机等。

2)执行部分

执行部分是直接完成机器预定工作任务的部分,如车轮等。

3)传动部分

传动部分是将动力部分的运动和动力传递给执行部分,如离合器、变速器、传动轴和差速器等。

4)操作或控制部分

操作或控制部分是监控机器的运行位置和状态,控制机器正常运行和工作,如转向盘、换挡杆、制动踏板和加速踏板等。

二 物体静力分析

(一)力的概念

❶ 定义

力是物体间相互的机械作用。力的作用点、力的方向、力的大小为力的三要素。

把力的三要素用带箭头的有向线段表示出来称为力的图示,如图1-12所示。

线段的长度(按一定比例画出)表示力的大小,箭头的指向表示力的方向,线段的起始点或终止点表示力的作用点。通过力的作用点,沿着力的方向的直线,叫作力的作用线。

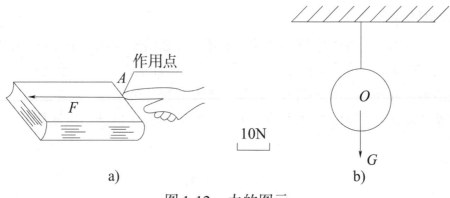

图1-12　力的图示

2 分类

力的常见种类有以下三种。

(1)重力。重力是物体受到地球的吸引而产生的力。

(2)弹力。当物体在外力作用下发生弹性变形时,反抗形变的力称为弹力。

(3)摩擦力。两个物体相互接触并有相对运动或相对运动趋势时,接触面上产生阻碍物体相对运动或相对运动趋势的力称为摩擦力。

(二)受力图

为了清楚地表示物体的受力情况,需要把所研究的物体从周围物体中分离出来,并单独画出其简图。这种从周围物体中隔离出来的物体称为分离体。画出分离体上所有作用力的图,称为物体的受力图。

画受力图的主要步骤如下。

(1)选取研究对象。根据题目要求确定研究对象,将研究对象从与它相联系的周围物体(约束)中分离出来,用最简明的轮廓单独画出。

(2)受力分析。分析研究对象的受力情况,包括研究对象所受的主动力以及哪些物体(约束)对研究对象有力的作用。

(3)画受力图。画出作用在研究对象上的全部已知力和约束反力。

(三)平衡

物体在力系的作用下保持静止状态或做匀速直线运动,称物体处于平衡状态。图1-13所示的自卸汽车受力情况中,推杆BE和翻斗保持静止不动,即视为平衡状态。

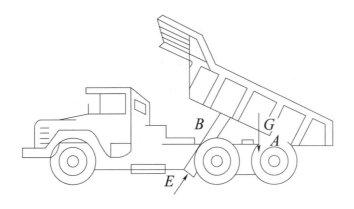

图1-13 自卸汽车受力情况

如果物体在力系作用下处于平衡状态,这种力系称为平衡力系。力系平衡的条件称为平衡条件。

在外力作用下,形状和大小都保持不变的物体称为刚体。静力学中研究物体平衡时,都把它看作刚体,图1-13中的推杆BE和翻斗都是刚体。

(四)力矩

若某物体具有一固定支点O,受F力作用,当F力的作用线不通过固定支点O时,则物体将产生转动效应,其转动效应与力F的大小与点O到力F作用线的垂直距离h有关,用它们的乘积来度量,称之为平面力对点的矩(图1-14),简称力矩,记作:

$$M_O(F) = \pm Fh \qquad (1-5)$$

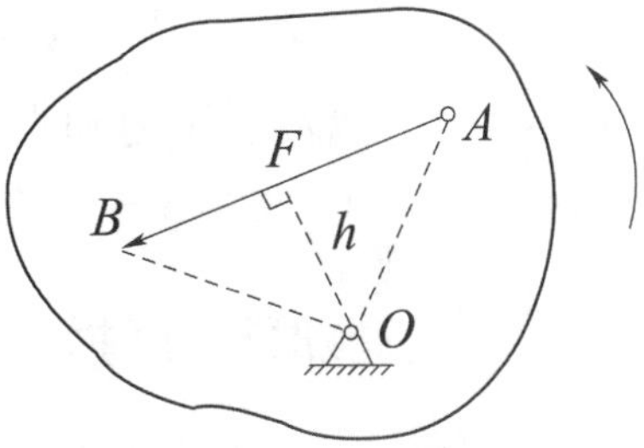

(五)力偶

在实践中,经常遇到某物体受到大小相等、方向相反、但不在同一条作用线上的两平行力作用,使物体转动的情况。例如,汽车驾驶人转动转向盘,如图1-15所示。

图1-14 力对点的矩

这种由两个作用于刚体上大小相等、方向相反但不共线的平行力所组成的最简单的力系称为力偶,如图1-16a)所示。力偶只能使刚体产生纯转动效应,而不能产生移动效应。力偶对刚体产生的转动效应,用力偶矩M来度量,记作:

$$M = \pm Fd \qquad (1-6)$$

式中:d——两个力作用线之间的垂直距离,称为力偶臂。

衡量力偶转动效应的三个要素是:力偶矩的大小、力偶的转向和力偶的作用面。

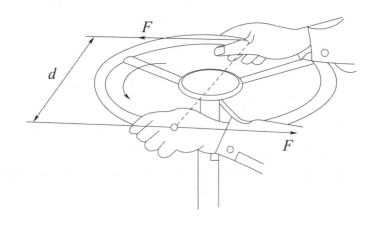

图 1-15　力偶的实例

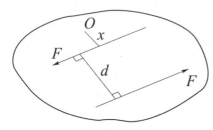 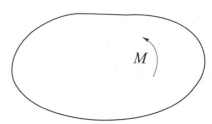

a)用力和力偶臂表示力偶　　　　b)用带箭头的弧线表示力偶矩

图 1-16　力偶

平面力偶除了用力和力偶臂表示外,也可以用一带箭头的弧线表示,M 表示力偶矩的大小,箭头表示力偶矩的转向,如图 1-16b)所示。

三　机械摩擦、磨损、润滑和密封

（一）机械摩擦

❶ 机械摩擦的定义

机械摩擦是指两相互接触的物体有相对运动或相对运动趋势时,在接触处产生阻力的现象。摩擦是自然界普遍存在的正常现象,只要有相对运动或相对运动趋势的两物体接触表面之间就会有摩擦存在。

❷ 摩擦的两面性

摩擦对汽车有利有弊。摩擦会带来能量损耗,使相对运动表面发热、机械效率降低,还会引起振动和噪声等;汽缸与活塞环之间的摩擦,使零件产生磨损,使得发动机工作效率降低。

而在螺纹连接、摩擦传动、制动和各种车辆的驱动能力等方面还必须依赖摩擦。汽车离合器的工作原理也得益于摩擦,使之能够传递动力。

❸ 摩擦的类型

1) 根据摩擦副的运动形式分

根据摩擦副的运动形式不同,摩擦分为滑动摩擦和滚动摩擦。

(1) 滑动摩擦。滑动摩擦是指两个相互接触的物体,发生相互运动或存在相对运动趋势时,它们的接触面间会产生阻碍彼此滑动的现象。两接触面之间的阻力称为滑动摩擦力。若两个物体只有相对滑动趋势,但仍保持相对静止,接触面上产生的摩擦力称为静滑动摩擦力,简称静摩擦力。若接触面已经相对滑动,这时产生的摩擦力称为滑动摩擦力,简称动摩擦力。

由于摩擦力阻碍物体间的相对运动,所以摩擦力 F 的方向(沿接触面的公切线)与相对运动或运动趋势的方向相反。

(2) 滚动摩擦。滚动摩擦是指一物体沿另一物体表面做相对滚动或有相对滚动趋势时产生的对物体滚动的阻碍现象。以滚动代替滑动可以大大减少摩擦阻力。

物体的滚动情况与接触面有关。滚动物体在接触面上滚动或有滚动的趋势时,物体和接触面都会发生形变。其形变可以分为接触面形变而滚动物体不发生形变(此时物体称之为刚体)、接触面不发生形变(此时接触面称之为刚性面)而滚动物体发生形变、接触面和滚动物体都不发生形变以及接触面和滚动物体都发生形变等四种情况。

经验告诉我们:汽车在坚硬的路面上行驶要比在松软的泥地上省力;汽车轮胎充气不足时,行驶起来比较费力。可见,轮子滚动所受到的阻碍与接触面的形变有关。

2) 根据摩擦副的摩擦状态分

根据摩擦副的摩擦状态,摩擦可分为干摩擦、边界摩擦、液体摩擦和混合摩擦,如图 1-17 所示。

(1) 干摩擦。干摩擦是指摩擦的表面之间没有润滑剂或保护膜的摩擦。这种摩擦形式的动摩擦因数大,用于有意识利用摩擦的场合中,如汽车离合器(图 1-18)、汽车盘式制动器(图 1-19)中的摩擦副等摩擦。

(2) 边界摩擦。边界摩擦指摩擦表面间有一层极薄的润滑剂,摩擦性质与润滑剂的黏度无关,取决于两表面的特性和润滑油油性,如汽车主减速器、差速器总成齿轮间的摩擦。

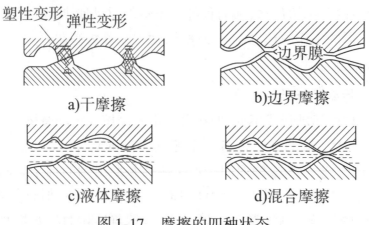

图 1-17　摩擦的四种状态

图 1-18　汽车离合器

图 1-19　汽车盘式制动器

（3）液体摩擦。液体摩擦指摩擦表面之间被液体润滑膜完全隔离开，摩擦力的大小取决于液体分子内部摩擦力。在机械传动中，两零件表面之间处于液体摩擦状态是最理想的状态，也是很难达到的状态。

（4）混合摩擦。机械运动的接触表面，大多数处于以上三种摩擦状态的混合，故称之为混合摩擦，如曲轴滑动轴承工作时处于混合摩擦。

（二）机械磨损

摩擦将导致机件表面材料的逐渐丧失或转移，形成磨损。机械磨损会降低机器工作可靠性，影响机器的精度，最终导致机器报废。

❶ 磨损的类型

根据磨损机理，磨损主要分为黏着磨损、磨料磨损、疲劳磨损和腐蚀磨损等类型。

（1）黏着磨损。黏着磨损一般发生在重载状态，表面没有润滑的干磨损状态。当摩擦发热的温度超过金属的熔点时，两运动表面产生熔化、黏着，材料之间出现转移,表面形成胶黏划伤现象。

(2)磨料磨损。磨料磨损是指摩擦表面之间渗入硬颗粒或硬的微凸体,并在较软的材料表面上犁刨出很多沟纹的微切削过程。

(3)疲劳磨损。疲劳磨损是指当机械零件周期性工作达到一定期限之后,接触表面会产生疲劳裂纹,由于充足的润滑油渗入到裂纹中,接触表面短时间形成封闭裂纹,使裂纹内的油液压力急剧升高,超过材料的极限强度之后,金属表面材料出现脱落,形成麻坑的过程。

(4)腐蚀磨损。腐蚀磨损是指机械零件在摩擦过程中金属与周围介质发生化学反应而引起的磨损。

❷ **机械零件磨损过程**

任何零件相对运动,都不可避免地会出现正常的磨损。正常的磨损过程大致分为三个阶段,即磨合阶段、稳定磨损阶段和剧烈磨损阶段,如图1-20a)所示。零件经过机械加工后的表面,即使其表面粗糙度值很小,也达不到磨合后的标准,如图1-20b)所示。所以,相对运动的零件表面必然要经过正常的磨合阶段,如新出厂汽车经过磨合期之后,各运动表面进入稳定磨损阶段。机器的品质越高,其稳定磨损阶段越长,使用寿命也就越长。

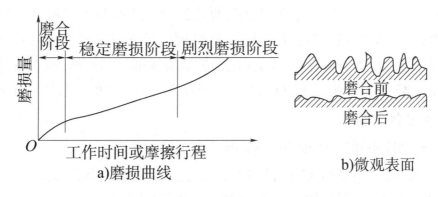

图1-20 零件磨损曲线及微观表面

(1)磨合阶段。机件运转初期,摩擦副的接触面积较小,单位面积实际载荷较大,磨损速度较快。随着摩擦的进行,有效接触面积增大,磨损速度明显放慢,进入稳定工作阶段。

(2)稳定磨损阶段。稳定磨损阶段由于摩擦副的有效接触面积增大,单位面积实际载荷减小,磨损平稳而缓慢。

(3)剧烈磨损阶段。剧烈磨损阶段由于摩擦副的间隙不断增大,磨损加剧,直至零件或机器失效。

❸ 发动机零部件主要磨损形式

发动机在工作过程中，零部件由于摩擦会产生磨损，其主要的磨损形式如下。

(1) 黏着磨损。黏着磨损是指摩擦产生的热量使接触表面熔和、焊接到一起。

(2) 研磨。研磨是指接触面之间有固体颗粒(磨粒)存在,相对运动,碾压形成。

(3) 腐蚀。腐蚀是指零部件表面同环境物质发生反应,然后脱落。

(4) 疲劳。疲劳是指受周期性作用力,接触表面疲劳,出现裂纹或脱落。

(5) 气蚀。气蚀是指气泡的迅速形成和破裂造成压力的急剧变化,冲击金属表面造成损伤。

(三) 机械润滑

❶ 润滑的作用

润滑是向承载的两摩擦表面之间注入润滑剂,以降低摩擦阻力和减缓磨损的技术措施。润滑在各种机械中的主要作用：润滑材料被添加到相对运动机件的摩擦面上,使其脱离直接接触,达到降低摩擦和减少磨损的目的；随时将摩擦热排出机件外；润滑材料在流动过程中,将摩擦面污物清洗排除；保护摩擦表面不受侵蚀；密封、减振和卸荷等。为了减轻发动机零部件的磨损,减小摩擦阻力,延长其使用寿命,发动机必须进行润滑,以提高发动机工作的可靠性和耐久性。

❷ 润滑的类型

根据润滑是否连续,将润滑分为间歇润滑和连续润滑。

(1) 间歇润滑。间歇润滑是指靠手工定时加油、加脂的润滑方式。这种润滑装置结构简单,但不可靠,用于轻载、低速和不重要部位。

(2) 连续润滑。连续润滑是指连续供油,供油比较可靠,有的还可以调节润滑方式。

考虑润滑问题,主要是选用何种润滑剂,如何供给润滑剂和采用何种供给装置。

❸ 发动机润滑系统维护

养成良好的驾驶习惯,定期检查机油液面高度。液面过高不仅会增加发动机运转时的阻力,造成不必要的功率损失,还会造成机油泄漏；液面过低,会因润滑不良而损坏发动机。

机油液面过低应检查发动机有无机油泄漏。起动发动机前打开点火开关，机油平面指示灯和机油压力指示灯亮，起动发动机后指示灯应熄灭。如有异常现象，必须停车检查。

使用适当黏度的机油。机油黏度过低，则油膜容易破坏而产生零件快速磨损现象；黏度过高，则将产生零件移动的附加阻力，致使发动机起动困难，功率损失增加。因此，更换机油时，尽可能使用厂商建议的黏度等级。

(四)机械密封

❶ 密封的类型

机械的密封是一个不可忽视的质量问题。"三漏"(漏油、漏水和漏气)会严重影响机械的正常运转、外观、工作效率和使用寿命，并会引起环境污染和资源浪费。因此，为保证机械设备能正常工作，必须采用可靠的密封。

按密封的零件表面之间有无相对运动，密封可分为静密封和动密封两类。静密封有密封垫、密封胶、直接接触三种密封方式。动密封按密封件与其做相对运动的零部件是否接触，可分为接触式密封和非接触式密封。

(1)静密封。静密封通常是指两个静止面之间的密封。如管道连接、压力容器以及传动装置等的结合面间的密封。

(2)动密封。动密封是指有相对运动的两个零部件之间的密封。如发动机中活塞与汽缸体之间的密封。

❷ 控制发动机的"三漏"

在对汽车发动机维修时，"三漏"现象最令维修人员头痛。"三漏"直接影响汽车的正常使用及汽车发动机的外观洁净程度，必须严格控制。

发动机密封件材质的优劣及其正确选用，直接影响着发动机密封性能的好坏。

单元小结

(1)机器是由各种金属和非金属部件组装成的装置，消耗能源，可以运转、做功。除了能量转换或完成有用的机械功方面的不同，机器与机构并无区别，因此，习惯上将机器和机构统称为机械。

(2)机器通常由原动机部分、执行部分、传动部分和操作或控制部分组成。

(3) 机械零件的受力和变形主要有拉伸或压缩、剪切、扭转和弯曲。

(4) 零件失效的形式多种多样,按零件的工作条件及失效的宏观表现与规律,可分为断裂失效、表面损伤失效和变形失效等。

(5) 力是物体间相互的机械作用。力的三要素:力的作用点、力的方向、力的大小。把力的三要素用带箭头的有向线段表示出来称为力的图示。

(6) 为了清楚地表示物体的受力情况,需要把所研究的物体从周围物体中分离出来,单独画出它的简图,这种从周围物体中隔离出来的物体称为分离体。画出分离体上所有作用力的图,称为物体的受力图。

(7) 当物体在力系的作用下,保持静止状态或做匀速直线运动称物体处于平衡状态。如果物体在力系作用下处于平衡状态,这种力系称为平衡力系。

(8) 两相互接触的物体有相对运动或相对运动趋势时,在接触处会产生摩擦。根据摩擦副的运动形式,摩擦分为滑动摩擦和滚动摩擦;根据摩擦副的摩擦状态,摩擦分为干摩擦、边界摩擦、液体摩擦和混合摩擦。

(9) 根据磨损机理,磨损主要分为黏着磨损、磨料磨损、疲劳磨损和腐蚀磨损等类型。磨损过程大致分为三个阶段,即磨合阶段、稳定磨损阶段和剧烈磨损阶段。新车出厂时,由于零件的加工精度和装配过程中存在误差,因此,需要一定里程的磨合期。

(10) 润滑材料被添加到相对运动机件的摩擦面上,使运动机件脱离直接接触,达到降低摩擦和减少磨损的目的;随时将摩擦热排出机件外;润滑材料在流动过程中,将摩擦面污物清洗排除;保护摩擦表面不受侵蚀;密封、减振和卸荷等。根据润滑是否连续,将润滑分为间歇润滑和连续润滑。为了降低摩擦损失,应定期进行发动机润滑系统维护。

(11) 机械的密封是一个不可忽视的质量问题,必须采用可靠的密封。按密封的零件表面之间有无相对运动,密封可分为静密封和动密封两大类。应严格控制发动机重要部位的"三漏"。

(一)填空题

1. 机械是_____和_____的统称。
2. 机器中的零件可分为_____和_____。
3. 一部完整的机器,一般由_____、_____、_____和_____四个部分组成。

4. 零件失效的形式多种多样，按零件的工作条件及失效的宏观表现与规律可分为_____、_____、_____等。

5. 部件是构成机械的_____，而零件则是机器的_____。

6. _____是两相互接触的物体有相对运动或相对运动趋势时，在接触处产生阻力的现象。

7. 力是_____相互的机械作用。

8. 把力的三要素用带箭头的有向线段表示出来称为_____。

9. 物体在力系的作用下，保持静止状态或做匀速直线运动称物体处于_____。

10. 根据摩擦副的运动形式，摩擦分为_____和_____。根据摩擦副的摩擦状态，摩擦可分为_____、_____、_____、_____。

11. 根据磨损机理，磨损主要分为_____、_____、_____和_____等类型。

12. 磨损过程大致分为三个阶段，即_____、_____和_____。

(二) 选择题

1. 汽车发动机对于汽车而言是汽车的(　　)。
   A. 动力装置　　B. 传动装置　　C. 执行装置　　D. 控制装置

2. 汽车轮胎是汽车的一部分，它是汽车的一个(　　)。
   A. 零件　　B. 部件　　C. 构件　　D. 机构

3. 力的要素有(　　)。
   A. 力的作用点　　　　　　B. 力的方向
   C. 力的大小　　　　　　　D. 力的作用点、力的方向、力的大小

4. 两个作用于刚体上大小相等、方向相反但不共线的平行力所组成的最简单的力系称为(　　)。
   A. 力矩　　　　　　　　B. 力偶

5. 大多数的机器、机构都采用(　　)。
   A. 干摩擦　　B. 边界摩擦　　C. 液体摩擦　　D. 混合摩擦

6. 摩擦表面之间渗入硬颗粒或硬的微凸体，并在较软的材料表面上犁刨出很多沟纹的微切削过程称为(　　)。
   A. 黏着磨损　　B. 磨料磨损　　C. 疲劳磨损　　D. 腐蚀磨损

7. 摩擦副的有效接触面积增大，单位面积实际载荷减小，磨损平稳而缓慢，

此阶段处于( )。

  A. 磨合阶段   B. 稳定磨损阶段   C. 剧烈磨损阶段

 8. 汽车向前行驶时,地面对驱动轮的摩擦力的方向是( )。

  A. 向前   B. 向后   C. 向上   D. 不能确定

(三) 判断题

 1. 机构与机器都是机械,也可以认为机构就是机器。( )

 2. 部件是由多个零件所组成,通常机构也需要多个零件组成,对于机器而言,一个机构也是机器的一个部件。( )

 3. 发动机是一台机器,放在汽车上则是汽车的动力装置。( )

 4. 部件是构成机器的最小单元,而零件则是最小制造单元。( )

 5. 传动装置是机器中介于原动装置和执行装置之间,用来完成运动形式、运动、动力等转换与传递的组成部分。( )

 6. 在外力作用下形状和大小都保持不变的物体称为刚体。( )

 7. 力 F 的大小和固定支点 O 到力 F 作用线的垂直距离的乘积,简称力矩。( )

 8. 力偶只能使刚体产生纯转动效应,而不能产生移动效应。( )

 9. 物体放在不光滑的水平地面上,一定会受到摩擦力的作用。( )

 10. 传动带在带轮上打滑时,传动带与带轮之间是滑动摩擦。( )

 11. 正常传动时,传动带与带轮之间是静摩擦。( )

 12. 机器由零件组成。( )

 13. 机构是用来传递运动和力的构件系统。( )

 14. 加工精度极高的两接触表面没有磨合阶段。( )

(四) 简答题

 1. 机器由哪几部分组成?

 2. 画受力图的主要步骤有哪些?

 3. 摩擦的类型有哪几种?

 4. 机器的磨损过程分为哪几个阶段?

单元二　汽车机械识图

学习目标

1. 知道机械制图国家标准的基本规定、点的投影规律、直线在三投影面体系中的投影特性、平面的投影特性,知道四棱柱、六棱柱、四棱锥、圆柱、圆锥、球的视图表达,知道零件图的内容和识读零件图的步骤、方法,知道零件尺寸和各种技术要求的含义、配合的制度和种类;
2. 熟悉绘图工具;
3. 描述正投影法、投影的基本原理、装配图的内容、装配图的规定画法;
4. 理解三视图的形成及其投影规律、三视图的投影关系、极限的基本概念、形位公差含义;
5. 说出剖视图的形成和剖视图的分类;
6. 概述识读装配图的步骤、方法。

建议课时

20 课时。

一　机械制图标准与绘图工具

(一)机械制图国家标准

轴测图浅显易懂,富有立体感,是表达一个物体形状最直接的图形。但这种表达方法不能反映物体的真实形状,也不能直接用于指导生产,所以,在工程上常用图样来表达。

为了准确表达机械的形状、结构和大小,根据投影原理、国家标准和有关规定画出的图,称为图样。图样是设计者表达设计意图,制造者组织和指导生产,职业院校的汽车类专业学生用于了解、掌握汽车等机器结构、性能、操作和维护方法的重要依据。

国家标准对图样的绘制有一系列的规定,绘图时必须严格执行国家标准,才能绘制出合格的图样。合格的图样,不仅图形要清晰、准确,而且图纸幅面、标题栏、明细栏、比例、字体、图线和尺寸标注等都要符合相关规定。

我国的国家标准《机械制图》是 1959 年由国家科学技术委员会颁布的。随着科技的进步和国际交流的扩大,2003 年、2009 年、2013 年和 2017 年分别对标准进行了修订和增补,基本等同和等效采用了 ISO 国际标准。

❶ 图纸幅面和格式

1)基本幅面

图纸的单位为 mm,基本幅面有五种,即 A0:1189×841;A1:841×594;A2:594×420;A3:420×297;A4:297×210。零件图常用 A3、A4 幅面。

2)标题栏和明细栏

标题栏位于图幅右下角,明细栏位于标题栏的上方。标题栏和明细栏格式如图 2-1 所示。

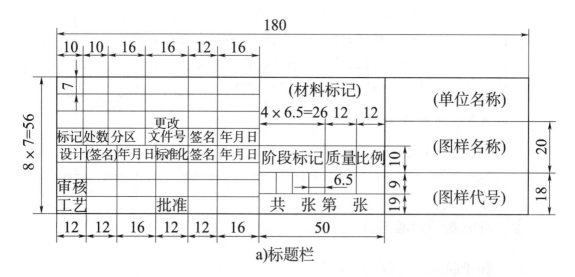

图 2-1

单元二 汽车机械识图

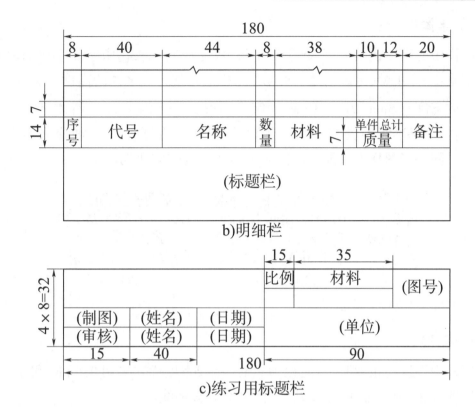

b) 明细栏

c) 练习用标题栏

图 2-1 标题栏和明细栏格式(尺寸单位:mm)

❷ 比例

图样及技术文件中的比例是指图形与其实物相应要素的线性尺寸之比。

比例 = 图中图形的尺寸/实物相应要素的尺寸

常用放大比例有 2∶1、5∶1 等,常用缩小比例有 1∶2、1∶5 等,一般应尽可能选用 1∶1 的比例。但无论是取放大比例,还是缩小比例,零件标注的尺寸是完工后的实际尺寸,采用不同比例绘制同一物体的图形如图 2-2 所示。

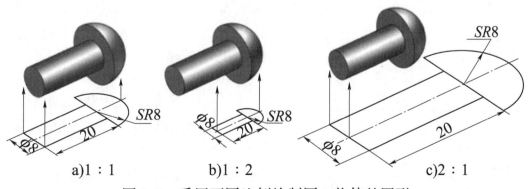

图 2-2 采用不同比例绘制同一物体的图形

❸ 字体

图样中的字体包括汉字、数字和字母,汉字应写成长仿宋字。字体书写的基本要求是:字体工整、笔画清楚、间隔均匀和排列整齐。字体的高度分为8种,常用的字体高度有5mm、7mm、10mm。字宽一般为字高的$1/\sqrt{2}$。斜体字字头向右倾斜,与水平基准线约成75°;用作注脚、极限偏差的数字等,一般应采用小一号的字体。同一张图样上只能采用同一种字体,如图2-3所示。

字体端正　ABCDEFGHIJKLMN　　ABCDEFGHIJKLMN
间隔均匀　abcdefghijklmnop　　abcdefghijklmnop
笔画清楚　0123456789　　　　0123456789
排列整齐　ⅠⅡⅢⅣⅤⅥⅦⅧ　　　ⅠⅡⅢⅣⅤⅥⅦⅧ
　a)汉字　　　b)直体字　　　　　c)斜体字

图2-3　汉字、数字和字母的书写

❹ 图线

图样中图线的粗、细宽度之比为2∶1。粗线宽度优先采用0.5mm 和0.7mm。常用图线有粗实线、虚线、细实线、细点划线和波浪线等。

1) 线型

《技术制图　图线》(GB/T 17450—1998)、《机械制图　图样画法　图线》(GB/T 4457.4—2002)规定了绘制机械图样的线型。常用粗实线的宽度为0.7mm,细线的宽度为粗线的1/2。机械制图的图线形式及应用见表2-1。

机械制图的图线形式及应用　　　　　　　表2-1

图线名称	图线形式	图线宽度	一 般 应 用
粗实线	──────	b	可见轮廓线;可见过渡线
虚线	- - 2~6 - - 1~2 - -	约$b/3$	不可见轮廓线;不可见过渡线
细实线	──────	约$b/3$	尺寸线、尺寸界线、剖面线、重合断面的轮廓线、指引线等
细点划线	— · — 10~25 — · — 2~3	约$b/3$	轴线、对称中心线等

续上表

图线名称	图线形式	图线宽度	一般应用
双点划线	10~20 3~4	约 b/3	极限位置的轮廓线、相邻辅助零件的轮廓线等
波浪线	～～～	约 b/3	断裂处的边界线等
粗点划线	10~25 2~3	约 b	有特殊要求的线或表面的表示线
双折线	3~5 30° 20~40	约 b/3	断裂处的边界线

注:表中虚线、细点划线、双点划线的线段长度和间隔的数值仅供参考。

2)图线线素的长度

通常采用虚线的短划长 2~6mm,间隔 1mm,点划线的长划为 15~20mm,间隔 3mm。

3)图线重叠

画线顺序:可见轮廓线→不可见轮廓线→轴线、对称中心线→双点划线。

5 尺寸注法

图样中的图形仅表达机件的形状,而其真实大小是以图样上标注的尺寸数值来确定的。尺寸是图样中的重要内容之一,也是图样中指令性最强的部分。绘图时,必须严格遵守《技术制图 简化表示法 第 2 部分:尺寸注法》(GB/T 16675.2—2012)、《机械制图 尺寸注法》(GB/T 4458.4—2003)的规定。

1)基本要求

尺寸标注要做到"正确、齐全、清晰、合理"。

2)基本规则

图样中所标注的尺寸,是最后完工尺寸,否则应另加说明。形体的真实大小应以图样上所注的尺寸数值为依据,与图形的大小及绘图的准确度无关;尺寸是以特定单位表示长度大小的数值,如 30mm、50μm 等。

图样中的尺寸,以 mm 为单位时,不需标注计量单位的代号或名称;工程形体的每一尺寸,一般只标注一次,参考尺寸标注时加括号。

3)尺寸标注四个要素

一个完整的尺寸标注,由尺寸数字、尺寸线、尺寸界线和表示尺寸线终端的箭头四个要素组成,如图2-4所示。

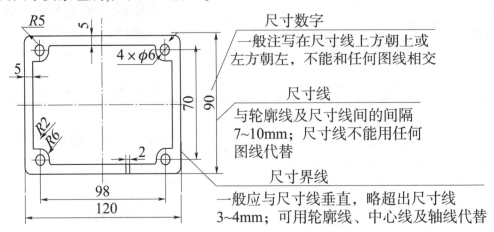

a)尺寸数字、尺寸线、尺寸界线

b)尺寸线终端

图2-4 尺寸数字、尺寸线、尺寸界线和表示尺寸线终端的箭头

4)常见尺寸注法

(1)线性尺寸标注。线性尺寸的数字应按如图2-5a)所示的方向填写,避免在图示30°范围内标注,当无法避免时,应按图2-5b)所示形式标注。

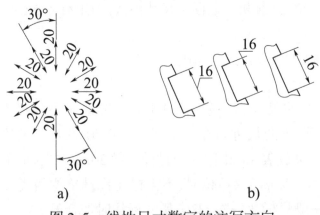

图2-5 线性尺寸数字的注写方向

(2)圆及圆弧的尺寸注法。大于半圆的圆弧标注直径,在尺寸数字前加注符号"φ",小于和等于半圆的圆弧标注半径,在尺寸数字前加注符号"R",如图2-6所示。

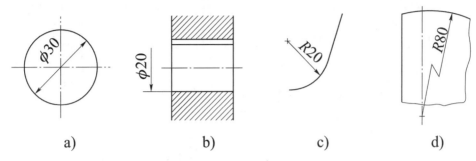

图2-6 圆及圆弧的尺寸注法

(3)球的尺寸注法。圆球在尺寸数字前加注符号"Sφ",半球在尺寸数字前加注符号"SR",如图2-7所示。

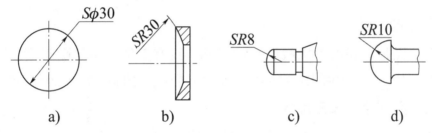

图2-7 球的尺寸注法

(4)角度的尺寸注法。角度的尺寸界线应沿径向引出,尺寸线是以角的顶点为圆心画出的圆弧线。角度的数字应水平书写,一般注写在尺寸线的中段处,必要时也可写在尺寸线的上方或外侧。角度较小时也可以用指引线引出标注。角度尺寸必须注出单位,如图2-8所示。

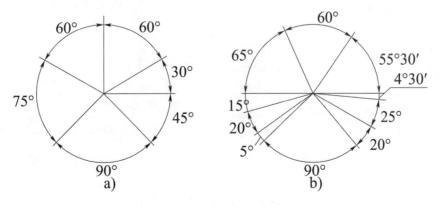

图2-8 角度的尺寸注法

(5)小尺寸的尺寸注法。当位置受限制时,灵活采用小尺寸标注法,如

图 2-9 所示。

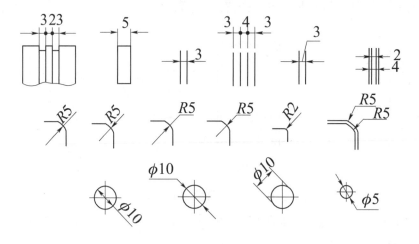

图 2-9　小尺寸的尺寸注法

(二) 绘图工具

手工绘图是学好汽车机械识图的基础。只有正确使用绘图工具,才能绘制出规范的图样。常用的绘图工具有:图板、丁字尺、三角板、圆规、分规和铅笔等。

❶ 图板、丁字尺和三角板

图板的导边应平直,表面应平整,如图 2-10a)所示;图纸四周用胶带纸固定。

丁字尺主要用于画水平线,使用时左手握住尺头,使尺头贴紧图板左侧的导边,上下移动,自左向右画水平线,如图 2-10b)所示。

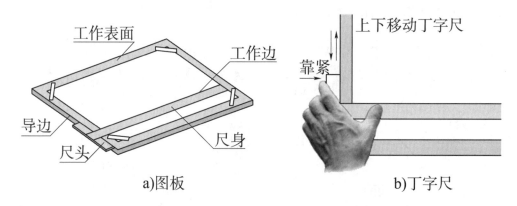

a) 图板　　　　　　　　　　　b) 丁字尺

图 2-10　图板与丁字尺

三角板与丁字尺配合可画出 90°、30°、60°及 75°等 15°整数倍的倾斜线,如图 2-11 所示。

单元二 汽车机械识图

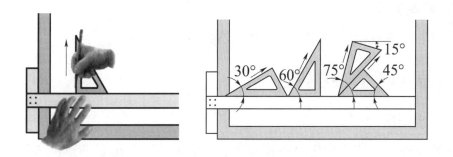

图 2-11 三角板与丁字尺配合画垂直线和角度线

2 圆规和分规

圆规用来画圆和圆弧,分规用来量取线段和等分线段,如图 2-12 所示。

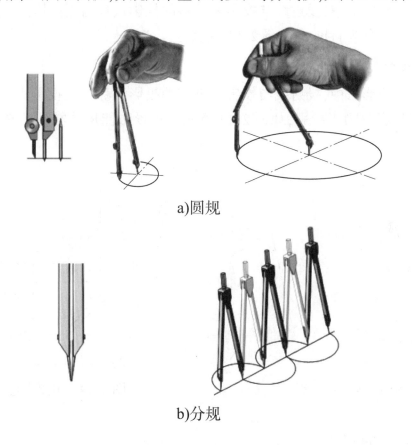

a)圆规

b)分规

图 2-12 圆规和分规的使用方法

3 铅笔

铅笔是绘制机械图样的必备工具,"H"表示硬性铅笔,"B"表示软性铅笔。画细线或底线稿常用"H"或"HB"的铅笔,画粗线常用"B"或"HB"铅笔。

❹ 其他工具

绘图工具还有橡皮、小刀、擦图片、胶带纸和曲线板等。

二、点、线和平面的投影

(一)投影法

投射线通过物体向预定的平面投射,并在该平面上得到图形的方法,称为投影法。

投射线互相平行的投影法称为平行投影法,有斜投影和正投影两种。

❶ 斜投影法

在平行投影法中,投射线与投影面倾斜的投影法称为斜投影法。按斜投影法得到的投影称为斜投影,如图2-13所示。

❷ 正投影法

在平行投影法中,投射线与投影面垂直的投影法称为正投影法。按正投影法得到的投影称为正投影,如图2-14所示。正投影能反映零件的真实形状和大小。

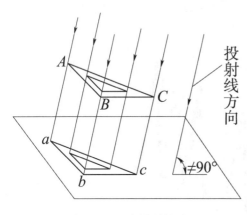

图2-13　斜投影法

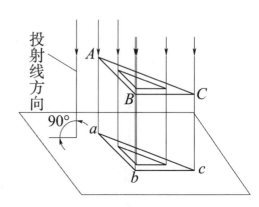

图2-14　正投影法

(二)三视图形成

❶ 三投影面体系

三投影面体系由三个互相垂直的投影面所组成,相交轴用 X、Y、Z 表示,原点为"O",如图2-15所示。三个投影面分别为:正投影面用 V 表示;水平投影面用

H 表示;侧投影面用 W 表示。

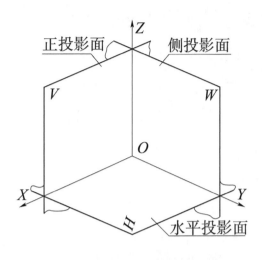

图 2-15　三投影面

三视图及其形成

❷ 三视图的形成

按正投影法并根据有关标准和规定画出的物体的图形,称为视图。正面投影(由物体的前方向后方投射所得到的视图)称为主视图;水平面投影(由物体的上方向下方投射所得到的视图)称为俯视图;侧面投影(由物体的左方向右方投射所得到的视图)称为左视图,如图 2-16a)所示。

将左视图、俯视图分别绕 Z 轴、X 轴旋转 90°展开,使左视图、俯视图与主视图处在同一平面上,如图 2-16b)、图 2-16c)所示。

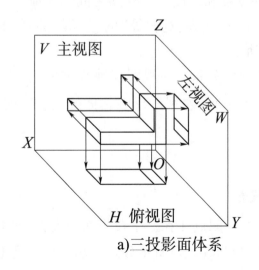
a)三投影面体系

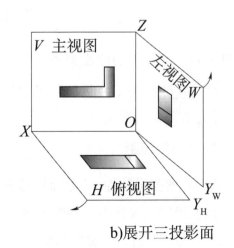
b)展开三投影面

图 2-16

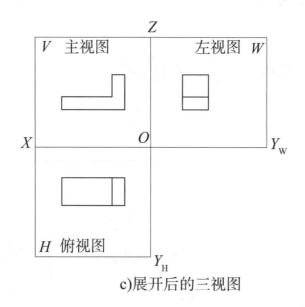

c) 展开后的三视图

图 2-16　三视图的形成

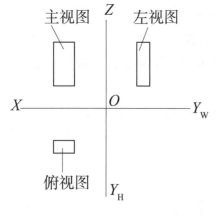

图 2-17　三视图的位置关系

3　三视图的关系和投影规律

（1）位置关系。主视图在上，俯视图在主视图正下方，左视图在主视图正右方，如图 2-17 所示。

（2）投影关系。主视图反映物体的长度和高度，俯视图反映物体的长度和宽度，左视图反映物体的宽度和高度。三视图之间的对应关系为"长对正、高平齐、宽相等"的"三等"关系，如图 2-18 所示。

三视图的关系及投影规律

（3）方位关系。主视图反映物体的上、下、左、右方位；俯视图反映物体的前、后、左、右方位；左视图反映物体的上、下、前、后方位，如图 2-19 所示。

(三) 点的投影

1　点的投影特性、投影标记和三面投影

点的投影永远是点。如图 2-20a) 所示，空间点 A 在三个投影面的投影，即水平投影 a，正面投影 a'，侧面投影 a''。图 2-20d)、e)、f) 所示分别表示根据宽度坐标相等求 a'' 的不同方法。

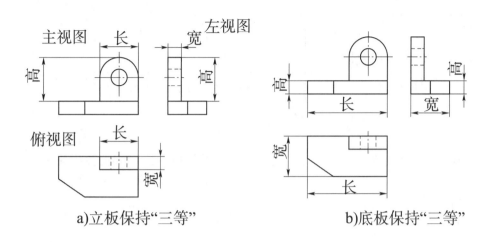

a)立板保持"三等"　　　　b)底板保持"三等"

图 2-18　三视图的"三等"对应关系

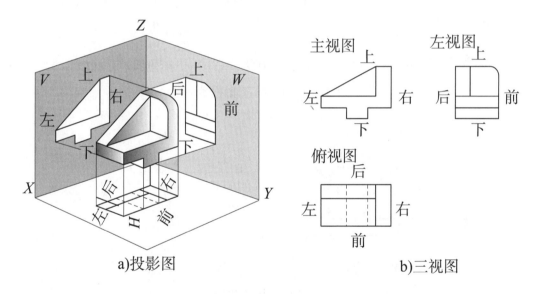

a)投影图　　　　　　　　b)三视图

图 2-19　三视图反映物体六个方位的位置关系

2 点的投影规律和坐标

如图 2-21 所示，点的坐标 $A(x、y、z)$。x：空间点 A 到 W 面的距离；y：空间点 A 到 V 面的距离；z：空间点 A 到 H 面的距离。

3 确定两点间的相对位置

如图 2-22 所示，根据两点 $A、B$ 的坐标，可确定两点在空间的左右、高低、前后关系。

在主视图上，$X_A > X_B$，点 A 在点 B 之左；在俯视图上，$Y_A < Y_B$，点 A 在点 B 之后；在左视图上，$Z_A < Z_B$，点 A 在点 B 之下。总之，点 A 在点 B 的左、后、下方。

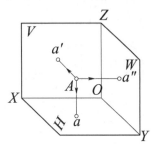 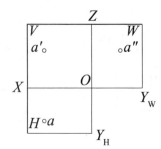 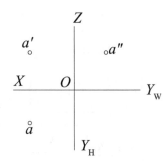

a)已知点A位置　　　b)求a、a'、a"，并展开投影面　　c)去掉投影面

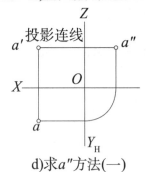 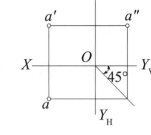

d)求a"方法(一)　　　e)求a"方法(二)　　　f)求a"方法(三)

图 2-20　点的三面投影

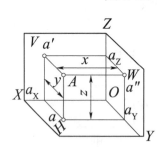 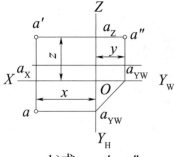

a)已知点A　　　　　b)求a、a'、a"

图 2-21　点的坐标

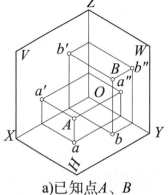 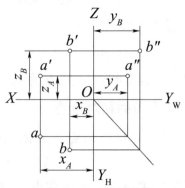

a)已知点A、B　　　　b)求点A、B的投影

图 2-22　两点间的相对位置

4 重影点

当空间两点的某两个坐标值相同时,该两点处于某一投影面的同一投射线上,则这两点对该投影面的投影重合于一点,称为对该投影面的重影点。

如图 2-23 所示,两点 E、F 的 x、z 坐标值相同,它们的正面投影重合,点 E 在前,点 F 在后。F 的正面投影加括号,用 f' 表示。

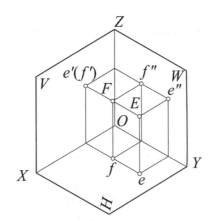
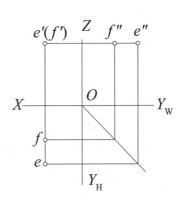

a) 三投影面体系中的两点 E、F b) 点 E、F 的投影

图 2-23　重影点的投影

(四) 直线的投影

1 直线的三面投影

两点决定一直线,只要在投影面上找到两点的投影,将两点连接起来,即可得到直线在该投影面上的投影。图 2-24 所示为任意直线 AB 的三面投影。

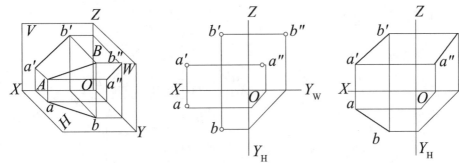

a) 任意直线 AB　　b) 先求点 A、B 的投影　　c) 连接 A、B 点的同面投影,得直线的投影

图 2-24　直线 AB 的三面投影

2 直线的投影特性

空间直线相对于一个投影面的位置有平行、垂直和倾斜三种。

(1)当直线与投影面倾斜时,则直线的投影小于实长,具有收缩性,如图 2-25a) 所示。

(2)当直线与投影面平行时,则直线的投影为实长,具有真实性,如图 2-25b) 所示。

(3)当直线与投影面垂直时,则直线的投影积聚为一点,具有积聚性,如图 2-25c) 所示。

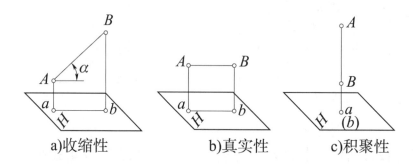

图 2-25　直线的投影特性

3 直线在三投影面体系中的投影特性

(1)一般位置直线在三投影面体系中的投影特性。如图 2-26 所示,AB 是一般位置直线。其投影特性为:

① ab、$a'b'$、$a''b''$ 均小于实长;

② ab、$a'b'$、$a''b''$ 均倾斜于投影轴。

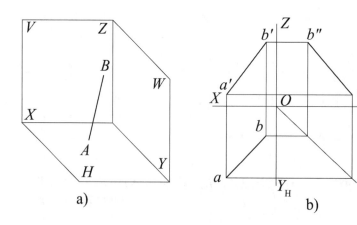

图 2-26　一般位置直线

(2)投影面平行线在三投影面体系中的投影特性。只平行于一个投影面,而与其他投影面倾斜的直线,称为投影面平行线。平行于 V 面的直线称为正平线;平行于 H 面的直线称为水平线;平行于 W 面的直线称为侧平线。投影面平行线在三投影面体系中的投影特性见表2-2。其投影特性为:

①在直线所平行的投影面上,其投影反映实长并倾斜于投影轴;

②其余两个投影分别平行于相应的投影轴,且小于实长。

投影面平行线投影特性　　　　表2-2

名称	水平线 (平行于 H 面,倾斜于 V、W 面)	正平线 (平行于 V 面,倾斜于 H、W 面)	侧平线 (平行于 W 面,倾斜于 H、V 面)
直观图	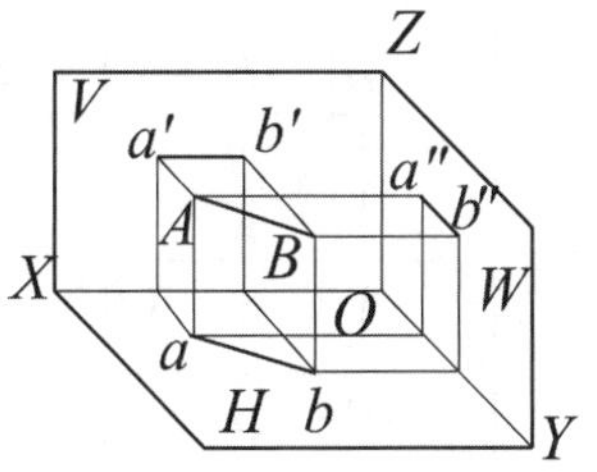	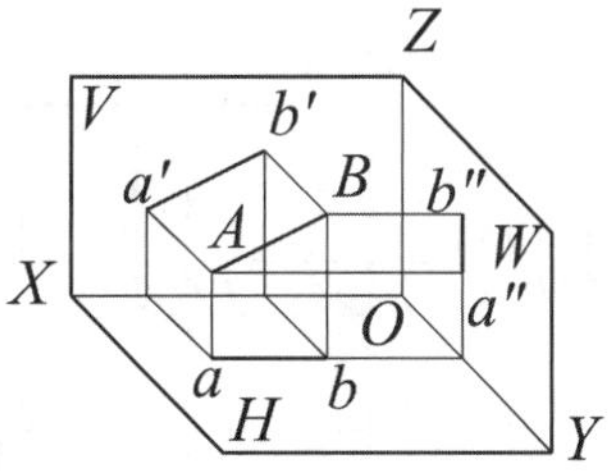	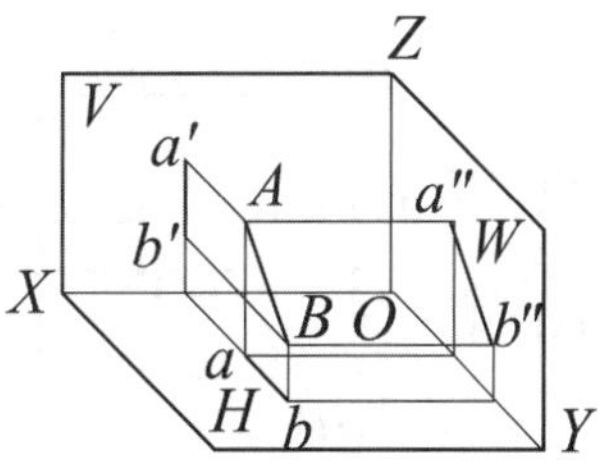
投影图	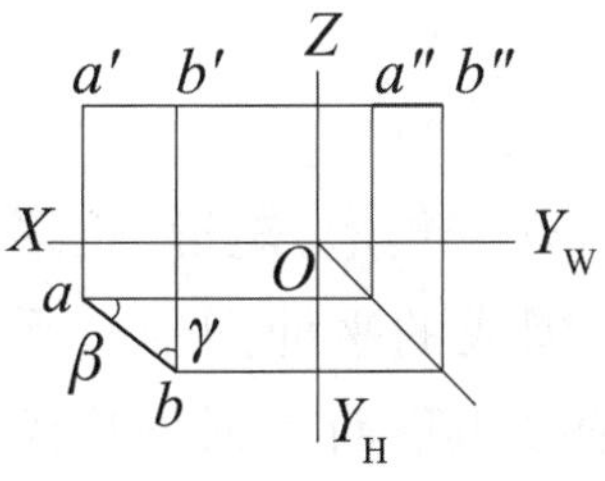	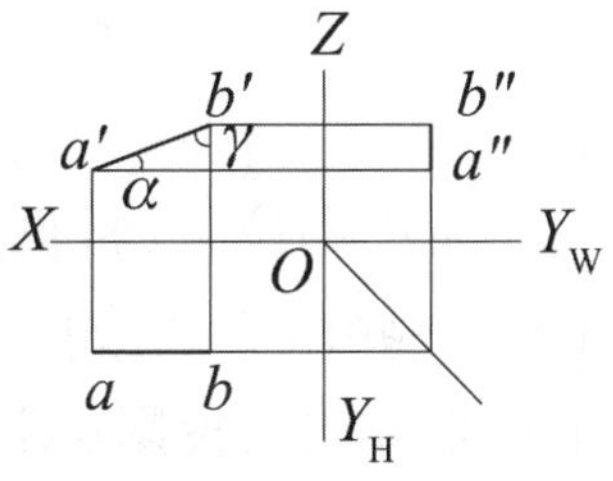	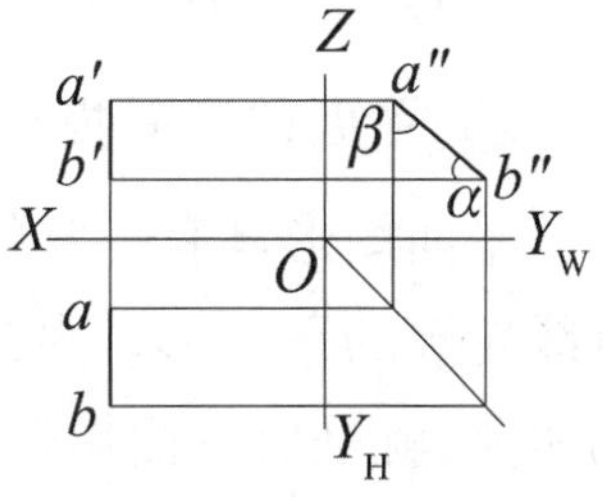

(3)投影面垂直线在三投影面体系中的投影特性。垂直于一个投影面,而与另外两个投影面平行的直线称为投影面垂直线。垂直于 V 面的直线称为正垂线;垂直于 H 面的直线称为铅垂线;垂直于 W 面的直线称为侧垂线。投影面垂直线在三投影面体系中的投影特性见表2-3。其投影特性为:

①在直线所垂直的投影面上,其投影积聚成一点;

②另外两个投影分别垂直于相应的投影轴,且反映实长。

投影面垂直线投影特性　　　　　　表2-3

名称	铅垂线 (垂直于H面,平行于V、W面)	正垂线 (垂直于V面,平行于H、W面)	侧垂线 (垂直于W面,平行于H、V面)
直观图	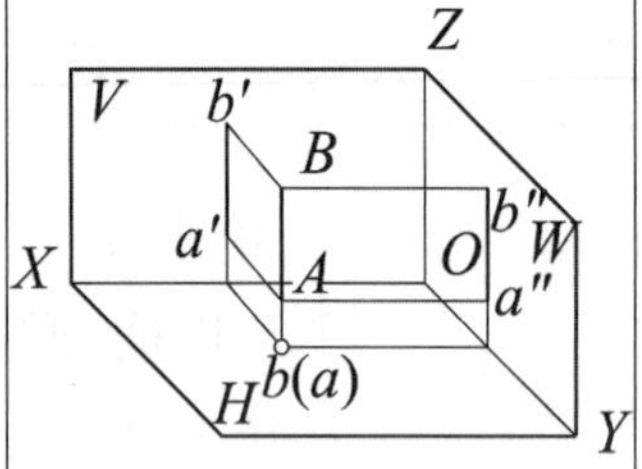	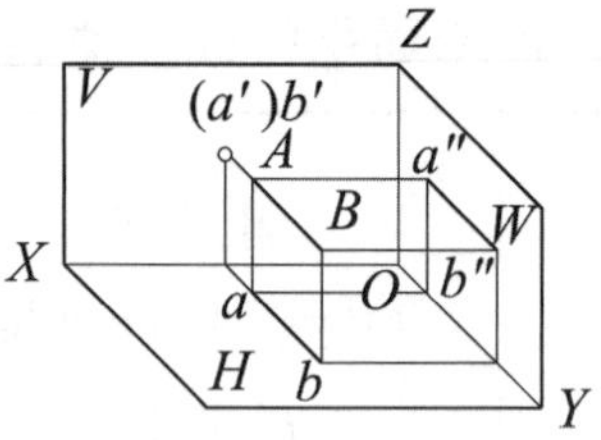	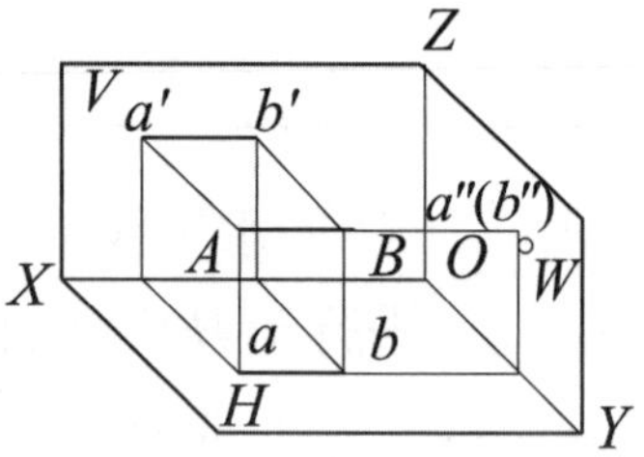
投影图	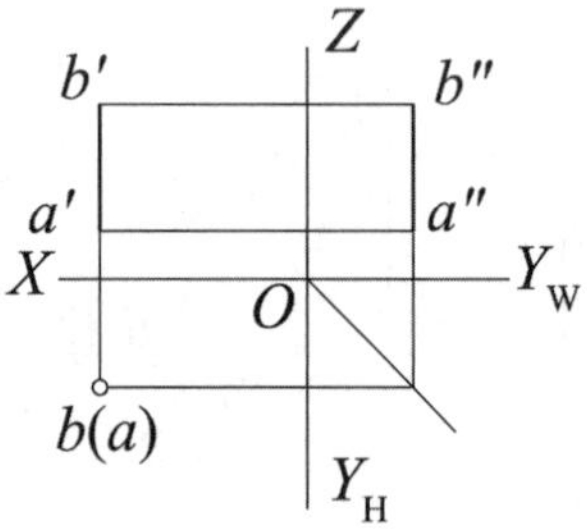	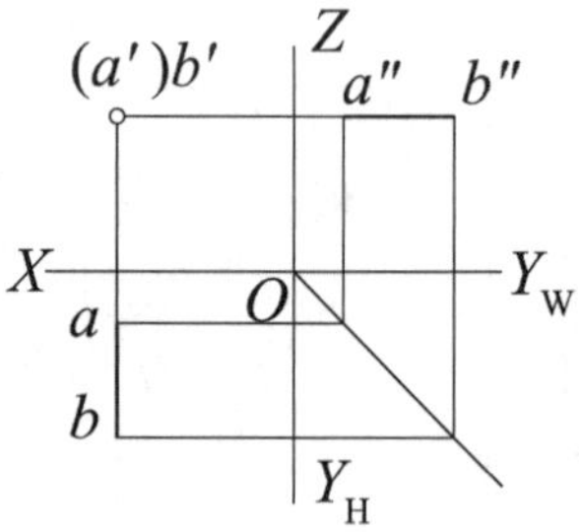	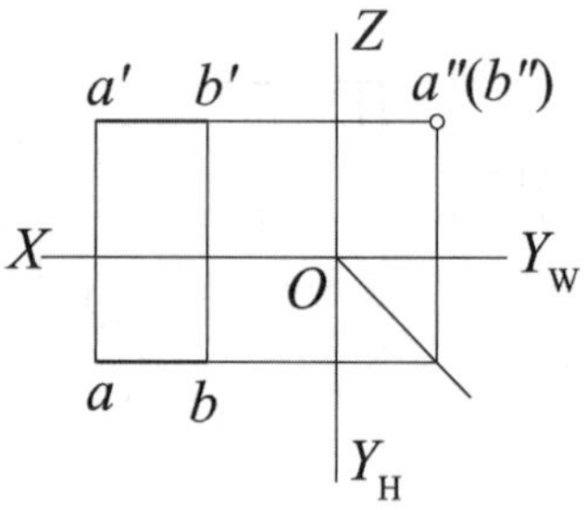

（五）平面的投影

❶ 平面的三面投影

平面图形具有一定的形状、大小和位置,常见的有三角形、矩形、正多边形等直线轮廓的平面形。另外,还有一些由直线或曲线围成的平面图形。平面投影的实质,就是求平面形轮廓上一系列点的投影(对于多边形而言则是其顶点),然后将各点的同面投影依次连线。

❷ 平面的投影特性

空间平面相对于一个投影面的位置有平行、垂直和倾斜三种。

(1)当平面与投影面平行时,平面的投影为实形,具有真实性,如图2-27a)所示。

(2)当平面与投影面垂直时,平面的投影积聚成一条直线,具有积聚性,如图2-27b)所示。

(3) 当直线或平面与投影面倾斜时,平面的投影是小于平面实形的类似形,具有收缩性,如图2-27c)所示。

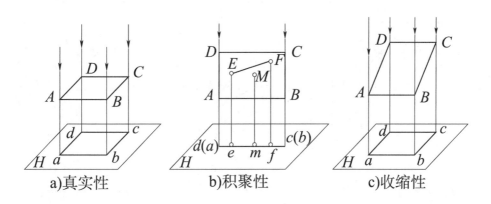

图 2-27 平面的投影特性

3 平面在三投影面体系中的投影特性

在三投影面体系中,平面相对于投影面的位置可分为三类。

(1)一般位置平面投影特性。相对于三个投影面均处于倾斜位置的平面,称为一般位置平面,如图2-28所示,△ABC 倾斜于 V、H、W 面,是一般位置平面。其投影特性:△abc、△a'b'c'、△a″b″c″ 均为△ABC 的类似形。

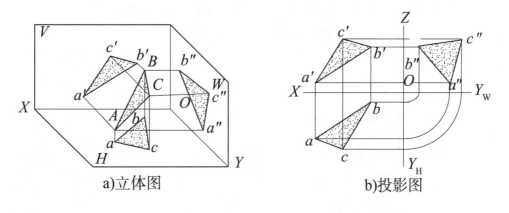

图 2-28 一般位置平面的投影

(2)投影面垂直面的投影特性。垂直于一个投影面而倾斜于另两个投影面的平面称为投影面的垂直面,投影面垂直面的投影特性见表2-4。其投影特性为:

①在平面所垂直的投影面上,其投影积聚成一倾斜直线;

②其余两个投影均为缩小的类似形。

投影面垂直面投影特性　　　　　　　　　　　　　　　　表 2-4

名称	正垂面	铅垂面	侧垂面
直观图	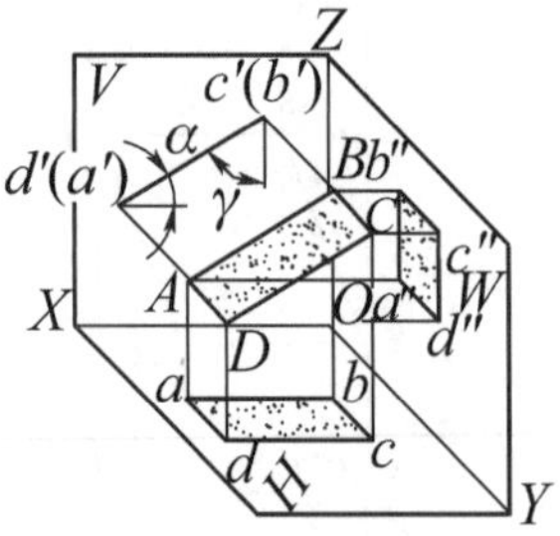	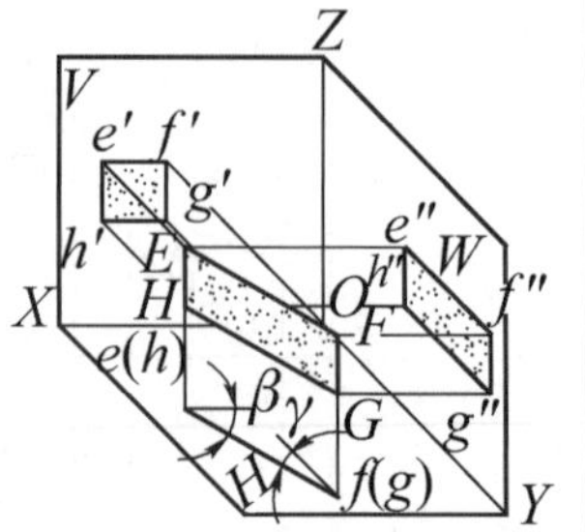	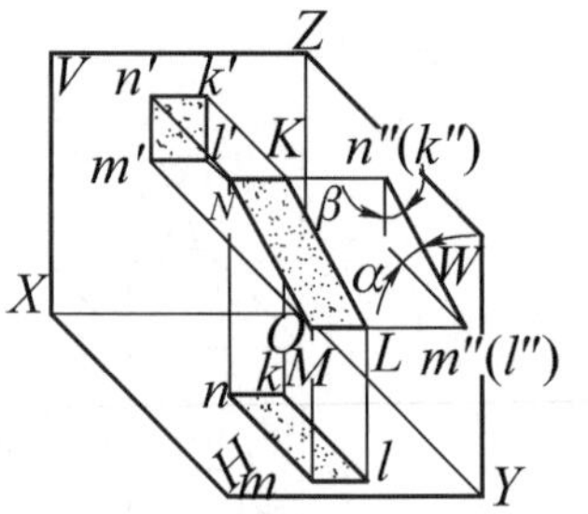
投影图	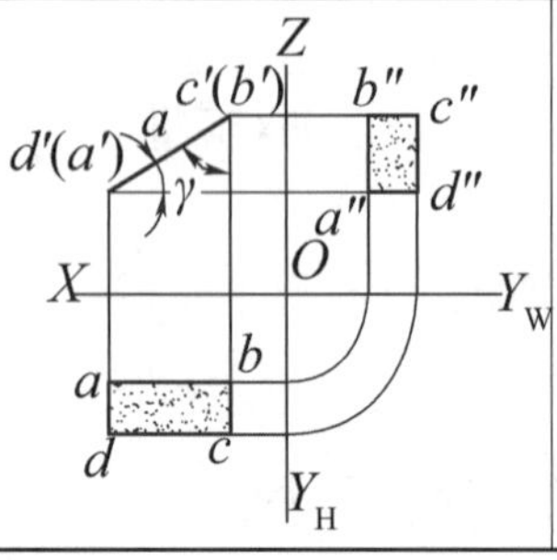	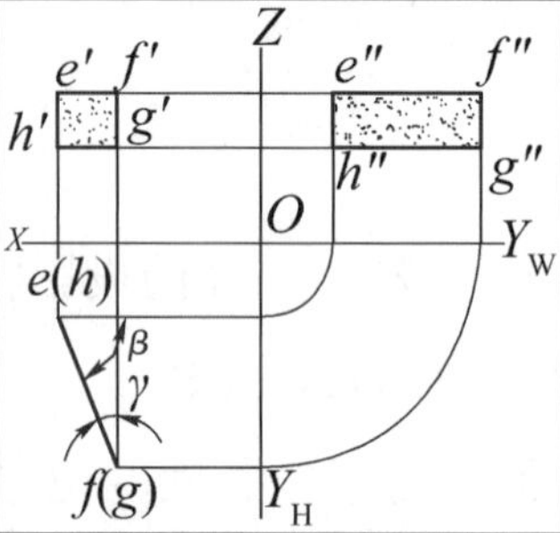	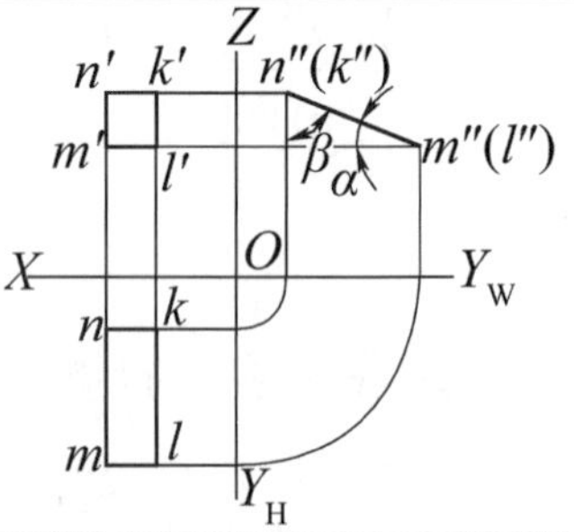

（3）投影面平行面的投影特性。平行于一个投影面而垂直于另两个投影面的平面称为投影面的平行面。投影面平行面的投影特性见表 2-5。其投影特性为：

①在平面所平行的投影面上，其投影反映实形；

②其余两个投影积聚成直线且分别平行于相应的投影轴。

投影面平行面投影特性　　　　　　　　　　　　　　　　表 2-5

名称	正平面	水平面	侧平面
直观图	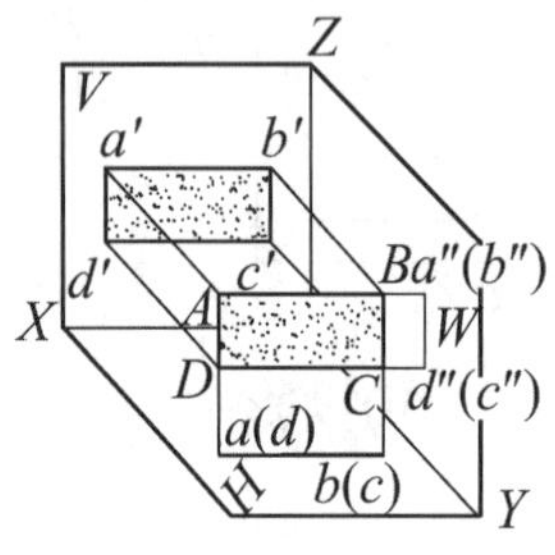	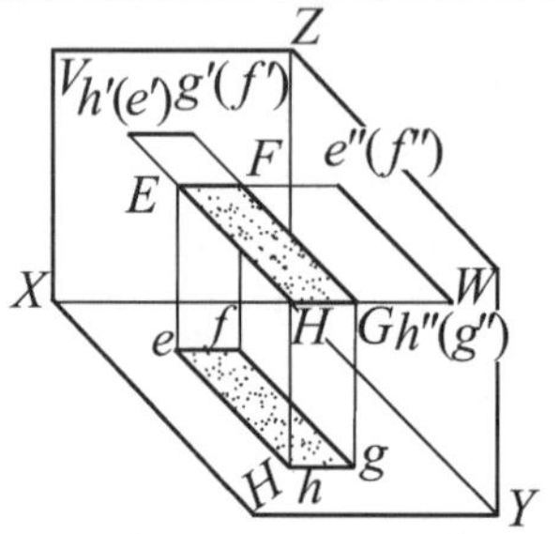	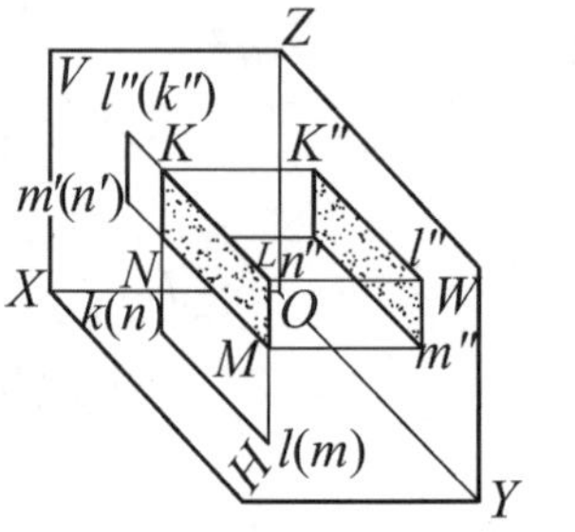
投影图	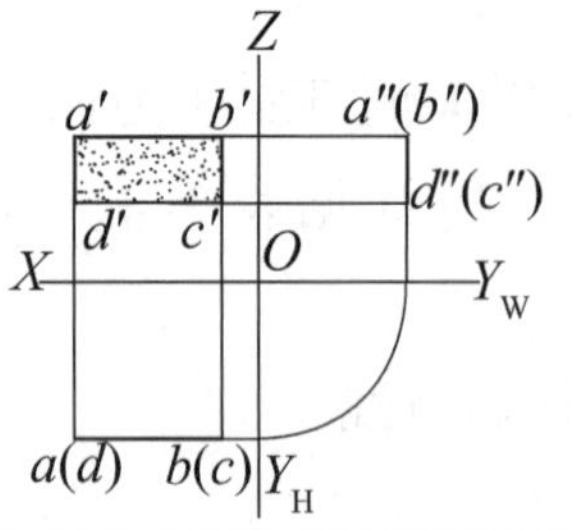	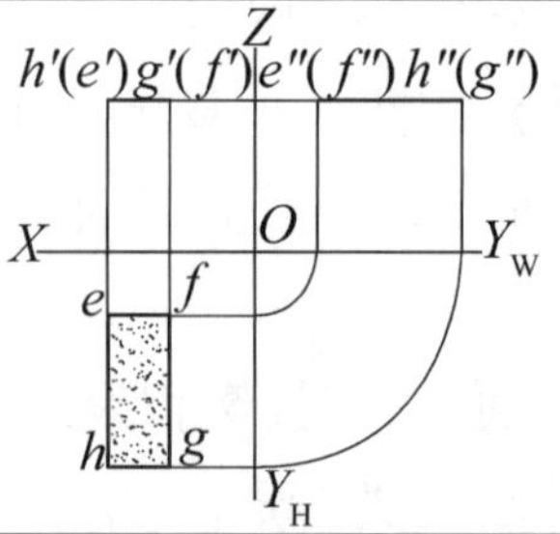	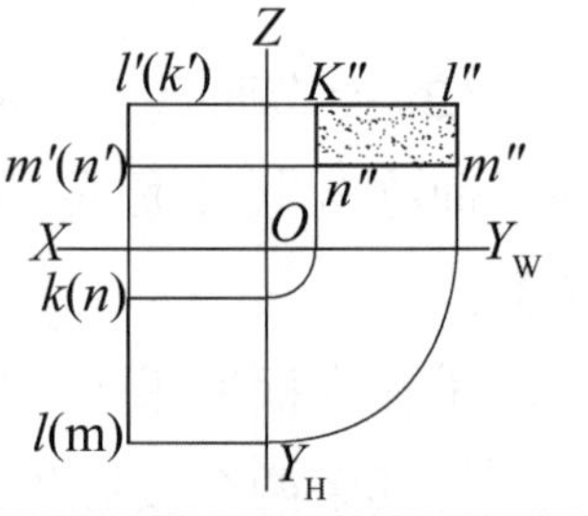

三 零件图的表达与识读

零件图的内容

(一)零件图的内容及作用

1 零件图的内容

零件图必须包含制造和检验零件的全部技术资料。一张完整的零件图应包括:一组视图、完整的尺寸、技术要求和标题栏。图2-29所示是螺纹轴零件图。

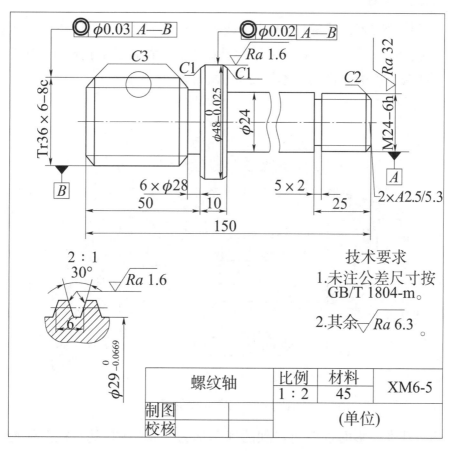

图2-29 螺纹轴零件图

(1)一组视图。根据零件结构特点,综合运用视图、剖视图和断面图等表达方法,选定一组能够正确、完整、清晰地表达零件各部分形状和结构的视图。

(2)完整的尺寸。视图只表达零件的结构和形状,要确定零件的大小和相对位置,还必须要有一组完整、正确、清晰和合理的尺寸。

(3)技术要求。零件图上的技术要求包括尺寸公差、形状与位置公差、表面粗糙度和热处理等。用符号标注或说明的方式,说明零件在制造、检验和装配过程中所应达到的各项技术指标。

（4）标题栏。零件图的标题栏包括零件的名称、材料数量、比例、图样的编号、设计单位及绘图、审核者的姓名和日期等内容。

❷ 零件图的作用

零件图表达零件的形状、大小及技术要求，是制造和检验零件的重要技术性文件。

（二）基本视图

对于形状比较复杂的零件，用两个或三个视图不能完整、清楚地表达它们的内外形状时，可以在原有三个投影面的基础上，再增加三个投影面，组成一个正六面体。这六个投影面称为基本投影面，如图2-30所示。

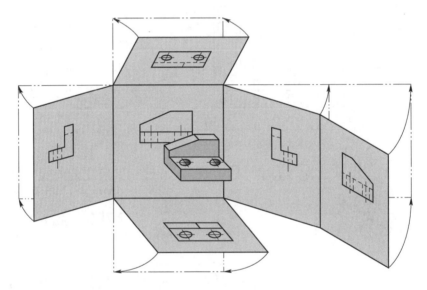

图2-30　基本投影面

零件向基本投影面投射所得到的视图称为基本视图，基本视图的配置关系如图2-31所示。除了主视图、俯视图和左视图外，还有右视图、后视图和仰视图。六个视图仍然保持"长对正、高平齐、宽相等"的"三等"投影关系。从图2-31中还可以看出，左视图和右视图的形状左右颠倒，俯视图和仰视图形状上下颠倒，主视图和后视图也是左右颠倒。从视图中还可以看出零件前后、左右、上下的方位关系。

并不是任何零件都需要画六个基本视图来表达。视图的选择应根据零件形状特征而定。在考虑到能完整、清晰表达零件和识图方便的前提下，视图的数量应尽可能减少。

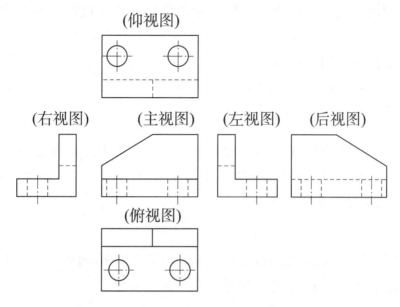

图 2-31 基本视图的配置

(三) 零件图的尺寸标注

❶ 零件图的尺寸标注要求

对于零件图的尺寸标注,除了要满足正确、完整、清晰的要求外,还要注意标注尺寸的合理性,即符合设计、加工、检验和装配的要求。

❷ 零件图的尺寸基准

确定尺寸位置的几何元素称为尺寸基准。零件的长、宽和高每个方向至少有一个基准,常以几何中心、回转轴线、装配面或支承面作为基准,如图 2-32 所示。

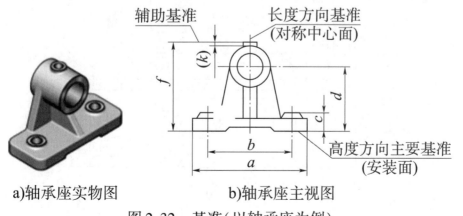

a) 轴承座实物图   b) 轴承座主视图

图 2-32 基准(以轴承座为例)

3 标注尺寸的一般原则

(1) 主要尺寸要直接标出。主要尺寸指影响零件在机器中的工作性能和位置关系的尺寸。

(2) 避免出现封闭尺寸链。

(3) 要符合加工顺序和方便测量。

(四) 零件图上的技术要求

在零件图上,用一些规定的符号、代号和文字,简明、准确地给出零件在制造、检验和使用时应达到的技术要求,如尺寸公差、形位公差、表面粗糙度、材料和热处理以及其他特殊要求等。

1 互换性

在相同规格的一批零件或部件中,任取一零件,无须选择和修配就能装配使用,达到规定的性能要求,零件的这种性质称为互换性。

2 孔和轴

孔通常指工件上各种形状的内表面,包括圆柱形内表面和其他由单一尺寸形成的非圆柱形包容面,如活塞销座孔。

轴通常指工件上各种形状的外表面,包括圆柱形外表面和其他由单一尺寸形成的非圆柱形被包容面,如曲轴。

3 极限的基本概念

极限与配合如图 2-33 所示。对有关概念进行说明如下。

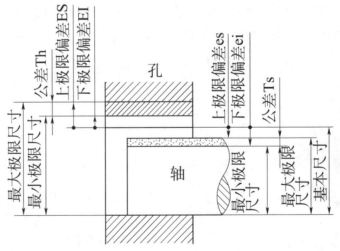

图 2-33 极限与配合示意图

(1) 公称尺寸。设计给定的尺寸称为公称尺寸。孔的公称尺寸用"D"表示,轴的公称尺寸用"d"表示。

(2) 实际尺寸。通过测量获得的尺寸称为实际尺寸。孔以"D_a"表示,轴以"d_a"表示。由于测量误差是客观存在的,所以,实际尺寸不是真值。

(3) 极限尺寸。允许的尺寸变化有两个界限值,称为极限尺寸。孔或轴允许的最大尺寸称为最大极限尺寸,孔以"D_{max}"表示、轴以"d_{max}"表示。孔或轴允许的最小尺寸称为最小极限尺寸,孔以"D_{min}"表示、轴以"d_{min}"表示。

(4) 偏差。偏差是某一尺寸(实际尺寸、极限尺寸)减其公称尺寸所得的代数差。最大极限尺寸减去公称尺寸所得到的代数差,称为上极限偏差,用符号 ES 或 es 表示(孔用大写字母,轴用小写字母)。最小极限尺寸减去公称尺寸所得的代数差,称为下极限偏差,用符号 EI 或 ei 表示(孔用大写字母,轴用小写字母)。

(5) 尺寸公差。尺寸公差简称公差,指允许尺寸的变动量,即最大极限尺寸减去最小极限尺寸之差,或上极限偏差减去下极限偏差之差。

(6) 极限偏差。上极限偏差指加工时允许的最大尺寸(称为最大极限尺寸)与设计的公称尺寸之差。

同理,下极限偏差指加工时允许的最小尺寸(称为最小极限尺寸)与设计的公称尺寸之差。

(7) 公差等级与基本偏差。上极限偏差和下极限偏差的值受到零件的公称尺寸、公差值大小和上、下极限偏差位置三个因素的影响。用两条直线表示上、下极限偏差所限定的区域称为公差带。在相同的直径时,其公差带受到公差等级和相对零线位置的影响,国家标准在公称尺寸大于 0、小于等于 500mm 内规定了 IT01、IT0、IT1……IT18 共 20 个等级。从 IT01 ~ IT18,等级依次降低,IT 后边的数字表示公差等级。

公差带相对零线的位置由基本偏差确定(靠近零线的上极限偏差或下极限偏差称为基本偏差),国家标准对孔和轴将基本偏差分成 A ~ ZC(a ~ zc)28 种,分别用拉丁字母表示,大写字母表示孔,小写字母表示轴,常用 F、H、JS、K、M、N、P、R、S。基本偏差是两个极限偏差(上极限偏差、下极限偏差)中的一个,原则上是指靠近零线的那个极限偏差,如图 2-34 所示。

4 形位公差含义及标注

形状误差是指实际表面和理想表面的差异;位置误差是指相关联的两个几何要素的实际位置相对于理想位置的差异。形状误差和位置误差的允许变动量分别称为形状公差和位置公差(统称为形位公差)。

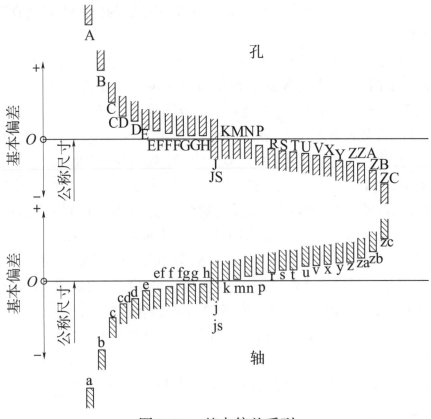

图 2-34 基本偏差系列

形位公差表示对零件的形状和位置公差的要求。形位公差项目共有十四项,其中形状公差六项,位置公差八项。常见形位公差的项目及符号见表 2-6,形位公差标注示例如图 2-35 所示。

形位公差的项目及符号　　　　　　　　表 2-6

公　差	特征项目	符　号	基准要求
形状	直线度	⎯	无
	平面度	▱	无
	圆度	○	无
	圆柱度	⌭	无
	线轮廓度	⌒	有或无
	面轮廓度	⌒	有或无

续上表

公差	特征项目	符号	基准要求
位置	平行度	∥	有
	垂直度	⊥	有
	倾斜度	∠	有
	位置度	⊕	有或无
	同轴(同心)度	◎	有
	对称度	≡	有
	圆跳动	↗	有
	全跳动	↗↗	有

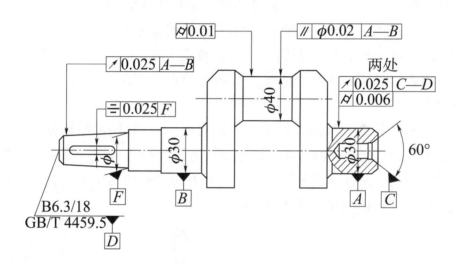

图 2-35 形位公差标注示例

(1)标注及识读注意事项如下：

①被测要素"看箭头"(箭头所指为被测要素)；

②基准要素"找方框"(方框样的符号所指要素为基准要素)；

③错开尺寸"指表面"(箭头或基准符号与尺寸线不对齐,则被测要素、基准要素为表面要素)；

④对齐尺寸"指中心"(箭头或基准符号与尺寸线对齐,则被测要素、基准要素为尺寸确定几何体的中心线或对称平面)。

(2)以图2-50为例,说明如下:

① ⌀|0.01|——φ40的外圆柱面的圆柱度公差为0.01;

② |↗|0.025|C—D|
   |⌀|0.006| ——φ30的外圆表面对公共基准线C—D的径向圆跳动公差为0.025,圆柱度公差为0.006;

③ |=|0.025|F|——键槽中心平面对基准F(左端圆锥台部分的轴线)的对称度公差为0.025;

④ |∥|φ0.02|A—B|——φ40的轴线对公共基准线A—B的平行度公差为0.02。

从上例可以看出,凡是方框由两格组成,为形状公差;而方框由三格组成,为位置公差,第三格方框表示位置公差的基准。

5 形状和位置误差的检测

(1)形状误差的检测。

①直线度的检测。对较短的被测直线,可用刀形尺、平尺、精密短导轨作标准件;对较长的被测直线,可用光轴、拉紧的优质钢丝等作标准件。

用刀形尺检测短小工件时,将刀口放在被测工件表面上,如图2-36所示。刀形尺与被测表面的最大间隙就是被测实际线的直线度误差,可以用厚薄规测出间隙值的大小。

②圆度和圆柱度的检测。对于内圆柱表面,可以利用内径百分表分不同方向和几个平面测量出直径的大小(图2-37),通过计算得出圆度值和圆柱度值的大小。对于外圆柱面可以利用外径千分尺分不同方向和几个平面测量出直径的大小,通过计算得出圆度值和圆柱度值的大小。

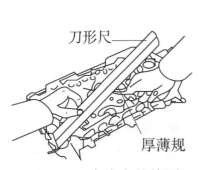

图2-36 直线度的检测

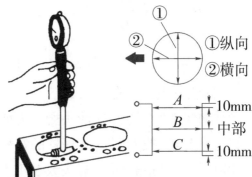

图2-37 汽缸磨损的检测

$$圆度 = \frac{(同一平面最大直径 - 最小直径)}{2}$$

$$圆柱度 = \frac{(任意平面最大直径 - 最小直径)}{2}$$

(2)位置误差的检测。

①垂直度的检测。图2-38所示为气门弹簧的垂直度检测,将气门弹簧一端水平放置在检验平台上,再用直角尺一端放在平台上向弹簧方向推,当直角尺与气门弹簧一端外缘接触时,用塞尺检测另一端到直角尺的距离即为气门弹簧的垂直度误差。

②圆跳动的检测。将V形块和磁性表座放置在检验平台上,凸轮轴两端支承在V形块上,百分表触杆作用在凸轮轴中间的轴颈上,并有1~2mm的压缩量,然后将百分表调零,转动凸轮轴一周,百分表上读数即为凸轮轴的径向圆跳动(凸轮轴弯曲度)。

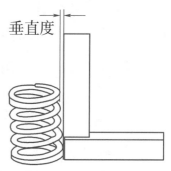

图2-38 气门弹簧垂直度检测

❻ 表面粗糙度的含义和标注

(1)表面粗糙度。表面粗糙度是指加工时零件表面具有的较小间距和峰谷组成的微观几何不平度,如图2-39所示。表面粗糙度是评定零件表面质量的重要指标之一,对零件的使用寿命、零件之间的配合以及外观质量等都有一定的影响。

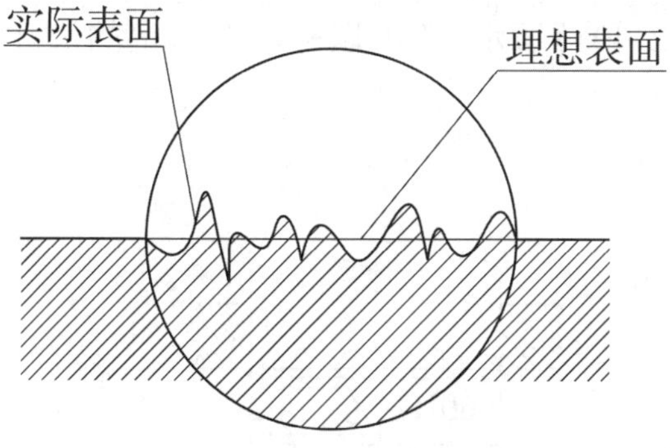

(2)表面粗糙度的一般标注。表面粗糙度的评定参数有轮廓算术平均偏差Ra和轮廓的最大高度Rz两种,其中Ra较为常用。国家标准《机械制图 表面粗糙度符号、代号及其注法》(GB/T 131—2006)规定,表面粗糙度代号由规定的符号和有关参数值组成,见表2-7。

图2-39 表面粗糙度

轮廓算术平均偏差Ra值的标注示例及其意义　　表2-7

代　号	意　义
 3.2/	用任何方法获得的表面,Ra的上限值为3.2μm
 3.2/	用不去除材料的方法获得的表面,Ra的上限值为3.2μm

续上表

代　　号	意　　义
3.2/	用去除材料的方法获得的表面，Ra 的上限值为 $3.2\mu m$
3.2/1.6/	用去除材料的方法获得的表面，Ra 的上限值为 $3.2\mu m$，Ra 的下限值为 $1.6\mu m$
3.2max/	用任何方法获得的表面，Ra 的最大值为 $3.2\mu m$
3.2max/	用不去除材料的方法获得的表面，Ra 的最大值为 $3.2\mu m$
3.2max/	用去除材料的方法获得的表面，Ra 的最大值为 $3.2\mu m$
3.2max/1.6min/	用去除材料的方法获得的表面，Ra 的最大值为 $3.2\mu m$，Ra 的最小值为 $1.6\mu m$

表面结构用表面结构符号、评定参数和具体数值表示。

表面结构的注写和识读方向与尺寸的注写和识读方向一致。每一表面的表面结构一般只注一次，并尽可能注在相应的尺寸及其公差的同一视图上。表面结构可以标注在轮廓线上，其符号尖端应从材料外指向材料并与表面接触，也可用带箭头或黑点的指引线引出标注，如图 2-40a)所示；还可以标注在给定的尺寸线上，如图 2-40b)所示。

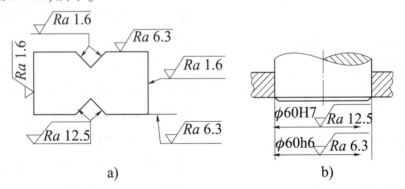

图 2-40　表面粗糙度要求的一般标注

(五)识读零件图

1　读零件图的基本要求

(1)了解零件的名称、材料、数量和用途等。

(2)了解零件的尺寸标注、制造方法和技术要求。

(3)想象零件各部分结构形状和相对位置，了解主要结构的特点和功用。

❷ 读零件图的方法和步骤

(1)看标题栏。从标题栏中零件的名称,大体了解零件的功用;从制造该零件材料,可想到零件制造时的工艺要求;从图的比例和图形大小,可以估计零件的实际大小。

(2)分析零件的表达方案。首先,根据视图布置确定主视图,然后,围绕主视图分析其他视图的配置。对于剖视图、断面图,要找到其位置及投影方向;对于局部视图和局部放大图,要找到投影方向及部位,弄清楚各个视图彼此间的投影关系。

(3)形体分析。利用形体分析法将零件分解成几部分,在各视图上找出各部分的特征视图,再运用视图间的投影关系想象出零件的整体形状。在分析过程中,可先想象出粗略轮廓,然后分析细节形状。

(4)尺寸分析。一方面,从分析标注尺寸的起点找出尺寸基准;另一方面,结合尺寸公差和表面粗糙度要求,找出功能尺寸及确定加工方法和要求。

(5)综合考虑。综上所述,将零件的结构形状、尺寸标注及技术要求综合起来,就能较全面地识读这张零件图。

在实际识读过程中,上述步骤常常交叉进行的。

(六)典型汽车零件图识读分析

识读零件图是技术工人必备的一项基本技能。下面以图2-41所示活塞零件图为例,来说明识读零件图的一般步骤。

(1)看标题栏。从标题栏中可知:零件为活塞,它是一个用于压缩空气机的零件;由于零件材料是ZL102铸造铝合金,从而可以想到零件中必然会有诸如铸造圆角、铸造壁厚均匀等铸造工艺结构;比例为1:1.5,表明零件的大小是图样的1.5倍。

(2)分析零件的表达方案。用三个全剖的基本视图来表达该零件。主视图按工作位置放置,表达活塞外部尺寸和内部结构;其他两个视图主要表达活塞内部结构和尺寸。主、左视图的剖切平面均处于零件的对称中心平面上,而俯视图的剖切平面是通过活塞销座孔轴线来剖切的。

(3)分析形体。三个视图均采用了全剖视图,清楚表明活塞的外形是圆柱体,内腔是阶梯圆柱形空腔,并铸有两个活塞销座;活塞上下开有四个活塞环槽,在第二、第四道环槽内各钻回油孔六个,并互错30°。

(4)分析尺寸。高度方向尺寸基准是活塞上顶面,辅助基准是销孔的轴线和下底面;长度方向的基准是通过活塞轴线并垂直于销孔轴线的中心平面,宽度方向的基准是通过销孔轴线并与中心平面垂直的平面。活塞总体尺寸为$\phi 52mm \times 53mm$。

(5) 看技术要求。从图中可知道零件表面粗糙度的要求、极限与配合、形位公差及制造、检验等方面的要求。

(6) 归纳总结。把图形、尺寸和技术要求等系统地联系起来进行综合分析，从而得到零件的完整情况。

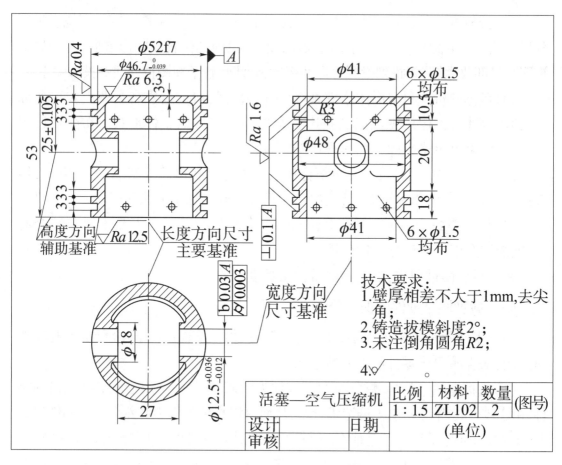

图 2-41　活塞零件图

四　装配图的识读

(一) 装配图概念

1　装配图的定义

一台机器或部件，都是由许多零件、部件按一定关系装配而成的。这种表达机器或部件各组成零件之间的连接或装配关系的图样，称为装配图。

装配图是表达机器或部件的图样，是设计零件、制定装配工艺流程，及进行装配、检验、安装、维修的技术文件，也是表达设计思想、指导生产和交流技术的重要技术文件。在使用时,要由装配图了解产品的结构、性能、零件相互间的装配关系、传动路线、工作原理及维修的方法。

❷ 装配图的内容

一张完整的装配图具备的内容有以下几部分。

1)一组视图

装配图中由一组视图和采用各种表达方法,将装配体的工作原理、零件的装配关系、零件的连接和传动情况,及各零件的主要结构形状表达清楚。因此,在视图的选择和画法上与零件图有所区别。

(1)视图选择。

①主视图应反映装配体的工作位置、总体结构特征和装配关系。

②视图应尽量反映主要零件的结构,清晰表达零件的种类。

装配图的规定画法

(2)视图规定画法。

①相邻零件的画法。接触面、配合面只画一条轮廓线;非配合面即使间隙很小,也要画出两条线。

②剖面线画法。相邻两金属零件的剖面线方向应相反,或方向一致但间隔不相等;各视图上同一零件的剖面线方向和间隔应相同;厚度小于2mm的图形可用涂黑代替剖面符号。

(3)简化画法。若干个相同的零件组,只画一处,其余用细点画线表示其位置。

(4)实心零件的画法。纵向剖切,且剖切面经过零件对称平面或轴线时,可不画剖面线;但作局部剖视时可画剖面线。

(5)夸大画法。当图形的厚度或间隙过小时,允许不按规定比例,可将该部分夸大画出。

(6)假想画法。用细双点画线表示某些零件的极限位置或运动范围,也可用细双点画线表示不属于该装配体的有关相邻部件。

(7)拆卸画法。假想沿零件结合面剖切或假想将某些零件拆卸后绘制图形,可清楚表达被遮住的部分,需要时注上"拆去××等"。

(8)单个零件画法。可以在装配图中单独画出某一零件的视图,但必须标注清楚投射方向和名称,并在所画视图上注上相同字母。

2)必要的尺寸

装配图上有表明装配体的规格(性能)、装配、安装、检验、总体大小等方面的尺寸。

规格性能尺寸是设计产品的依据;总体尺寸表示装配体所占空间尺寸的大小;装配尺寸表示装配体装配时需要保证零件间较重要的距离尺寸和间隙尺寸。

3)技术要求

用文字说明或标注标记、代号,指明该装配体在装配、检验、调试、运输和安装等方面所需达到的技术要求。

4)标题栏、明细栏和零件序号

在图样的右下角是标题栏,表明装配体的名称、图号、比例和责任者签字等,明细栏中填写有组成零件的序号、名称、材料、数量、标准件的规格和代号及热处理要求等。

每个零件都要给一个顺序号,依相邻位置按一定的顺序方向标注。顺序号的下方用一细实线标注或用圆圈圈出,指引线用细实线,如图 2-42 所示。

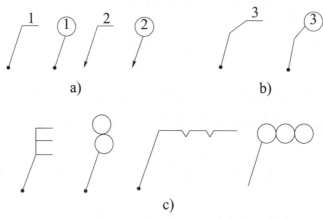

图 2-42　序号标注方法

(二)装配图的表达方法

装配图的表达同样需要零件图表达中所用到的方法,诸如视图、剖视图、断面图等。但为了恰当表达机器或部件的工作原理和装配关系,还需要有一些规定画法、简化画法和特殊表达方法。

装配图的规定画法如下。

(1)相邻两零件的接触面或配合面,规定只画一条线,但如果相邻两零件的公称尺寸不相同,即使间隙很小,也必须画成两条线。图 2-43 所示为接触面或配合面的画法。

(2)在剖视图中相邻两零件的剖面线应有所区别,可通过剖面线方向相反或方向一致而间距不相等的方式加以区别。同一零件在各个视图上的剖面线方向和间隔应一致,装配图中剖面线的画法,如图 2-44 所示。

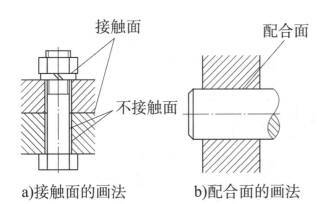
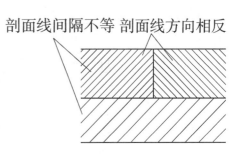

a)接触面的画法　　b)配合面的画法

图 2-43　接触面与配合面的画法　　　图 2-44　剖面线的画法

(3)当剖切平面通过标准件或实心零件的轴线时,这些零件不画剖面线,如螺栓等紧固件,轴、手柄、键和销等零件。

(三)识读装配图的方法和步骤

(1)概况了解。了解标题栏、读明细栏和初步看视图。

(2)分析工作原理和装配关系。在概况了解的基础上,结合有关说明书仔细分析机器的工作原理和装配关系,是识读装配图的一个重要环节。分析各装配干线,弄清零件相互的配合、定位、连接方式。此外,对运动零件的润滑、密封形式等,也要有所了解。

(3)分析视图,看懂零件的结构形状。分析视图,了解各视图、剖视图、断面图等投影干线及表达意图。了解各零件的主要作用,帮助看懂零件结构。分析零件时,应从主要视图中的主要零件开始,可按"先简单、后复杂"的顺序进行。有些零件在装配图上不一定表达完全清楚,可配合零件图来读装配图,这是读装配图极其重要的方法。

(4)分析尺寸和技术要求。分析尺寸是找出装配图中的性能(规格)尺寸、装配尺寸、安装尺寸、总体尺寸和其他重要尺寸。技术要求一般是对装配体提出的装配要求、检验要求和使用要求等。

综上所述,看装配图只有按步骤对装配体进行全面了解、分析和总结全部资料,认真归纳,才能准确无误地看懂装配体。

(四)典型装配图分析

在机器设备的设计、制造、装配、使用、维修中,经常需通过看装配图来分析机器及部件的工作原理、性能和结构特点。下面以图 2-45 所示活塞连杆总成的装配图为例,来说明装配图识图的步骤和方法。

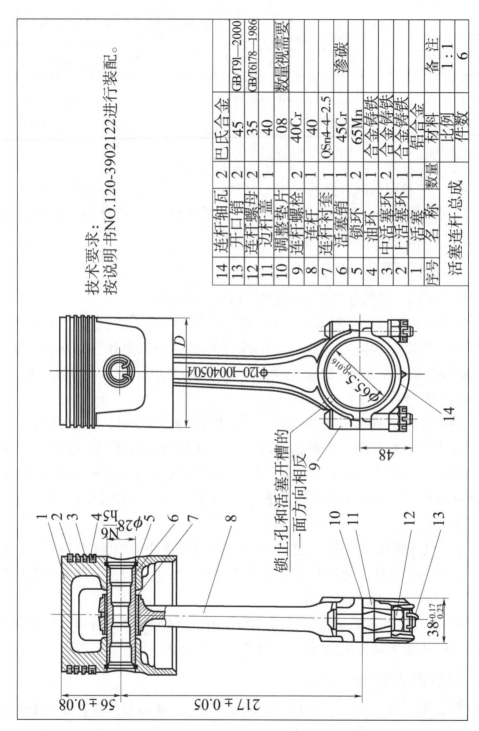

图 2-45 活塞连杆总成装配图

(1)概况了解。从标题栏、明细栏和产品说明书中概括了解部件的作用,零件数量、名称、位置、材料,视图数量;了解各零件之间的大体装配关系。

(2)分析工作原理和装配关系。在概括了解的基础上,分析部件的工作原理和各零件的装配关系。该部件的工作原理是可燃混合气产生的燃气压力推动活塞做直线运动,经曲柄连杆机构将活塞的直线运动转化为曲轴的旋转运动。

(3)分析视图的表达方法。从活塞连杆总成装配图可知,该装配图采用两个基本视图来表达该部件,主视图采用局部剖视图,主要用来表达活塞、活塞销、连杆及连杆轴承之间的装配关系。左视图显示整个部件的外形,突出了连杆杆身和连杆大端的形状,也表达了连杆大端的连接情况。

(4)归纳总结。在以上分析的基础上,再分析技术要求和尺寸,并把部件的性能结构、装配、操作和维修等几个方面联系起来研究,归纳总结其结构特点、拆装顺序等,加深对活塞连杆总成的全面认识。图2-46所示为活塞连杆总成轴测图。

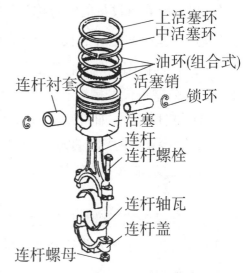

图2-46 活塞连杆总成轴测图

(五)配合

公称尺寸相同的、相互结合的孔轴公差带之间的关系称为配合。

1 配合制度

配合制度有两种:基孔制和基轴制。

(1)基孔制。基孔制配合指基本偏差一定的孔公差带,与不同基本偏差的轴公差带形成各种配合的一种制度。基孔制配合的孔称基准孔,其基本偏差为下极限偏差,数值为零(即 EI = 0),代号为"H"。

(2)基轴制。基轴制配合指基本偏差一定的轴公差带,与不同基本偏差的孔公差带形成各种配合的一种制度。基轴制配合的轴称基准轴,其基本偏差为上极限偏差,数值为零(即 es = 0),代号为"h"。

2 配合种类

根据相配合的孔和轴之间配合的松紧程度不同,将配合分为间隙配合、过盈配合和过渡配合三种。

(1) 间隙配合。孔的实际尺寸总比轴的实际尺寸大,装配后保证具有间隙的配合称为间隙配合。

(2) 过盈配合。孔的实际尺寸总比轴的实际尺寸小,装配时需要一定的外力才能将轴装入孔中的配合称为过盈配合。

(3) 过渡配合。轴的实际尺寸比孔的尺寸有时小、有时大,装配后可能具有间隙,也可能具有过盈的配合称为过渡配合。

❸ 公差带与配合的代号及标注

(1) 在零件图上的标注形式。公差带代号:孔为 H7、G6、F8……;轴为 h7、g6、f8……。公差带代号标注有以下三种形式:

①直接用代号,如图 2-47a)所示;

②直接标上下极限偏差,如图 2-47b)所示;

③标公差带代号的同时,后面在括弧里加上上下极限偏差,如图 2-47c)所示。

(2) 在装配图上的标注形式。在装配图上采用组合标注法,即在公称尺寸后面用分式表示,分子为孔的公差代号,分母为轴的公差代号,如图 2-48 所示。

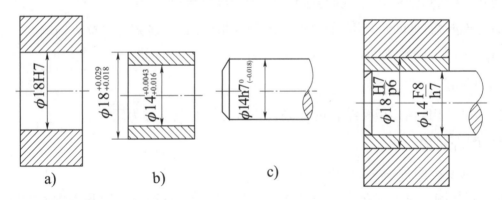

图 2-47　零件图上的公差带代号标注　　图 2-48　装配图上的公差带代号标注

单元小结

(1) 国家标准《机械制图》进行修订和增补后,基本等同或等效采用了 ISO 国际标准。

(2) 国家标准规定的图纸基本幅面有 5 种,机械制图中常用的图线有 8 种。

(3) 图样中的汉字、字母和数字书写要求:字体工整、笔画清楚、间隔均匀、排列整齐。

(4)一个完整的尺寸由尺寸数字、尺寸线、尺寸界线和表示尺寸线终端的箭头四个要素组成。

(5)投射线通过物体向预定的平面投射,并在该平面上得到图形的方法,称为投影法。

(6)机械制图中采用正投影法。正投影法具有真实性、收缩性和积聚性等基本性质。

(7)用正投影法绘制的物体投影图称为视图。三视图是指主视图、俯视图和左视图。

(8)视图有基本视图、斜视图和局部视图等。

(9)基本视图有主视图、俯视图、左视图、后视图、仰视图和右视图。

(10)斜视图和局部视图都是基本视图的补充,在完整、清晰表达零件结构的前提下,减少基本视图,节省画图的工作量。

(11)零件图详细表达了零件的形状、大小和加工要求,是用来指导零件生产、检验的重要技术性文件。

(12)零件图的内容包括:一组视图、一组尺寸、技术要求和标题栏四个方面。

(13)零件图中的技术要求主要有:极限与配合、形位公差和表面粗糙度以及热处理项目等。

(14)孔、轴的尺寸代号由基本偏差代号的拉丁字母和表示公差的数字组合而成,如 $\phi30H7$、$\phi30d6$ 等。

(15)配合制度有基孔制配合和基轴制配合;配合种类有间隙配合、过渡配合和过盈配合。

(16)选择主视图应遵循以下原则:①表达形状特征原则;②符合零件加工位置原则;③符合零件的工作位置原则。

(17)尺寸基准是指标注尺寸的起点。

(18)零件图识读的方法。

(19)装配图的内容包括一组视图、必要的尺寸、技术要求、标题栏、零件的序号和明细栏。

(20)装配图的尺寸包括性能(规格)尺寸、装配尺寸、安装尺寸、总体尺寸和其他重要尺寸等。

(21)装配图中的零件都须编写序号,并填写明细表,以便于看图。

(22)在装配图的表达方法中,除了零件图表达中所用到的视图、剖视图、断面图等方法外,还需要有一些规定画法、简化画法和特殊表达方法等方法来表达。

(23)识读装配图时,要对其进行概况了解,看懂工作原理及装配关系,进而了解各零件的作用,想象出零件形状。

(一)填空题

1. 为了准确表达机械的形状、结构和大小,根据投影原理、国家标准和有关规定画出的图,称为_____。

2. _____对图样的绘制有一系列的规定,绘图时必须严格执行。

3. 图样中的字体包括_____、_____和_____,汉字应写成_____。

4. 只有正确使用_____,才能绘制出规范的图样。常用的绘图工具有:_____、_____、_____、_____、_____和_____等。

5. 投影法分为_____和_____两类。机械制图采用了_____投影法。

6. 按正投影法并根据有关标准和规定画出的物体的图形,称为_____。正面投影称为_____,水平面投影称为_____,侧面投影称为_____。

7. 主视图反映物体的_____和_____,俯视图反映物体的_____和_____,左视图反映物体的_____和_____。三视图之间的对应关系为"_____、_____、_____"的"三等"关系。

8. _____是一种富有立体感的单面投影图,常用以表明机器的外形或内部结构。

9. 一张完整的零件图应包括_____、_____、_____和_____。

10. 在相同规格的一批零件或部件中,任取一零件,无须选择和修配就能装配使用,达到规定的性能要求,零件的这种性质称为_____。

11. _____是指加工时零件表面具有的较小间距和峰谷组成的微观几何不平度。

12. _____是表达机器或部件的图样,是设计零件,制定装配工艺流程及进行装配、检验、安装、维修的技术文件。

13. 公称尺寸相同的相互结合的孔轴公差带之间的关系称为_____。配合制度有两种:即_____和_____。根据相配合的孔和轴之间配合的松紧程度不同,国家标准将配合分为_____、_____和_____三种。

(二)选择题

1. 机件向不平行于任何基本投影面的平面投射,所得到的视图称为(　　)。
   A. 基本视图　　　B. 斜视图　　　C. 局部视图　　　D. 旋转视图

2. 设计给定的尺寸称为(　　)。
   A. 公称尺寸　　　B. 实际尺寸　　　C. 极限尺寸　　　D. 作用尺寸

3. 零件图的标题栏应包括零件的名称、材料、数量、图号和(　　)等内容。
   A. 公差　　　B. 比例　　　C. 热处理　　　D. 表面粗糙度

4. 图样是技术性文件,它能表达(　　)的意图。
   A. 生产者　　　B. 设计者　　　C. 使用者　　　D. 参观者

5. 零件的左视图反映了零件的(　　)。
   A. 长度和宽度　　　　　　　B. 宽度和高度
   C. 长度和高度　　　　　　　D. 长度、宽度和高度

6. 间隙配合时,孔和轴公差带之间的关系是(　　)。
   A. 孔的公差带在轴的公差带之上　　B. 孔的公差带在轴的公差带之下
   C. 轴的公差带在孔的公差带之上　　D. 孔的公差带和轴的公差带相互交叠

7. 无论位置公差基准代号的方向如何,其字面必须(　　)填写。
   A. 水平　　　B. 垂直　　　C. 水平或垂直　　　D. 任意

8. 国家标准规定,图样中的线性尺寸大小均以(　　)为单位,在尺寸数字后面不必加注计量单位名称。
   A. mm　　　B. cm　　　C. dm　　　D. m

9. 在三视图中,主视图和左视图(　　)。
   A. 圆相反　　　B. 高平齐　　　C. 长对正　　　D. 宽相等

10. 通过测量获得的尺寸称为(　　)。
    A. 尺寸　　　B. 公称尺寸　　　C. 实际尺寸　　　D. 极限尺寸

11. 通常零线表示(　　)。
    A. 尺寸　　　B. 公称尺寸　　　C. 实际尺寸　　　D. 极限尺寸

12. 孔的尺寸减其相配合的轴的尺寸所得代数差,此差值为(　　),称为间隙。
    A. >0　　　B. ≤0　　　C. ≥0　　　D. =0

13. 孔的尺寸减其相配合的轴的尺寸所得代数差,此差值为(　　),称为过盈。
    A. >0　　　B. ≤0　　　C. ≥0　　　D. =0

(三) 判断题

1. 一个完整的尺寸应包括尺寸界线、尺寸线、尺寸数字和箭头四个基本要素。
（   ）

2. 偏差是某一尺寸(实际尺寸、极限尺寸)减其公称尺寸所得的代数差。
（   ）

3. 孔和轴配合时,孔的下极限尺寸总是大于或等于轴的上极限尺寸的配合称为过盈配合。（   ）

4. 装配图上的配合尺寸,除了要标出尺寸数字以外,还要标注配合代号。
（   ）

(四) 简答题

1. 尺寸注法的要求是什么？尺寸标注的四个要素是什么？
2. 什么是正投影？
3. 三视图的投影关系是什么？
4. 一张完整的零件图应包括哪些内容？
5. 什么是互换性？什么是形位公差？
6. 识读零件图的步骤如何？
7. 一张完整的装配图应具备哪些内容？
8. 识读装配图的方法有哪些？
9. 什么是配合？配合种类有哪些？

单元三　汽车常用材料

学习目标

1. 知道金属材料的力学性能,知道碳素钢、合金钢和铸铁的分类及牌号;
2. 描述铝、铝合金、铜、铜合金和轴承合金的特性;
3. 说出碳素钢、合金钢和铸铁材料在汽车上的应用,说出铝、铝合金、铜、铜合金和轴承合金材料在汽车上的应用;
4. 准确识别汽车常用金属材料。

建议课时

14 课时。

一　金属材料的力学性能

(一)金属材料和合金

零件的材料将影响机器的性能。以汽车为例,80% 为金属材料。从汽车设计、选材、制造到汽车维修,认识金属材料十分重要。

 金属定义

金属是指具有良好的导电性和导热性,有一定的强度和塑性,并具有特殊金属光泽的物质。

❷ 金属材料定义

金属材料是指由金属元素或以金属元素为主要材料构成的,并具有金属特性的工程材料,它一般包括纯金属和合金两类,也有将金属材料分为黑色金属、有色金属和特种金属。

纯金属在工业生产中虽然具有一定的用途,但是由于它的强度、硬度一般都较低,而且冶炼技术复杂,价格较高,因此,在使用上受到很大的限制。目前,在汽车工业生产中广泛使用的是合金状态的金属材料。

❸ 合金定义

合金是指两种或两种以上的金属元素或金属与非金属元素组成的金属材料。与纯金属相比,合金除具有良好的力学性能外,还可以通过调整组成元素之间的比例,获得一系列性能各不相同的合金,从而满足不同的性能要求。

(二)金属材料的力学性能

金属材料的力学性能是指材料在外力的作用下抵抗变形和破坏的能力。力学性能是金属材料在力的作用下所显示的性能,又称机械性能,主要包括强度、塑性、硬度、韧性和疲劳强度等。物体受外力作用后导致物体内部之间产生的相互作用的力称为内力,而单位面积上的内力则称为应力 σ(MPa)。应变是指由外力所引起的物体原始尺寸或形状的相对变化。

金属材料的力学性能是评定金属材料品质的主要依据。

(三)金属材料的强度、塑性和硬度

❶ 强度

(1)强度定义。强度是指金属材料在外力作用下抵抗永久变形(不可恢复变形)和断裂的能力。抵抗塑性变形和断裂的能力越大,强度越高。根据受力状况的不同,强度可分为抗拉强度、抗压强度、抗弯强度、抗扭强度、抗剪强度等。一般以抗拉强度作为最基本的强度指标。

金属材料的强度指标可以通过拉伸试验测得,如图3-1所示。拉伸试验是指用静(缓慢)拉伸力对试样进行轴向拉伸,通过测量拉伸力和伸长量来测定试样强度、塑性等力学性能的试验。在进行拉伸试验时,拉伸力(F)和试样伸长量 $\Delta(l-l_0)$ 之间的关系曲线,称为拉力-伸长曲线,如图3-2所示。从图3-2中曲线可以看出,试样从开始拉伸到断裂要经过弹性变形阶段、屈服阶段、变形强化阶段、颈缩与断裂阶段。

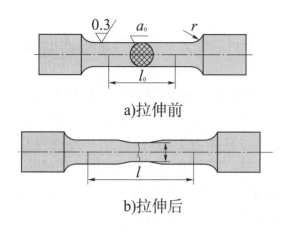

图 3-1　圆柱形拉伸试样

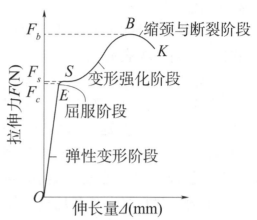

图 3-2　金属的拉力-伸长曲线

（2）金属材料的强度指标。金属材料抵抗拉伸力的强度指标主要有抗拉强度和屈服强度。

① 抗拉强度（σ_b）。抗拉强度是指拉伸试样拉断前所承受的最大标称拉应力。

抗拉强度是表征金属材料由均匀塑性变形向局部集中塑性变形过渡的临界值，也是表征金属材料在静拉伸条件下的最大承载能力。对于塑性较好的金属材料来说，拉伸试样在承受最大拉应力之前，变形是均匀一致的。但超过抗拉强度后，金属材料便开始出现颈缩现象，即产生集中塑性变形。

② 屈服强度（σ_s）。屈服强度是指在拉伸试验过程中拉力（或载荷）不增加（保持恒定）的情况下，拉伸试样仍然能继续伸长（变形）时的应力。

工业上使用的部分金属材料（如高碳钢、铸铁等）在进行拉伸试验时，没有明显的屈服现象，也不会产生颈缩现象，这就需要规定一个相当于屈服强度的指标，即规定残余伸长应力。规定残余伸长应力是指拉伸试样在卸除拉伸力后，其标距部分的残余伸长与原始标距比值达到规定的百分比时的应力。

❷ 塑性

（1）塑性定义。塑性是指金属材料在外力作用下发生不能恢复原状的变形（产生永久变形）而不断裂的能力。塑性大小用延伸率 δ 和断面收缩率 ψ 表示。

（2）延伸率和断面收缩率。金属材料的塑性可以用拉伸试样断裂时的最大相对变形量来表示，如延伸率和断面收缩率。它们是表征材料塑性优劣的主要力学性能指标。

延伸率是指在拉伸试验中，试样拉断后，标距的伸长与原始标距的百分比，用符

号 δ 表示。

断面收缩率是指试样拉断后,缩颈处截面积的最大缩减量与原横断面积的百分比,用符号 ψ 表示。

金属材料的延伸率和断面收缩率越大,表示该材料的塑性越好,即材料能承受较大的塑性变形而不破坏。一般把延伸率大于5%的金属材料称为塑性材料(如低碳钢等),而把延伸率小于5%的金属材料称为脆性材料(如灰铸铁等)。塑性好的材料,能在较大的宏观范围内产生塑性变形,并在塑性变形的同时使金属材料因塑性变形而强化,从而提高材料的强度,保证了零件的安全使用。此外,塑性好的材料可以顺利地进行某些成形工艺加工,如冲压、冷弯、冷拔和校直等。

金属材料的塑性对零件的加工和使用具有重要的意义,塑性好的金属材料容易进行锻压、轧制等成形加工。所以,大多数机械零件除要求具有较高的强度外,还要求有一定的塑性。

3 硬度

(1)硬度定义。硬度是指金属材料抵抗局部变形,特别是塑性变形、压痕或划痕的能力。在金属材料的力学性能中,硬度是应用最广泛的指标之一。对于各种切削刀具、量具和要求耐磨的零件,硬度是衡量其质量和使用寿命的依据。

(2)布氏硬度、洛氏硬度和维氏硬度。常用的硬度指标有布氏硬度、洛氏硬度和维氏硬度。

①布氏硬度(HB)。以一定的载荷(一般 3000kgf)把一定大小(直径一般为 10mm)的淬硬钢球压入材料表面,保持一段时间,卸去载荷后,载荷与其压痕面积之比值,即为布氏硬度值(HB),单位为 kgf/mm^2。

②洛氏硬度(HR)。当 HB>450 或者试样过小时,不能采用布氏硬度试验而改用洛氏硬度计量。它是用一个顶角 120°的金刚石圆锥体或直径为 1.59mm、3.18mm 的钢球,在一定载荷下压入被测材料表面,由压痕的深度求出材料的硬度。

③维氏硬度(HV)。以 120kgf 以内的载荷和顶角为 136°的金刚石方形锥压入器压入材料表面,用材料压痕凹坑的表面积除以载荷值,即为维氏硬度 HV 值,单位为 kgf/mm^2。

(四)金属材料的韧性和疲劳强度

1 韧性

(1)韧性定义。韧性是金属材料在断裂前吸收变形能量的能力。材料在冲击载荷作用下抵抗破坏的能力称为冲击韧性,简称韧性。其值以冲击韧度 $α_k$ 表示,$α_k$ 越大,材料的韧性越好,在受到冲击时越不易断裂。

(2)韧性的种类。金属韧性可分为冲击韧性和断裂韧性。

①冲击韧性。许多机械零件和工具,在工作过程中往往受到冲击载荷作用,如冲床的冲头,锻锤的锤杆和破碎机等。汽车上的部分零件是在冲击载荷作用下工作的,如连杆、气门等。这些零件除要求具备足够的强度、塑性、硬度外,还应有足够的韧性。

②断裂韧性。材料抵抗裂纹失稳扩展的性能称为断裂韧性。

2 疲劳强度

零件在低于制作该零件的金属材料的屈服强度或规定残余伸长应力的循环应力作用下,经过一定工作时间后会发生突然断裂,这种现象称为金属材料的疲劳。

疲劳强度是指金属材料在无限多次交变载荷作用下会产生破坏的最大应力,或称为疲劳极限。

载荷的形式不仅有静载荷(或静应力)、冲击载荷(或冲击应力),还有循环载荷(或循环应力)。汽车上部分机械零件,是在循环载荷(循环应力、循环应变)作用下工作的。

疲劳破坏是机械零件失效的主要原因之一。据统计,在机械零件失效中有80%以上属于疲劳破坏,而且疲劳破坏前没有明显的变形,所以疲劳破坏经常造成重大事故,因此对于轴、齿轮、轴承、叶片和弹簧等承受交变载荷的零件要选择疲劳强度较好的材料来制造。

二 碳素钢

(一)碳素钢的分类

1 碳素钢定义

碳素钢是指碳的质量分数小于2.11%的铁碳合金,简称碳钢。图3-3所示为碳素钢材料。实际使用的碳素钢的碳质量分数一般不超过1.4%。碳素钢是除铁、碳和限量以内的硅、锰、磷、硫等杂质外,不含其他合金元素的钢。碳素钢的性能主要取决于含碳量。含碳量增加,钢的强度、硬度升高,塑性、韧性和可焊性降低。与其他钢

图3-3 碳素钢材料

类相比,碳素钢使用最早,成本低,性能范围宽,用量最大。因碳素钢冶炼方便、加工容易和价格便宜,性能可以满足一般工程使用要求,所以成为汽车工业用材的主体,占汽车用材总量的 3/4 左右。

❷ 碳素钢分类

(1) 按化学成分即碳(C)的质量分数分类。

① 低碳钢[$w(C) \leqslant 0.25\%$]。低碳钢又称软钢,含碳量为 0.10%~0.25% 的低碳钢易于接受各种加工,如锻造、焊接和切削,常用于制造链条、铆钉、螺栓和轴等。

② 中碳钢[$0.25\% < w(C) < 0.60\%$]。中碳钢除碳外还可含有少量锰(0.70%~1.20%)。热加工及切削性能良好,焊接性能较差。强度、硬度比低碳钢高,而塑性和韧性低于低碳钢。可不经热处理,直接使用热轧材、冷拉材,也可经热处理后使用。淬火、回火后的中碳钢具有良好的综合力学性能,所以大量用于制造各种机械零件。

③ 高碳钢[$w(C) > 0.60\%$]。含碳量为 0.60%~1.70%,可以淬硬和回火。锤、撬棍等由含碳量 0.75% 的钢制造;切削工具如钻头、丝锥、铰刀等由含碳量 0.90%~1.00% 的钢制造。

(2) 按材质[主要根据硫(S)、磷(P)的质量分数]分类。

① 普通钢[$w(S) < 0.055\%, w(P) < 0.045\%$]。普通钢对含碳量、性能范围及磷、硫和其他残余元素含量的限制较宽。

② 优质钢[$w(S) < 0.040\%, w(P) < 0.040\%$]。优质钢和普通钢相比,硫、磷及其他非金属夹杂物的含量较低。

③ 高级优质钢[$w(S) < 0.030\%, w(P) < 0.035\%$]。高级优质钢含 S、P 较低。高级优质钢分为 A、B、C、D 四个质量等级。

④ 特级优质钢[$w(S) < 0.025\%, w(P) < 0.030\%$]。特级优质钢含 S、P 最低。特级优质钢筋也是抗震钢筋。

(3) 按用途分类。

① 碳素结构钢。碳素结构钢用于制造各种机械零件和工程结构件,多为低碳钢和中碳钢。

② 碳素工具钢。碳素工具钢经热处理后可得到高硬度和高耐磨性,用于制造各种刀具、量具和模具,多为高碳钢。

(4) 按炼钢的脱氧程度分类。按炼钢的脱氧程度,碳素钢分为沸腾钢、半镇静钢、镇静钢和特殊镇静钢。

(二)汽车常用碳素钢

❶ 普通碳素结构钢

普通碳素钢主要保证力学性能,故其牌号体现其力学性能。

(1)普通碳素结构钢牌号。普通碳素结构钢的牌号用"Q+数字"表示,其中"Q"为屈服点"屈"字的汉语拼音字首,数字表示屈服强度的数值。例如,Q275表示屈服强度为275MPa。若牌号后面标注字母A、B、C、D,则表示钢材质量等级不同,即硫、磷质量分数不同。其中A级钢硫、磷质量分数最高,D级钢硫、磷质量分数最低。若在牌号后面标注字母"F"则为沸腾钢,标注"b"为半镇静钢,不标注"F"或"b"者为镇静钢,"TZ"为特殊镇静钢。例如,Q235-AF表示屈服强度为235MPa的A级沸腾钢。Q235-C表示屈服强度为235MPa的C级镇静钢。

(2)普通碳素结构钢在汽车上的应用。普通碳素结构钢在汽车上的应用举例:百叶窗联动杠杆、传动轴中间轴承支架、发动机前后支架、后视镜支杆、油底壳加强板、离心机油滤清器凸缘、固定发电机用连接板、前钢板弹簧夹箍、后视镜支架、差速器螺栓锁片、车轮轮辐、轮辋、驻车制动操纵杆棘爪与齿板、消声器、百叶窗叶片,及三、四、五挡同步器锥盘等。

❷ 优质碳素结构钢

优质碳素结构钢必须保证钢的化学成分和力学性能。优质碳素钢中所含的有害杂质元素(硫、磷元素等)和非金属夹杂物较少,力学性能和钢材的表面质量较好,其组织也较均匀。

(1)优质碳素结构钢牌号。优质碳素结构钢的牌号用两位数字来表示,这两位数字表示该钢平均含碳量的万分数。例如,35表示平均含碳量为0.35%的优质碳素结构钢;08表示平均含碳量为0.08%的优质碳素结构钢。含锰量较高$[w(Mn)=0.7\%\sim1.2\%]$的钢,在两位数字后面写"Mn",如60Mn钢。

(2)优质碳素结构钢在汽车上的应用。优质碳素结构钢用于制造油底壳、油箱、离合器、驾驶室、轮胎螺母螺栓、离合器调整螺栓、曲轴箱螺栓、风扇叶片、驻车制动操纵杆、曲轴正时齿轮、变速杆、凸轮轴和气门弹簧等。

❸ 碳素工具钢

碳素工具钢表面可得到较高的硬度和耐磨性,心部有较好的韧性。

(1)碳素工具钢牌号。碳素工具钢的牌号用"T+数字"表示,其数字表示钢中平均含碳量的千分数。例如,T9表示平均含碳量为0.90%的碳素工具钢。若为高级优质碳素工具钢,则在其牌号后面标以字母A。

碳素工具钢分为碳素刃具钢、碳素模具钢和碳素量具钢。碳素刃具钢指用于制作切削工具的碳素工具钢,碳素模具钢指用于制作冷、热加工模具的碳素工具钢,碳素量具钢指用于制作测量工具的碳素工具钢。

(2)碳素工具钢应用。碳素工具钢用于制造各种工具和量具,如螺丝刀、游标卡尺等。

4 碳素铸钢

(1)碳素铸钢牌号。铸钢的牌号由"ZG"和两组数字组成,其中"ZG"为铸钢的代号,代号后面的两组数字分别表示屈服强度和抗拉强度。例如,ZG270-500表示屈服强度为270MPa、抗拉强度为500MPa的铸钢。

(2)碳素铸钢应用。铸钢能制造形状复杂的零件,而锻造件则无法做到,所以汽车上许多零件是用铸钢铸造而成的。

一般工程用碳素铸钢件分为5个牌号,其中ZG200-400主要用于制作各种机座、变速器壳体等;ZG230-450用于制作轴承盖、各种外壳、阀体等;ZG270-500用于制作轧钢机架、轴承座等;ZG310-570用于制作辊子、缸体、大齿轮等;ZG340-640主要用于制作齿轮、棘轮、叉头等。

三 合金钢

(一)合金元素对钢性能的影响

1 合金钢定义

合金钢是指在碳素钢的基础上,在冶炼时有目的地加入一种或多种合金元素的钢。加入的合金元素常用的有硅(Si)、锰(Mn)、铬(Cr)、镍(Ni)、钼(Mo)、钨(W)、钒(V)、钛(Ti)、硼(B)、铝(Al)、锆(Zr)和稀土元素(Re)等。

2 合金元素对钢性能的影响

(1)铬。含碳量低的钢加入铬能提高强度和硬度。

(2)镍。含镍在6%以下时能使钢具有高强度和高韧性。

(3)锰。合金结构钢中含锰量在2%以下时,就能使钢的强度显著提高,而且有一定的韧性。

(4)硅。硅能提高钢的强度、硬度、疲劳强度、耐蚀性和抗氧化性,含硅量为2.5%~4.4%的钢是很好的软磁材料,可制变压器或电动机线圈的铁芯。

(5)钨。钨能提高钢的强度及耐磨性,使钢具有良好的热硬性。

(6)钒。钒能使钢的强度和韧性同时提高,并提高钢的耐磨性和回火稳定性。

(7)铝。铝能提高钢的抗氧化性能。铝与氮形成化合物,能提高钢的硬度和耐磨性。

(8)钛。钛能提高钢的强度、硬度和耐磨性,对塑性影响较小。

(9)稀土元素。稀土元素对冶炼和铸造有良好的作用,还能提高钢的塑性和韧性,改善钢的特殊性能(耐热、耐蚀、抗氧化等)。

(二)合金钢的分类

1 按主要用途分

按主要用途分,合金钢可分为合金结构钢、合金工具钢和特殊性能钢。

(1)合金结构钢。合金结构钢含有一种或数种一定量的合金元素的钢,用来制造各种机械零件和工程构件。

(2)合金工具钢。合金工具钢,是在碳素工具钢基础上加入铬、钼、钨、钒等合金元素以提高淬透性、韧性、耐磨性和耐热性的一类钢种。它主要用于制造量具、刃具、耐冲击工具和冷、热模具及一些特殊用途的工具。

(3)特殊性能钢。特殊性能钢具有特殊物理或化学性能。其种类很多,机械制造中主要使用不锈耐酸钢、耐热钢、耐磨钢。不锈耐酸钢包括不锈钢与耐酸钢。能抵抗大气腐蚀的钢称为不锈钢。而在一些化学介质(如酸类等)中能抵抗腐蚀的钢称为耐酸钢。

特殊性能钢主要用来制造有特殊性能要求的结构件和机器零件等。

2 按合金元素的含量分

按合金元素的含量分,合金钢可分为低合金钢、中合金钢和高合金钢。

(1)低合金钢。低合金钢的合金元素总含量小于5%。低合金钢是相对于碳钢而言的,是在碳钢的基础上,为了改善钢的一种或几种性能,而有意向钢中加入一种或几种合金元素。

(2)中合金钢。中合金钢的合金元素的总含量为5%~10%。

(3)高合金钢。高合金钢的合金元素的总含量大于10%。

(三)汽车常用合金钢

合金结构钢在汽车上应用广泛,主要是在优质或高级优质碳素结构钢的基础上加入适量合金元素的钢。它主要用于制造各种重要的机械零件和受力工程结构,具有良好的力学性能和加工工艺性能。

合金钢牌号表示方法:合金结构钢的牌号采用两位数字加元素符号加数字表示。前面的两位数字表示钢的平均碳含量的万分数,元素符号表示钢中所含的合金元素,而后面数字表示该元素平均含量的质量分数。当合金元素含量小于 1.5% 时,牌号中只标明元素符号,而不标明含量,如果含量大于 1.5%、2.5%、3.5% 等,则相应地在元素符号后面标出 2、3、4 等。例如 60Si2Mn,表示平均碳含量为 0.6%,含硅量约为 2%,含锰量小于 1.5%。

1 低合金结构钢

(1) 低合金结构钢定义。低合金结构钢是指在普通碳素钢中加入少量或微量合金元素,而使钢材性能发生变化,得到比普通碳素钢性能更为优良的钢,还具有耐高温、耐低温等特殊性能。由于在这种钢中加入的合金元素总量不多,这类合金钢属于低合金钢。

低合金结构钢碳的质量分数为 0.1% ~ 0.25%,所加入的合金元素不大于 3%。低合金结构钢的成分特点为低碳、低合金,所加入的合金元素主要有锰、钒、钛等。这类钢具有良好的塑性、韧性、焊接性及良好的耐磨性及耐蚀性。主要用于制造工程结构,如汽车大梁及各种焊接构件。一般在热轧空冷状态下使用。

(2) 低合金结构钢应用。低合金结构钢用于制造散热器固定架底板、风扇叶片、横梁、纵梁前加强板、保险杠和油箱托架等。

2 合金渗碳钢

(1) 合金渗碳钢特性。合金渗碳钢是指经过渗碳热处理后使用的低碳合金结构钢,具有外硬内韧的性能,用于承受冲击的耐磨件。

合金渗碳钢碳的质量分数为 0.1% ~ 0.25%。合金渗碳钢是在渗碳钢的基础上,加入一定量的合金元素而形成的。通过这些合金元素的加入,可以提高零件抵抗冲击载荷的能力,使工件在渗碳后可直接淬火,还能提高耐磨性。与碳钢渗碳件相比,合金渗碳钢具有工艺性能好、使用性能高的特点。20CrMnTi 是应用最广泛的合金渗碳钢。

(2) 合金渗碳钢应用。汽车上有许多零件是在高速、重载、较强烈的冲击和受磨损条件下工作的,如汽车的变速齿轮、十字轴及发动机凸轮轴等,要求零件的表面具有高硬度、高耐磨性,而心部有足够的韧性,为了满足这样的性能要求,可采用合金渗碳钢。

常用合金渗碳钢在汽车上的应用举例:活塞销、气门弹簧座、气门挺杆、变速器中间轴、变速器齿轮、半轴齿轮、万向节和差速器十字轴和钢板弹簧中心螺栓等。

❸ 合金调质钢

(1) 合金调质钢特性。合金调质钢是指经过调质处理(淬火后高温回火)后使用的合金结构钢。这种钢经调质处理后具有高强度和高韧性相结合的良好的综合力学性能。

合金调质钢碳的质量分数为 0.25%～0.50%。合金调质钢是在调质钢中加入一定量的合金元素而形成的。合金元素改善了钢的热处理工艺性,并具有强韧性作用,从而保证合金调质钢零件具有高而均匀的综合力学性能。合金调质钢主要用于在重载荷、受冲击条件下工作的零件,如汽车后桥半轴、连杆等。40Cr 钢是合金调质钢中最常用的一种,其强度比 40 钢高 20%,并有良好的韧性。

(2) 合金调质钢应用。合金调质钢主要用于制造在多种载荷(如扭转、弯曲、冲击等)下工作、受力比较复杂、要求具有良好综合力学性能的重要零件。合金调质钢在汽车上的应用举例:螺栓、连杆、连杆盖、半轴、水泵轴、传动轴花键、万向节叉、转向节、进气门和离合器从动盘等。

❹ 合金弹簧钢

(1) 合金弹簧钢特性。合金弹簧钢是指用于制造各种弹簧的专用合金结构钢。弹簧是汽车上的重要零件。它是利用在工作时产生弹性变形,在各种机械中起缓冲击和吸收振动的作用,并可利用其储存能量,使机件完成规定动作。弹簧一般是在动载荷下工作,要求合金弹簧钢具有高的弹性极限、高疲劳强度、足够的塑性和韧性、良好的表面质量。因此,合金弹簧钢具有合理的化学成分,并进行适当的热处理。

合金弹簧钢碳的质量分数比合金调质钢高,一般为 0.46%～0.70%。在弹簧钢中加入合金元素即形成了合金弹簧钢,零件弹性、钢的淬透性、弹性极限等都得到提高。通常一辆汽车上装有 50～60 种 100 多件弹簧。

(2) 合金弹簧钢的应用。合金弹簧钢是用于制造弹簧或者其他弹性零件的钢种。合金弹簧钢在汽车上的应用举例:钢板弹簧、气门弹簧、制动气室复位弹簧、真空助力泵复位弹簧、摇臂轴定位弹簧和离合器压紧弹簧等。

❺ 滚动轴承钢

滚动轴承钢是指用来制造滚动轴承的滚动体和内外圈的专用钢。其在工作时,承受着高而集中的交变应力,还有强烈的摩擦,因此,必须具有高的硬度和耐磨性,高的弹性极限和接触疲劳强度,足够的韧性和抗蚀性。轴承钢碳的质量分数较高,为 0.95% ~1.15%。目前,应用最广的是高碳铬轴承钢。

四 铸铁

(一)铸铁定义

铸铁是指碳的质量分数为 2.11% ~6.69% 的铁碳合金,如图 3-4 所示。在汽车上 50% ~70% 的金属材料为铸铁。汽车的主要零件如汽缸体、汽缸盖、活塞环、变速器壳体、后桥壳体和其他许多零件所用的材料就是铸铁。

图 3-4 铸铁

(二)铸铁的特性和分类

❶ 铸铁的特性

铸铁的抗拉强度、塑性和韧性等力学性能远不如钢。当铸铁承受压缩载荷时,具有较高的抗压强度。石墨的存在固然降低了铸铁的力学性能,但给铸铁带来了一系列良好的其他性能,如优良的铸造性能、良好的切削加工性、较好的耐磨性和减振性、较低的缺口敏感性。

❷ 铸铁的类型

铸铁中的碳主要以渗碳体和石墨两种形式存在。根据碳存在的形式不同,铸铁可以分为灰铸铁、白口铸铁、球墨铸铁和可锻铸铁。另外还有一种合金铸铁,又称为特殊性能铸铁,是向灰铸铁或球墨铸铁中加入一定量的合金元素(如铬、镍、钒等),使其具有一些特定性能的铸铁,如耐磨铸铁、耐热铸铁、耐蚀铸铁等。白口铸铁主要以渗碳体形式存在,断口为银白色,性能既硬又脆,很难切削加工,所以很少直接使用。

(三)汽车常用铸铁

❶ 灰铸铁

灰铸铁是第一阶段石墨化过程充分进行而得到的铸铁,全部或大部分碳以片状石墨形态存在,断口呈灰暗色,因此得名。

灰铸铁的牌号由"HT"和一组数字组成。其中,"HT"为灰铸铁的代号,代号后面的数字表示其抗拉强度值(MPa),如HT150表示抗拉强度为150MPa的灰铸铁。

灰铸铁具有良好的切削加工性、较高的耐磨性、减振性和低的缺口敏感性,且价格低廉,常用于制造汽车飞轮(图3-5)、飞轮壳、变速器壳体及盖、离合器壳体及压板、进排气歧管、制动鼓以及液压制动主缸和轮缸的缸体,不镶缸套的整体缸体、缸盖等零件。

图3-5　汽车飞轮

❷ 球墨铸铁

球墨铸铁的力学性能较高,在抗拉强度、屈服强度和疲劳强度等方面都可以与钢媲美(冲击韧度则不如钢)。同时,球墨铸铁具有灰铸铁的许多优点,如良好的减振性、耐磨性和低的缺口敏感性等,这都是钢所不及的。此外,球墨铸铁价格比钢便宜,所以常用来代替部分铸钢和锻钢制造曲轴(图3-6)、汽车底盘零件以及齿轮、阀体等。

球墨铸铁的牌号由"QT"和两组数字组成,其中"QT"为球墨铸铁的代号,代号后面的两组数字分别表示抗拉强度值(MPa)和伸长率(%)。例如,QT450—10表示抗拉强度为450MPa,伸长率为10%的球墨铸铁。

❸ 可锻铸铁

可锻铸铁是由白口铸铁经过长时间的高温石墨化退火而得到的,它是一种具有团絮状石墨的高温铸铁,因其塑性和韧性优于灰铸铁而得名,实际上并不能进行锻造加工。常用于制造汽车减速器壳体、差速器壳体、后桥壳体(图3-7)、轮毂、车轮制动摩擦片和驻车制动摩擦片等。

图3-6　曲轴　　　　　　　图3-7　后桥壳体

可锻铸铁的牌号是由"KTH"(或"KTZ""KTB")和两组数字组成。其中,

"KT"是可锻铸铁的代号,"H"表示黑心可锻铸铁,"Z"表示珠光体可锻铸铁,"B"表示白心可锻铸铁;代号后面的两组数字分别表示抗拉强度值(MPa)和伸长率(%)。例如,KTH370-12 表示抗拉强度为 370MPa,伸长率为 12% 的黑心可锻铸铁。

❹ 蠕墨铸铁

蠕墨铸铁是在灰铸铁的基础上加入蠕化剂(镁钛合金等)和孕育剂(硅铁)进行蠕化—孕育处理后,得到具有蠕虫状石墨的铸铁。蠕墨铸铁的性质介于灰铸铁和球墨铸铁之间。用蠕墨铸铁制造的制动鼓的使用寿命比灰铸铁的高 3 倍多。一些发动机排气管和汽缸盖常用蠕墨铸铁制造。

蠕墨铸铁的牌号是由"RuT"和一组数字组成,其中"RuT"为蠕墨铸铁的代号,代号后面的一组数字表示抗拉强度值(MPa)。例如,RuT300 表示抗拉强度为 300MPa 的蠕墨铸铁。

❺ 合金铸铁

近年来,随着发动机转速和功率的提高,为了提高缸体的耐磨性,合金铸铁的应用越来越普遍。在灰铸铁或球墨铸铁中加入一定量的合金元素的铸铁称为合金铸铁。加入合金元素后可使铸铁具有耐热、耐酸或耐磨的特殊性能。由于合金铸铁加工工艺较简单、成本较低,具有良好的使用性能,所以应用广泛。一些活塞环、汽缸套和汽缸盖常采用合金铸铁来制造。

五 有色金属及其合金

(一)纯铝和铝合金

汽车轻量化的途径有两种:一是优化汽车框架结构;二是在车身制造上采用轻质材料。而目前常用的轻质材料为铝合金,用铝合金材料实现汽车轻量化是未来汽车发展的趋势。

汽车车身约占汽车总质量的 30%,对汽车本身来说,约 70% 的油耗是用在汽车自重上的。因此,汽车车身铝化对提高整车燃料经济性至关重要。

纯铝和铝合金是汽车的重要材料之一。纯铝和铝合金的特性:密度小、抗腐蚀性好、塑性好、能进行表面处理、导热导电性能好、强度高和低温性能好等。

图 3-8 发动机活塞

活塞是汽车发动机的重要零件(图 3-8),它是由铝合金制造的。另外,某些汽车发动机的汽缸体(图3-9)和汽缸盖也是用铝合金制成的。

❶ 纯铝

纯铝中含有铁、硅、铜、锌等杂质元素,使性能略微降低。按纯度可分为三类:高纯铝、工业高纯铝和工业纯铝。纯铝因其强度低,切削加工性差、可焊性差等特点,在汽车工业中使用较少。

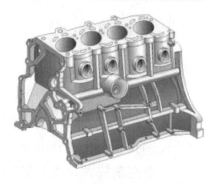

图 3-9　发动机的汽缸体

❷ 铝合金

铝合金就是在纯铝中加入适量的硅、铜、镁、锌、锰等元素后组成的合金,可使其力学性能提高,而且仍保持其密度小、耐腐蚀的优点,所以铝合金得到了广泛的应用。铝合金按加工特点和化学成分的不同分形变铝合金和铸造铝合金两类。

(1)形变铝合金。形变铝合金的特点是塑性好,可进行冷热状态下的压力加工。按性能及用途分为防锈铝、硬铝、超硬铝和锻铝等几种。

形变铝合金在汽车上的应用举例:油箱、油管、铆钉和叶片等。

(2)铸造铝合金。铸造铝合金简称铸铝,与形变铝合金相比,其力学性能较差,但铸造性能好,可进行各种铸造,以制造形状复杂的零件,在汽车上应用较多。

铸造铝合金的系列有:铝硅系合金、铝铜系合金、铝镁系合金和铝锌系合金。

铸造铝合金的牌号:用"铸铝"两字汉语拼音的字头"ZL"加三位数字表示,第一位表示铝合金的类别代号(1—铝硅系、2—铝铜系、3—铝镁系、4—铝锌系列),第二、三位表示合金的顺序号。如 ZL108 为 8 号铝硅铸造合金。顺序号不同,化学成分也不同。

铸造铝合金在汽车上的应用举例:风扇、离合器壳体(图3-10)、汽缸盖罩、变速器壳体(图3-11)、离心式机油滤清器和发动机活塞等。

图 3-10　离合器壳体　　　　　图 3-11　变速器壳体

(二)纯铜和铜合金

1 纯铜

纯铜是玫瑰红色的金属。其表面形成氧化铜膜后,外观呈紫红色,故又称紫铜。它是工业上常用的纯铜。

纯铜具有优良的导电、导热、塑性、耐蚀和焊接性能,又有一定的强度。

工业纯铜按含杂质的量可分为四种:T1、T2、T3、T4。"T"是铜的汉语拼音字首,数字为编号,数字越大则纯度越低。

纯铜广泛用于导电、导热和耐蚀器件。在汽车上一般用厚度为0.2~2mm的纯铜板制汽缸垫、进排气管道垫和轴承垫片;用铜棒制作各种管接头;用纯铜管制作制动管、散热管、油管和电气接头等。

2 铜合金

铜合金是在纯铜中加入合金元素制成。按加入元素不同,铜合金可分为黄铜、青铜和白铜。在机械生产中普遍使用的铜合金是黄铜和青铜。

(1)黄铜。黄铜是指以锌为主要合金元素的铜合金。按照化学成分,黄铜分普通黄铜和特殊黄铜两类。

黄铜常应用制作汽车上的散热器、变速器同步锥(齿)环(图3-12)、分水管、汽油滤清器芯、管接头、化油器零件、散热器本体、冷却管、行星齿轮及半轴齿轮支承垫圈等。

图3-12 变速器同步锥(齿)环

(2)青铜。青铜原指铜锡合金,现在把黄铜和白铜(铜镍合金)以外的铜合金统称为青铜。常应用制作汽车上的活塞销衬套、发动机摇臂衬套、离心式机油滤清器上下轴承、散热器盖出水阀弹簧、空气压缩机松压阀阀套、车门铰链衬套、曲轴轴瓦和曲轴推力垫圈等。

(3)白铜。白铜是指以镍为主要添加元素的铜基合金。主要用在精密机械、医疗器材、电工器材方面。

(三)轴承合金

轴承合金是指在滑动轴承(图3-13)中,用于制造轴瓦及内衬的合金材料。在汽车发动机中,曲轴轴承、连杆轴承和凸轮轴轴承等都采用滑动轴承。轴承是重要的机械零件。轴承工作在恶劣的环境中,如连杆轴承,承受着交变载荷的作用,轴与轴承的相对滑动速度达10m/s以上,工作温度达400K以上,当发动机低速运转或急加速时,很难建立起足够厚的油膜,轴瓦最易烧毁。

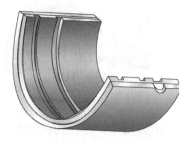

图3-13　滑动轴承

为了使轴的磨损减小到最小限度,保持轴的正常工作,轴承合金必须具备以下要求:

(1) 有较高的挤压强度和抗疲劳强度,并有较低的摩擦因数;

(2) 能很好地储存润滑油,使接触表面形成油膜;

(3) 有良好的导热性、耐蚀性和较小的膨胀系数。

常用的轴承合金有:锡基轴承合金、铅基轴承合金、铜基轴承合金和铝基轴承合金四类;按用途不同,又可分为轴瓦用滑动轴承材料和衬套用滑动轴承材料。

(四) 粉末冶金材料

1 粉末冶金材料成分

粉末冶金材料包括具有一定纯度的金属粉末、辅助材料(石墨、二硫化铝、合金元素)及润滑剂(机油)等。

粉末冶金是用压制、烧结金属粉末直接制成零件的方法。它可以直接制成具有某种特性的零件,是节约材料的少切削或无切削的工艺方法。与一般零件的生产方法相比,它具有生产率高、材料利用率高等优点。

2 粉末冶金产品

粉末冶金产品内部结构是海绵状的多孔结构,微小的空洞起到吸收和储存机油的作用。粉末冶金产品具有耐磨性好、硬度高的特点。

用粉末冶金的方法可以生产多种具有特殊性能的金属材料,如硬质合金、难熔金属材料、耐热材料、减摩材料、摩擦材料和磁性材料等。也可以制造许多机械零件,如齿轮、凸轮、轴套、衬套、摩擦片和含油轴承等。

粉末冶金零件在汽车上的使用越来越多,在使用时应注意:维修过程中不能用热碱水和汽油清洗;粉末冶金件直接装配使用,一般不进行切削加工;装配时不能用锤子锤击,以免开裂。

(五) 摩擦材料

汽车用摩擦材料,主要由增强材料、黏结材料及填充材料等所组成。它用于

图 3-14　汽车离合器摩擦片

汽车传递动力、制动减速、停车制动,是汽车制动系统与行车系统的重要组成部分,主要包括汽车制动摩擦片、汽车离合器摩擦片(图 3-14)等。

❶ 摩擦材料的主要功能

摩擦材料将动能转变成热量,然后将热量吸收或散发掉,同时,降低贴合部件间的相对运动。

❷ 汽车用摩擦材料的性能要求

(1)有足够高而稳定的摩擦因数。

(2)有良好的耐磨性。

(3)有较好的物理性能、力学性能。

(4)不产生过重的噪声。

单元小结

(1)金属是指具有良好的导电性和导热性,有一定的强度和塑性,并具有特殊金属光泽的物质。

(2)金属材料是指由金属元素或以金属元素为主要材料构成的,并具有金属特性的工程材料,它一般包括纯金属和合金两类。

(3)合金是指两种或两种以上的金属元素或金属与非金属元素组成的金属材料。

(4)力学性能是指金属材料在力的作用下所显示的性能,又称机械性能,主要包括强度、塑性、硬度、韧性和疲劳强度等。

(5)强度是金属材料抵抗永久变形和断裂的能力。

(6)塑性是金属材料在断裂前发生不可逆永久变形的能力。

(7)硬度是指金属材料抵抗局部变形,特别是塑性变形、压痕或划痕的能力。

(8)韧性是金属材料在断裂前吸收变形能量的能力。

(9)金属材料在循环应力作用下能经受无限多次循环而不断裂的最大应力值称为金属材料的疲劳强度。

(10)碳素钢通常指碳的质量分数小于 2.11% 的铁碳合金。

(11)碳素钢的分类。

(12)常用碳素钢的牌号及在汽车上的应用。

(13)所谓合金钢,就是在碳素钢的基础上,在冶炼时有目的地加入一种或多种合金元素的钢。

(14)合金钢的分类。

(15)常用合金钢的牌号及在汽车上的应用。

(16)碳的质量分数为2.11%~6.69%的铁碳合金称为铸铁。

(17)铸铁的抗拉强度、塑性和韧性等力学性能远不如钢。但有优良的铸造性能、良好的切削加工性、较好的耐磨性和减振性、较低的缺口敏感性。

(18)铸铁中的碳主要以渗碳体和石墨两种形式存在。根据碳存在的形式不同,铸铁可以分为灰铸铁、白口铸铁、球墨铸铁和可锻铸铁。

(19)常用铸铁的牌号及在汽车上的应用。

(20)铝和铝合金的特性:密度小、抗腐蚀性好、塑性好、能进行表面处理、导热导电性能好、强度高和低温性能好等。

(21)纯铜具有优良的导电、导热、塑性、耐蚀和焊接性能,又有一定的强度。

(22)铜合金按加入元素,可分为黄铜、青铜和白铜。

(23)在滑动轴承中,用于制造轴瓦及内衬的合金材料称为滑动轴承合金或轴承合金。

(24)粉末冶金是用压制、烧结金属粉末直接制成零件的方法。粉末冶金的原料为具有一定纯度的金属粉末、辅助材料(石墨、二硫化铝、合金元素)以及润滑剂(机油)等。

(一)填空题

1. 黑色金属主要由_____元素组成,当含碳量不大于_____时,称为钢;当含碳量大于_____时,称为铸铁。

2. 钢按化学成分不同,可分为_____钢和_____钢。

3. 合金渗碳钢碳的质量分数为_____。合金渗碳钢是在渗碳钢的基础上,加入一定量的_____而形成的。

4. QT500-5牌号中,QT表示_____,500表示_____,5表示_____。

5. 纯铝因其_____低、_____差、_____差等特点,在汽车工业中使用较少,而铝合金却得到了广泛的应用。

6. 在滑动轴承中,用于制造_____的合金材料称为轴承合金。

(二) 选择题

1. 强度是指金属材料在外力作用下抵抗(　　)的能力。
　　A. 变形　　　　B. 冲击　　　　C. 变形和破坏　　　　D. 冲击和振动

2. 韧性是指金属材料抵抗(　　)而不致断裂的能力。
　　A. 冲击　　　　B. 外力　　　　C. 变形　　　　D. 破坏

3. 塑性是指金属材料在外力作用下,发生(　　)变形而不断裂的能力。
　　A. 暂时性　　　B. 永久性　　　C. 弹性　　　　D. 稳定性

4. 碳素钢通常指碳的质量分数小于(　　)的铁碳合金。
　　A. 1.11%　　　B. 2.11%　　　C. 3.11%

5. 含碳量低的钢加入铬能提高(　　)。
　　A. 强度和硬度　B. 塑性和韧性　C. 耐蚀性和抗氧化性

6. 45钢其平均碳的质量分数为(　　)。
　　A. 0.45%　　　B. 45%　　　　C. 0.045%　　　D. 4.5%

7. 低碳钢、中碳钢、高碳钢是按(　　)方法分类的。
　　A. 按品质分类　B. 按用途分类　C. 按质量分数分类　D. 按功能分类

8. 下面几种金属材料中属黑色金属的是(　　)。
　　A. 铜合金　　　B. 钢　　　　　C. 铝合金　　　D. 锡

9. 钢所含主要有害杂质元素是(　　)。
　　A. 硅、硫　　　B. 锰、硅　　　C. 硅、磷　　　D. 硫、磷

10. 普通钢、优质钢和高级优质钢的分类依据是(　　)。
　　　A. 合金元素含量的高低
　　　B. 碳质量分数的高低
　　　C. 硫、磷含量的高低

11. 下列铸铁中(　　)的力学性能最好。
　　　A. 灰铸铁　　　B. 可锻铸铁　　　C. 球墨铸铁

(三) 判断题

1. 钢和铸铁都是以铁碳为主的合金。　　　　　　　　　　　　　　　　(　　)
2. 黄铜是铜锌合金,青铜是铜锡合金。　　　　　　　　　　　　　　　(　　)
3. 硬度是指金属抵抗弹性变形的能力。　　　　　　　　　　　　　　　(　　)

4.塑性变形是指金属在外力作用下产生一定的变形,但当外力去除后,变形随即消失并恢复原状。( )

5.碳素钢和铸造生铁的区别在其碳的质量分数不同。( )

6.疲劳断裂除与材料的表面或内部的缺陷有关外,还与零件受到的交变应力的大小、应力循环次数和应力特性有关。( )

7.轴承合金用于生产滚动轴承。( )

8.铸铁的力学性能特点是脆,不能产生塑性变形。( )

9.合金钢的强度高于相同碳质量分数的碳素钢。( )

(四)简答题

1.金属材料的力学性能包括哪些?

2.什么是碳素钢?碳素钢如何分类?

3.什么是合金钢?合金钢如何分类?

4.什么是铸铁?铸铁具有哪些特性?铸铁如何分类?

5.汽车上常用的有色金属有哪些?

单元四　汽车常用机构

 学习目标

1. 理解运动副、平面连杆机构概念和铰链四杆机构的基本性质；
2. 知道平面运动副的分类和结构、铰链四杆机构的组成和类型判别、凸轮机构的组成和类型；
3. 熟悉铰链四杆机构的基本类型；
4. 分析铰链四杆机构的演化和运动规律，分析凸轮机构的特点和凸轮机构从动件的运动曲线。

 建议课时

10 课时。

一　平面机构

（一）运动副及分类

1　运动副定义

运动副是指两个构件直接接触并能产生相对运动的所有动连接。

由单元一可知，机器是由若干构件组成的，各构件之间具有确定的相对运动，每个构件都是以一定的方式与其他构件相互连接，这种连接是可动的，但其相对运动又受到一定的约束。汽车上许多构件之间直接接触并能产生相对运动,如发动机曲柄连杆机构中的活塞与汽缸筒之间、活塞销与活塞销座孔之间、活塞销与连杆小端孔之间、连杆大端孔与曲轴轴颈之间,如图4-1所示。

构成运动副的两个构件之间的相对运动在同一平面,称为平面运动副;构成运动副的两个构件之间的相对运动是空间运动,则称为空间运动副。

2 平面运动副分类

根据运动副中两构件的接触形式不同,运动副可分为低副和高副两大类。

1)低副

图4-1 发动机曲柄连杆机构

低副是指两构件之间通过面接触形成的运动副,如图4-2所示。低副按两构件的相对运动情况,又可分为转动副、移动副和螺旋副。

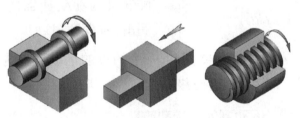

图4-2 低副

(1)转动副。若组成运动副的两构件之间只能绕某一轴线作相对转动,这种运动副称为转动副,又称铰链,如图4-3a)所示。

(2)移动副。若组成运动副的两构件之间只能沿某一轴线作相对直线移动,这种运动副称为移动副,如图4-3b)所示。

(3)螺旋副。若组成运动副的两构件之间既能绕某一轴线作相对转动,又能沿该轴线作相对直线移动,这种运动副称为螺旋副,如图4-3c)所示。

a)转动副 b)移动副 c)螺旋副

图4-3 转动副、移动副和螺旋副

低副的特点:运动副的接触表面为平面或圆柱面,承受载荷时单位面积上的压力较小,承载能力大,便于制造、维修,但其效率低且摩擦损失大,故在工作中要保证良好的润滑。

汽车常见的低副形式出现在发动机曲柄连杆机构、车门铰链以及汽车维修工具,运动副的接触表面单位面积上的压力较小,承载能力大,但效率低,摩擦损失大,所以要保证良好的润滑。

2)高副

高副是指两构件之间通过线或点接触组成的运动副。图4-4所示的齿轮副和凸轮副就属于高副。

高副的特点:运动副的接触表面为点或线接触,能传递较复杂的运动,但接触处单位面积上的压力较高,易磨损,制造和维修较困难。

汽车常见的高副形式出现在发动机配气机构和变速器的传动机构,要注意润滑,减少磨损。

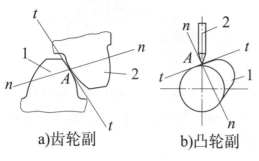

图4-4 高副

按照运动副引入的约束分类:引入一个约束的运动副称为一级副,引入两个约束的运动副称为二级副,还有三级副、四级副、五级副。

(二)机构的类型、运动副的结构和符号

❶ 机构的类型

机构按其运动空间分为平面机构和空间机构。平面机构是指组成机构的所有构件都在同一平面或相互平行的平面内运动的机构;空间机构是指组成机构的各构件不在同一平面或相互平行的平面内运动的机构。由于常见的机构大多属于平面机构,所以本书主要介绍平面机构。

❷ 运动副的结构和符号

运动副主要由机架、原动件和从动件组成。

1)机架和符号

机架是指机构中用来支承其他可动构件的固定构件,如图4-5a)所示曲柄滑块机构图中的1。在机构运动简图中,将机架画上斜线表示,如图4-5b)所示的1。

单元四 汽车常用机构

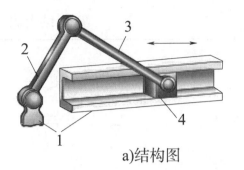 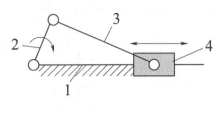

　　　a)结构图　　　　　　　　　　b)运动简图

图 4-5　曲柄滑块机构图

1-机架;2-原动件;3、4-从动件

2)原动件和符号

原动件是指按给定的已知运动规律或作用有驱动力的独立运动的构件,如图 4-5a)所示曲柄滑块机构图中的 2。在机构运动简图中,将原动件标上箭头表示运动方向,如图 4-5b)所示的 2。

3)从动件和符号

从动件是指机构中除原动件以外的所有活动构件,如图 4-5b)所示曲柄滑块机构运动简图中的 3 和 4。从动件的运动规律取决于原动件的运动规律和机构中运动副和构件的结构及尺寸。

❸ 机构运动简图

1)机构运动简图定义

实际的机械,其结构和外形比较复杂。为了便于分析、研究已有的机构,根据机构的运动尺寸,按一定的比例尺定出运动副的相对位置,用简单的线条代表构件,以规定的符号代表运动副,绘制出能够表达机构运动特征的简单图形称为机构运动简图。

绘制机构运动简图的目的在于:撇开与机构运动无关的外部形态,把握机构运动性质的内在联系,揭示机构的运动规律和特性。

在机构运动简图中,常见运动副、构件的表示法见表 4-1。

运动副、构件的表示法　　　　　表 4-1

运动副	转动副	两运动构件所形成的运动副	两构件之一为机架时所形成的运动副

续上表

运动副	移动副	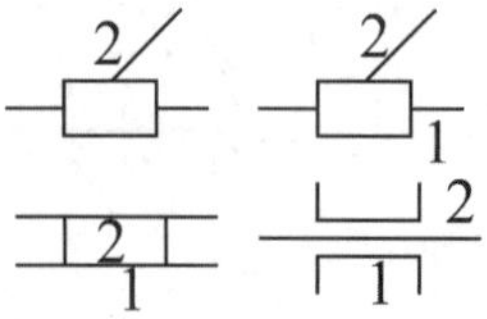	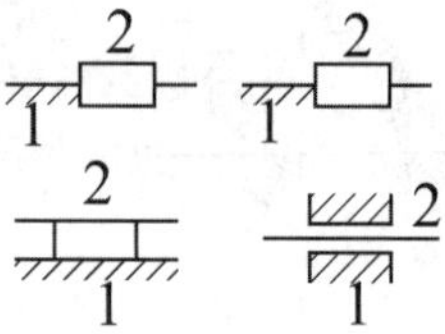
	齿轮	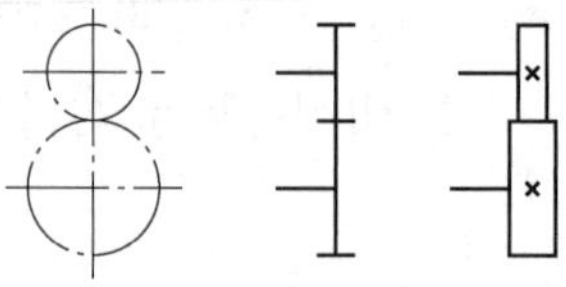	
	凸轮	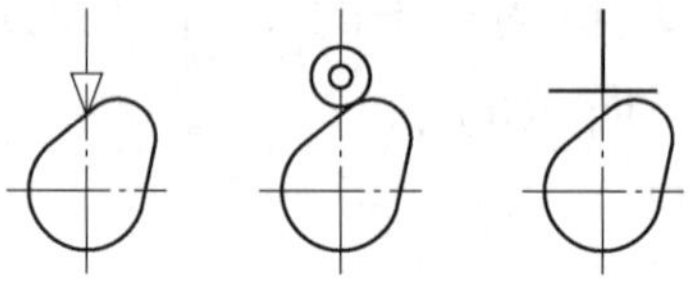	
一般构件	杆、轴类构件		
	固定构件		
	同一构件	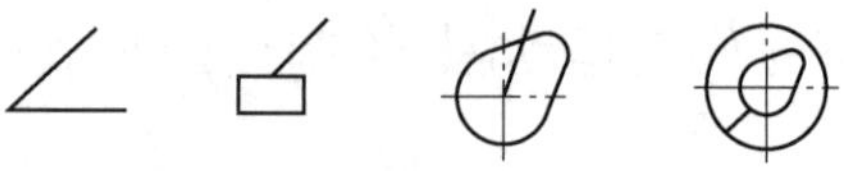	
	两副构件	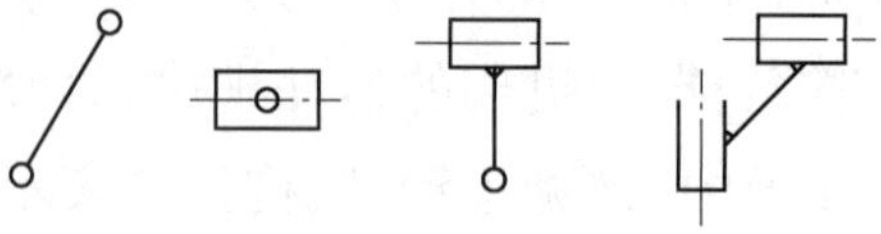	
	三副构件	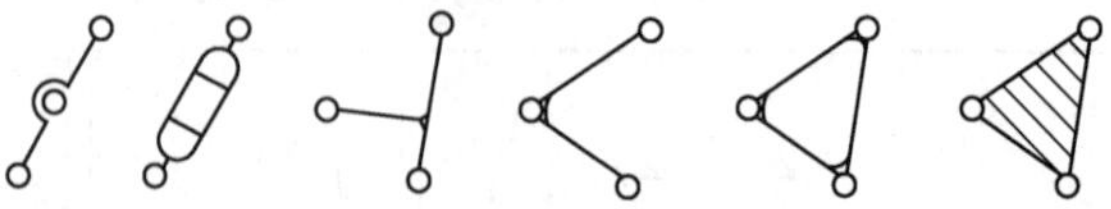	

2)绘制机构运动简图的步骤

(1)观察机构的运动情况,找出原动件、从动件和机架。

(2)根据相连两构件之间的相对运动性质和接触情况,确定各个运动副的类型。

(3)根据机构实际尺寸和图纸大小确定适当的长度比例[比例 u =实际尺寸(m)/图上尺寸(mm)],按照各运动副间的距离和相对位置,以规定的符号将各运动副表示出来。

(4)用直线或曲线将同一构件上的运动副连接起来,即为所要画的机构运动简图。

二 平面四杆机构

(一)平面连杆机构和特点

❶ 平面连杆机构定义

平面连杆机构是指由若干构件以低副相互连接而成的机构,各构件之间的相对运动在同一平面或互相平行的平面内。

平面连杆机构的构件形状多种多样,不一定为杆状。

平面连杆机构常以其所含的构件数来命名,如四杆机构、五杆机构等,常把五杆或五杆以上的平面连杆机构称为多杆机构。最基本、最简单的平面连杆机构是由四个构件组成,简称平面四杆机构。它不仅应用广泛,而且又是多杆机构的基础。本书重点讨论平面四杆机构的有关问题。

❷ 平面连杆机构的特点

1)平面连杆机构的主要优点

(1)平面连杆机构能进行多种运动的变换及实现一些比较简单的运动规律和运动轨迹。

(2)由于其运动副全部是低副,是面接触,压强小,磨损轻,寿命较长。

(3)低副接触表面形状简单,是平面或圆柱面,易于加工,成本较低。

2)平面连杆机构的主要缺点

(1)由于低副中存在着间隙,将不可避免地引起机构的运动误差,使运动精度降低。

(2)它不容易实现复杂的运动规律。

(二)铰链四杆机构组成和基本类型

❶ 铰链四杆机构的组成

在平面四杆机构中,如果所有低副均为转动副,这种平面四杆机构就称为铰链四杆机构,它是平面四杆机构的基本形式。

铰链四杆机构由连架杆、连杆和机架组成,如图4-6所示。

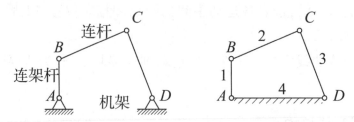

图4-6 铰链四杆机构的组成

铰链四杆机构中,与机架相连的杆 AB 和 CD 称为连架杆,连架杆是指机构中与机架用低副相连的构件;不与机架直接相连的杆 BC 称为连杆,连杆是指不与机架相连的构件;固定不动的杆 AD 称为机架,是指铰链四杆机构中固定不动的构件。

在连架杆中,能绕机架做整周转动的称为曲柄,只能在某一角度内绕机架做往复摆动的称为摇杆。

② 铰链四杆机构的基本类型

铰链四杆机构根据连架杆的种类和数目,可分为曲柄摇杆机构、双曲柄机构和双摇杆机构三种类型。

四杆机构的基本类型

1)曲柄摇杆机构

在铰链四杆机构中,如果两个连架杆中一个为曲柄,另一个是摇杆的则这种机构,称为曲柄摇杆机构,如图4-7所示。

曲柄摇杆机构包括以下两种基本情况。

(1)曲柄为主动件,摇杆为从动件做往复摆动。

如图4-8所示,汽车刮水器机构的主动件曲柄转动时,从动件摇杆往复摆动,利用摇杆的延长部分实现刮水功能。

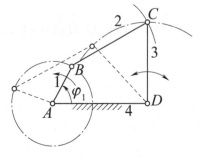

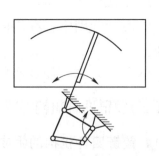

图4-7 曲柄摇杆机构　　　　图4-8 汽车刮水器机构

(2)摇杆为主动件做摆动,曲柄为从动件做旋转运动。

2)双曲柄机构

在铰链四杆机构中,如果两个连架杆都是曲柄,则该机构称为双曲柄机构。通常取其中一个曲柄为原动件且做等速转动,另一个曲柄为从动件,一般做变速转动。

在双曲柄机构中,如果相对的两杆长度相等,则称为平行四边形机构。当两曲柄的转向相同且角速度相等时,称为正平行双曲柄机构;当两曲柄的转向相反且角速度不等时,称为反平行双曲柄机构。

(1)正平行双曲柄机构。连杆与机架的长度相等且两曲柄长度相等、转向相同的双曲柄机构为正平行双曲柄机构,如图 4-9 所示。

(2)反平行双曲柄机构。连杆与机架的长度相等且两曲柄长度相等,但两曲柄转向相反的双曲柄机构为反平行双曲柄机构。

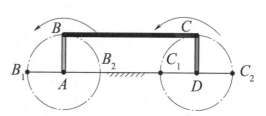

图 4-9　正平行双曲柄机构

图 4-10 所示的汽车车门启闭机构,就是反平行双曲柄机构的应用。当主动曲柄 *AB* 转动时,通过连杆 *BD* 使从动曲柄 *CD* 朝相反方向转动,从而保证两扇车门同时开启和关闭。

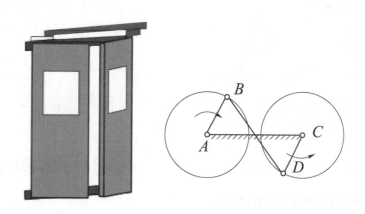

图 4-10　汽车车门启闭机构

(3)不等长双曲柄机构。两曲柄长度不等的双曲柄机构为不等长双曲柄机构,图 4-11 所示的惯性筛就应用了不等长双曲柄机构。

3)双摇杆机构

在铰链四杆机构中,如果两个连架杆均为摇杆,则该机构称为双摇杆机构,如图 4-12 所示,该机构存在两个极限位置:B_1C_1D 和 C_2B_2A。在铰链四杆机构中,若两摇杆长度相等,则称为等腰梯形机构。图 4-13 所示为双摇杆机构在汽车前轮转向装置的应用。摇杆 AB 和 CD 分别与两前轮轴连在一起,当车辆转弯时,左右两前轮摆动的角度并不相等,四构件的相对长度保证两前轮轴线的延长线与后轮轴线的延长线相交于一点 O,从而让车辆绕 O 点转动,四个车轮此时在底面上做纯滚动,减少了转弯时轮胎相对地面滑动所产生的磨损。

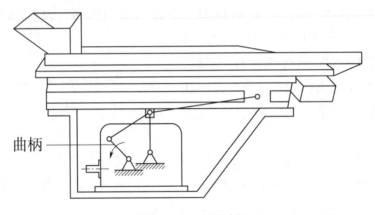

图 4-11 惯性筛

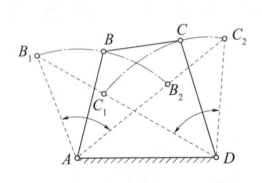

图 4-12 双摇杆机构

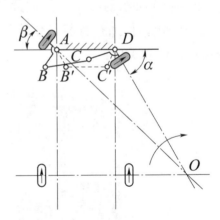

图 4-13 汽车前轮转向装置

(三)铰链四杆机构类型的判别

1 **曲柄存在的条件**

在铰链四杆机构中,要使连架杆成为曲柄,必须同时满足以下两个条件:

(1)连架杆或机架中必须有一个是最短杆;

(2)最短杆件与最长杆件长度之和必须小于或等于其余两个杆件的长度之和。

❷ 判别铰链四杆机构的基本类型

根据曲柄存在条件,可以判别铰链四杆机构的基本类型,方法如下。

(1)当最短杆与最长杆长度之和小于或等于其余两杆长度之和时。

①若最短杆为连架杆,则机构为曲柄摇杆机构,如图4-14所示。

②若最短杆为机架,则机构为双曲柄机构,如图4-15所示。

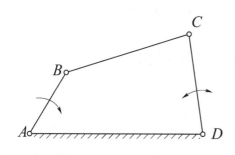

图4-14 曲柄摇杆机构

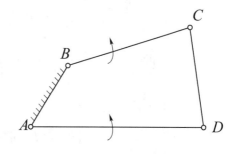

图4-15 双曲柄机构

③若最短杆为连杆,则机构为双摇杆机构,如图4-16所示。

(2)当最短杆与最长杆长度之和大于其余两杆长度之和时,则不论取何杆为机架,机构均为双摇杆机构。

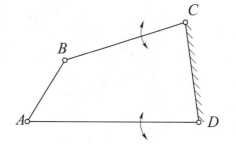

图4-16 双摇杆机构

(四)铰链四杆机构的基本性质

❶ 急回特性

图4-17所示的曲柄摇杆机构中,主动曲柄 AB 虽做等速转动的一周过程中,曲柄 AB 两次与连杆 BC 共线,此时,从动摇杆 CD 分别位于两极限位置 C_1D 和 C_2D,处于两极限位置时,曲柄相应的两个位置所夹的锐角称为极位夹角,用 θ 表示。利用这一特性,使空回行程的平均速度大于工作行程的平均速度,可以节省空回行程的时间,提高生产效率。

❷ 压力角和传动角

如图4-18所示,从动件上受力点的速度方向与所受作用力方向之间所夹的锐角,称为机构的压力角,用 α 表示。传动角是压力角的余角,用 γ 表示。它反映机构传力性能的优劣,即传动角 γ 越大,传动越省力。

❸ 死点位置

图4-19所示的曲柄滑块机构中,若以滑块为主动件,当滑块运动到两个极限

位置时,连杆与曲柄处于共线位置,即机构处于死点位置。机构处于死点位置时,从动件和整个机构静止不动(卡死、自锁)或产生运动不确定的现象。

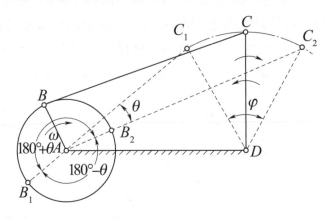

图 4-17　曲柄摇杆机构

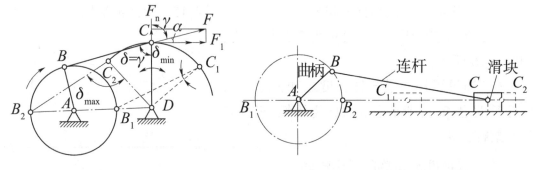

图 4-18　铰链四杆机构的压力角和传动角　　　图 4-19　曲柄滑块机构

死点对于转动机构是不利的,常利用惯性来通过死点,如发动机可将飞轮安装在曲轴上,如图 4-20 所示。利用飞轮的惯性,使机构在连杆与曲柄共线时能通过死点位置,确保曲轴的连续工作。也可通过机构错排的方法避开死点,如图 4-21 所示的四缸发动机曲轴结构图,各缸互相错开 180°来完成连续运动。

 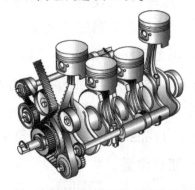

图 4-20　将飞轮安装在曲轴上　　　图 4-21　四缸发动机曲轴结构图

(五)铰链四杆机构的演化

1 曲柄滑块机构

在图 4-22 所示曲柄滑块机构运动简图中,该机构具有一个曲柄和一个滑块的平面四杆机构,是由曲柄摇杆机构演化而来的,它把摇杆的左右摆动转换为往复直线运动。

图 4-23 所示汽车发动机活塞连杆机构中,将曲轴的回转运动转化为活塞的往复运动。

2 导杆机构

连架杆中至少有一个构件为导杆的平面四杆机构称为导杆机构,图 4-24 所示为导杆机构运动简图。

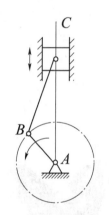
图 4-22　曲柄滑块机构运动简图

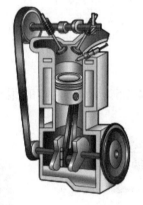
图 4-23　发动机活塞连杆机构

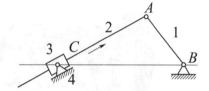
图 4-24　导杆机构运动简图

三 凸轮机构

(一)凸轮机构的功用、组成和特点

1 凸轮机构的功用

凸轮机构的功用主要是将凸轮的连续转动转化为从动推杆的往复移动或摆动。

2 凸轮机构的组成

如图 4-25 所示,凸轮机构主要由凸轮、从动件和机架组成。凸轮机构是通过凸轮与从动件之间的直接接触来传递运动和动力的,凸轮是具有曲线或曲面轮

凸轮机构的组成

廓形状的构件,凸轮作转动,从动件做上下移动,从动件与凸轮始终保持直接接触。从动件由机架支撑。图4-26所示的发动机配气机构和图4-27所示的汽车气压制动系统就是采用了凸轮机构。它通过连续转动的凸轮的轮廓,驱动气阀杆往复运动,从而按预定的时间打开或关闭气阀,完成配气要求。

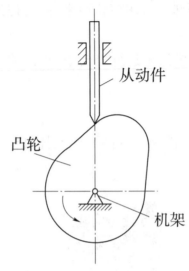

图 4-25　凸轮机构的组成

图 4-26　发动机配气机构采用凸轮机构

图 4-27　汽车气压制动系统采用凸轮机构

❸ 凸轮机构的工作过程

图4-28所示的凸轮机构中,主动件为由曲线 AB、CD 及圆弧 BC、DA 围成的盘形凸轮,以大小为一定的角速度逆时针转动;从动件为尖顶式,沿着导路做上下往复运动。当主动件与从动件在不同位置接触时,从动件会处于不同的高度位置,随着凸轮不断回转,从动件也重复处于不同的高度位置。

AB—上升:当轮廓 AB 部分与从动件接触时,由于径向逐渐增大,因此,从动件将逐渐上升,从动件与 B 点接触时,从动件上升到最高位置,此过程称为推程。

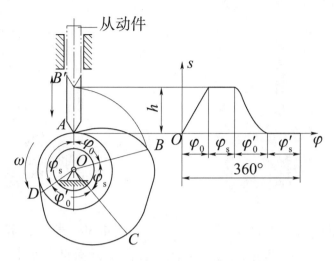

图 4-28 凸轮机构的工作过程

凸轮机构的特点

BC—远休止:当轮廓 BC 部分与从动件接触时,由于径向不变,因此,从动件处于最高位置不动,此过程称为远休止。

CD—下降:当轮廓 CD 部分与从动件接触时,由于径向逐渐减小,因此,从动件将逐渐下降,从动件与 D 点接触时从动件下降到最低位置,此过程称为回程。

DA—近休止:当轮廓 DA 部分与从动件接触时,由于径向不变,因此,从动件处于最低位置不动,此过程称为近休止。

凸轮继续回转,从动件将重复"上升—远休止—下降—近休止"的运动过程。

4 凸轮机构的特点

1)凸轮机构的优点

凸轮机构的优点是构件数少,结构紧凑,工作可靠。

2)凸轮机构的缺点

凸轮轮廓与从动杆之间是点接触或线接触,即凸轮机构是高副机构,易于磨损,因此只适用于传递动力不大的场合,如一些传力不大的控制机构和调节机构中。

(二)凸轮机构的类型

(1)按照凸轮的形状不同,可分为盘形凸轮、移动凸轮和圆柱凸轮三种。

①盘形凸轮。盘形凸轮它是一个具有径向尺寸变化并绕固定轴线旋转的盘形构件,如图 4-29 所示。

②移动凸轮。移动凸轮它可看作是转轴在无穷远处的盘形凸轮的一部分,

如图 4-30 所示。

图 4-29　盘形凸轮　　　　图 4-30　移动凸轮

③圆柱凸轮。圆柱凸轮它是一个在圆柱面上开有曲线凹槽,或是在圆柱端面上做出曲线轮廓的构件,两构件之间的相对运动为空间运动,如图 4-31 所示。

(2)按照从动件端部结构形状不同,可分为尖顶式、滚子式和平底式。

①尖顶式。该从动件结构简单,而且尖顶能与较复杂形状的凸轮轮廓相接触,从而能实现较复杂的运动,但因尖顶极易磨损,故只适用于轻载、低速的凸轮机构,如图 4-32 所示。

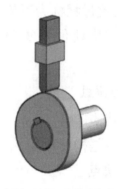

图 4-31　圆柱凸轮　　　　图 4-32　尖顶式

②滚子式。在从动件的一端装有一个可自由转动的滚子。由于滚子与凸轮轮廓之间为滚动摩擦,故磨损较小,改善了工作条件,因此,可用来传递较大的动力,如图 4-33 所示。

③平底式。从动件一端做成平底,在凸轮轮廓与从动件底面之间易于形成油膜,故润滑条件好、磨损小,所以常用于高速凸轮机构中,如图 4-34 所示。

(三)凸轮机构从动件的运动规律

凸轮机构的轮廓形状各异,却能准确地控制从动件按一定规律进行运动。

从动件的位移(s)、速度(v)和加速度(a)随时间(t)变化的规律就是从动件的运动规律。当凸轮以等角速转动时,转角与时间成正比。

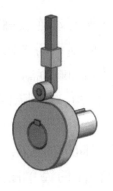
图4-33 滚子式

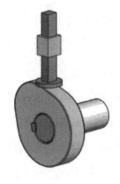
图4-34 平底式

❶ 等速运动规律

如图4-35所示,从动件等速运动中,从动件做等速上升和下降,速度曲线为水平直线,加速度为0,所以,加速度曲线始终为0。

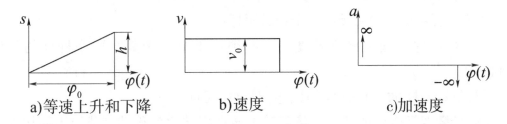

a) 等速上升和下降　　b) 速度　　c) 加速度

图4-35 从动件的等速运动规律

❷ 等加速、等减速运动规律

这种运动规律是从动杆在一个升程或回程中,前半段作等加速运动,后半段作等减速运动,通常加速度和减速度的绝对值相等,如图4-36所示。

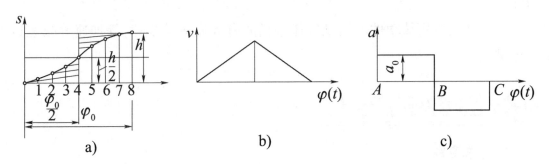

图4-36 等加速、等减速运动

单元小结

（1）两个构件直接接触并能产生相对运动的所有动连接称为运动副。根据运动副中两构件的接触形式不同，运动副可分为低副和高副两大类。其中低副按两构件的相对运动情况，又可分为转动副、移动副和螺旋副。

（2）机构按其运动空间分为平面机构和空间机构。运动副主要由机架、原动件和从动件组成，它们可以用相应的符号来表示。

（3）按一定的比例定出运动副的相对位置，用简单的线条代表构件，以规定的符号代表运动副，绘制出能够表达机构运动特征的简单图形称为机构运动简图。

（4）最基本、最简单的平面连杆机构是由四个构件组成，简称平面四杆机构。

（5）铰链四杆机构根据连架杆的种类和数目，可分为曲柄摇杆机构、双曲柄机构和双摇杆机构三种类型。

（6）连架杆成为曲柄，必须同时满足以下两个条件：

①连架杆或机架中必须有一个是最短杆；

②最短杆件与最长杆件长度之和必须小于或等于其余两个杆件的长度之和。

（7）铰链四杆机构的基本性质：急回特性、死点位置。

（8）铰链四杆机构的演化。将其某一转动副转化为移动副或取不同构件作机架，可得到多种形式的演化机构，如曲柄滑块机构、导杆机构等。

（9）凸轮机构主要由凸轮、从动杆和机架组成。

（10）按照凸轮的形状不同，可分为盘形凸轮、移动凸轮和圆柱凸轮三种；按照从动件端部结构形状不同，可分为尖顶式从动件、滚子式从动件和平底式从动件。

（11）凸轮机构从动件的运动规律常用的有等速运动规律、等加速等减速运动规律。

（一）填空题

1．平面四杆机构是平面机构的基础，按其构件的运动形式不同，可分为

_____和_____两大类,前者是平面四杆机构的基本形式,后者由前者演变而成。

2. 在铰链四杆机构中,能做整周连续旋转的构件称为_____;只能来回摇摆某一角度的构件称为_____。

3. 按两连架杆是曲柄还是摇杆的不同,可将铰链四杆机构分为_____、_____和_____三种类型。

4. 凸轮机构由_____、_____和_____三个基本构件组成。

5. 凸轮机构的从动件通常有_____、_____和_____三种形式。

(二)选择题

1. 铰链四杆机构中与机架相连,并能实现360°旋转的构件是(   );只能在一定角度内进行摆动的构件是(   )。

  A. 曲柄   B. 连杆   C. 摇杆   D. 机架

2. 能够实现回转运动与直线往复运动转换的平面四杆机构是(   )。

  A. 曲柄摇杆机构   B. 曲柄滑块机构

  C. 导杆机构   D. 摇块机构

3. 能够实现从动件绕固定点摆动的凸轮机构是(   )。

  A. 盘形凸轮机构   B. 圆柱凸轮机构   C. 移动凸轮机构

4. 在要求(   )的凸轮机构中,宜使用滚子式从动件。

  A. 传力较大   B. 传动准确、灵敏   C. 转速较高

5. 在四杆机构中若最短杆与最长杆长度之和大于其他两杆长度之和,则必将得到(   )机构。

  A. 曲柄摇杆机构   B. 双曲柄机构

  C. 双摇杆机构   D. 曲柄滑块机构

6. 铰链四杆机构中,不与机架相连的构件称为(   )。

  A. 曲柄   B. 连杆   C. 连架杆   D. 摇杆

7. 凸轮机构主要用于(   )的转换。

  A. 能量   B. 运动形式   C. 动力大小   D. 运动方向

8. 汽车发动机中的进、排气门机构属于(   )。

  A. 凸轮   B. 齿轮   C. 链传动   D. 滑块

9. 凸轮机构中凸轮与从动件属于(   )。

  A. 低副   B. 螺旋副   C. 高副   D. 转动副

10. 车轮与轮轴之间的连接属于(   )。

A. 高副　　　　B. 转动副　　　　C. 移动副

11. 汽车的前车轮转向控制是应用(　　)机构；刮水器是应用(　　)机构。

　　A. 曲柄摇杆　　B. 双曲柄　　　　C. 双摇杆

12. 低副和高副相比较，低副的接触面大，所以压强(　　)，使用寿命(　　)，但是运动速度(　　)。

　　A. 大　　　　B. 小　　　　　　C. 长
　　D. 快　　　　E. 慢

13. 为了使机构能够顺利通过"死点"位置继续正常运转，不可以采用的办法有(　　)。

　　A. 机构错位排列　　　　　　B. 加大惯性
　　C. 增大极位夹角

14. 凸轮机构的(　　)从动件端部压强最大，容易磨损。

　　A. 尖顶　　　　B. 平底　　　　C. 滚子

15. 凸轮从动件的运动规律是由(　　)决定的。

　　A. 凸轮转速　　　　　　　　B. 凸轮轮廓曲线
　　C. 凸轮形状　　　　　　　　D. 凸轮基圆半径

16. 发动机的进、排气阀门的开启和闭合是应用(　　)凸轮机构。

　　A. 盘形凸轮和尖顶从动杆　　B. 盘形凸轮和平顶从动杆
　　C. 盘形凸轮和滚子从动杆　　D. 圆柱凸轮和摆动从动杆

(三) 判断题

1. 在平面连杆机构中各构件运动轨迹都在同一平面或相互平行的平面内。　　　　　　　　　　　　　　　　　　　　　　　　　(　　)

2. 铰链四杆机构两连架杆中一个为曲柄，另一个为摇杆的铰链四杆机构，称为曲柄摇杆机构。　　　　　　　　　　　　　　　　　　(　　)

3. 双曲柄机构中，通常主动曲柄做匀速转动，从动曲柄做同向匀速转动。
　　　　　　　　　　　　　　　　　　　　　　　　　　　　(　　)

4. 铰链四杆机构存在曲柄的条件：最短杆与最长杆长度之和小于或等于其余两杆长度之和，并且最短杆为机架或连架杆。　　　　　　(　　)

5. 尖顶从动件凸轮机构最为简单，且尖顶能与任意复杂的凸轮轮廓保持接触，从而保证从动件实现复杂的运动规律。　　　　　　　　(　　)

6. 铰链四杆机构中的最短杆就是曲柄。　　　　　　　　　　　(　　)

7. 曲柄摇杆机构中,当摇杆为从动杆时,机构有"死点"位置出现。　（　）

8. 在实际运用当中,机构的"死点"位置对工作均不利,要设法克服。（　）

9. 正常工作的凸轮机构,凸轮和从动件不一定始终保持接触。　（　）

10. 凸轮机构是高副机构。　（　）

11. 凸轮机构中任一结构,经过一个工作循环后都必须回到运动的起点。

（　）

12. 凸轮机构的传动件只能做往复直线运动。　（　）

（四）简答题

1. 何为运动副？什么是低副？什么是高副？

2. 什么是曲柄？什么是摇杆？铰链四杆机构类型有哪些？

3. 凸轮机构主要由哪几部分组成？按凸轮的外形,凸轮机构主要分为哪些类型？

单元五　汽车常用连接

 学习目标

1. 叙述键连接、销连接和联轴器的功用、类型和特点；
2. 熟悉螺纹连接的基本要素；
3. 知道螺纹的分类、常用的螺纹连接件种类、螺纹连接的基本类型、联轴器及离合器的类型、弹簧的种类、制动器的类型；
4. 描述螺纹连接预紧力的控制及防松方法，描述螺纹连接件的拆装要领及注意事项；
5. 说出螺纹连接的拆装工具种类、联轴器的功用、离合器的功用、制动器的功用、汽车制动系统的组成和工作原理；
6. 正确选用键与销，正确更换螺纹连接件、安装联轴器和离合器，正确使用离合器和准确判断螺纹旋向。

 建议课时

10课时。

单元五 汽车常用连接

一 键连接与销连接

（一）键连接的功用、分类和选择

1 键连接的功用

键连接主要用于轴与轴上零件（如齿轮、带轮）的周向固定，并传递转矩，有的还可以实现轴上零件的轴向固定或轴向滑动。图5-1所示为半圆键将轴与轴上零件连接。

2 键连接的特点

键的结构简单、工作可靠、拆装方便。

3 键连接的分类

键连接的分类和特点

1）按结构特点和工作原理分类

键是一种标准件，按结构特点和工作原理，键连接可分为平键连接、半圆键连接、楔键连接和切向键连接等。

（1）平键连接。图5-2所示是平键连接，平键的下面与轴上键槽贴紧，上面与轮毂键槽顶面留有间隙。两侧面为工作面，依靠键与键槽的挤压力传递转矩。

图5-1 半圆键将轴与轴上零件连接

图5-2 平键连接

平键连接加工容易、拆装方便、对中性良好，用于传动精度要求较高的场合，主要是实现轴上零件的周向固定，并能传递较大的转矩，应用很广泛。

根据用途不同，平键可分为普通平键、导向平键和滑键三种。

①普通平键。普通平键应用最为广泛，按键的端部形状不同，又可分为A型（圆头）、B型（方头）、C型（单圆头）三种，如图5-3所示。

②导向平键。导向平键是一种较长的平键，如图5-4所示。它用螺钉固定在轴上，键与轮毂槽采用间隙配合，轴上零件能做轴向滑移，适用于移动距离不大的场合。

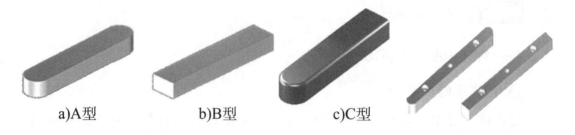

a)A型　　　　　b)B型　　　　　c)C型

图 5-3　普通平键类型　　　　　　　　图 5-4　导向平键

③滑键。滑键是将键固定在轮毂上，随轮毂一起沿轴槽移动，如图 5-5 所示。它适用于轴上零件滑移距离较大的场合。

(2)半圆键连接。图 5-6 所示是半圆键连接。半圆键工作时，靠侧面传递转矩。

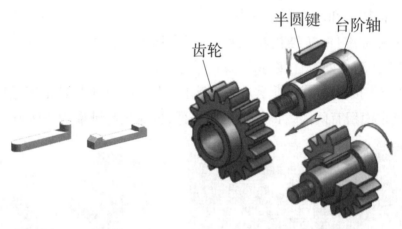

图 5-5　滑键　　　　　图 5-6　半圆键连接

(3)楔键连接。楔键包括普通楔键和钩头楔键两种类型。装配时将键打入并且楔紧，楔键连接如图 5-7 所示。楔键的上表面有 1:100 的斜度。

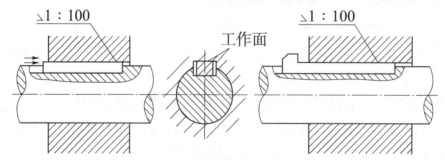

图 5-7　楔键连接

普通楔键有 A 型(圆头)、B 型(方头)、C 型(单圆头)三种，如图 5-8 所示。

钩头楔键则只有一种,如图 5-9 所示。

a)A型　　b)B型　　c)C型

图 5-8　普通楔键　　　　图 5-9　钩头楔键

(4)切向键连接。切向键由两个斜度为 1∶100 的普通楔键组成,如图 5-10 所示。装配时两个楔键分别从轮毂一端打入,使其两个斜面相对,共同楔紧在轴与轮毂的键槽内。其上、下相互平行的窄面为工作面,其中一个工作面位于通过轴心线的平面内,工作时工作面上的挤压力沿轴的切线作用。

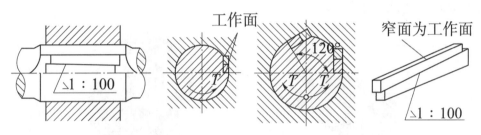

图 5-10　切向键连接

2)按连接形式分类

键连接可分为松键连接、紧键连接和花键连接三大类。

(1)松键连接。松键连接所用的键有普通平键、半圆键、导向平键及滑键等。靠键的侧面传递转矩,只对轴上零件做周向固定,不能承受轴向力。如果要轴向固定,则需要附加紧定螺钉或定位环等定位零件。松键连接的装配要点如下:

①清理键及键槽上的毛刺,保证键与键槽能精密贴合;

②对重要的键连接,装配前要检查键的直线度和键槽对轴线的对称度及平行度等;

③对普通平键、导向平键,用键的头部与轴槽试配,应能使键较紧地与轴槽配合;

④修配键长时,在键长方向键与轴槽留 0.1mm 的间隙;

⑤在配合面上加润滑油,用铜棒或加软钳口的台虎钳将键压入轴槽中,使之与槽底良好接触;

⑥试配并安装回转套件时,键与键槽的非配合面应留有间隙,保证轴与回转套件的同轴度,套件在轴上不得有轴向摆动,以免在机器工作时引起冲击和振动。

（2）紧键连接。紧键连接主要指楔连接，键的上、下表面都是工作面，上表面及与其相接触的轮毂槽底面均有 1∶100 的斜度。键侧与键槽有一定的间隙，装配时将键打入构成紧键连接，由过盈作用传递转矩，并能传递单向轴向力，还可轴向固定零件。紧键连接装配要点如下：

①紧键连接装配时，同样要先清理键及键槽上的毛刺；

②装配时，要用涂色法检查楔键上下表面与轴槽、轮毂槽的接触状况，一般要求接触率大于 65%。若接触不良，可用锉刀或刮刀修整键槽；接触合格后，用软锤将楔键轻敲入键槽，直至套件的周向、轴向都可靠紧固。

（3）花键连接。花键连接是指花键轴与花键孔组成的连接，是由轴和轮毂孔上的多个键齿和键槽组成。花键是标准件，其工作面是键齿的两侧面。外花键和内花键零件如图 5-11 所示。

a) 外花键

b) 内花键

图 5-11　花键零件

①花键连接的类型。花键连接可以按几种方式分类。按花键工作方式可以分为过盈连接和间隙连接两种。

花键连接实际上是将多个平键和轴制成一体，其特点是可传递更大的转矩，使轴上的零件能在轴上移动，具有较好的导向性。常用的花键齿型有矩形和渐开线形，如图 5-12 所示。

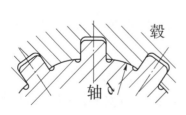
a) 矩形花键

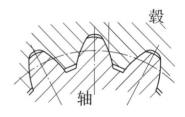
b) 渐开线花键

图 5-12　花键连接

a. 矩形花键。为适应不同载荷情况，矩形花键按齿高的不同，规定了两个尺寸系列:轻系列和中系列。轻系列多用于轻载连接或静连接;中系列多用于中载连接。按新标准为内径定心,定心精度高,定心稳定性好;配合面均要进行研磨,磨削消除热处理后的变形;导向性能好,应用广泛。

b. 渐开线花键。渐开线花键可以用加工齿轮的方法来加工,工艺性较好,制造精度较高,齿根部较厚,键齿强度高,当传递的转矩较大及轴径也较大时,宜采用渐开线花键连接。渐开线花键由于键齿数多而细小,故适用于轻载和直径较小的静连接,特别适用于薄壁零件的连接。渐开线花键定心方式为齿形定心,当齿受载时,齿上的径向力能自动定心,有利于各齿均载,工艺性好,优先采用。

② 花键连接装配要点如下:

a. 过盈连接花键副上的套件应在花键轴上轴向固定,故应保证配合后有少量的过盈量。装配时可用软锤轻轻打入,但不能过紧,以防止拉伤配合表面。如果过盈量较大,可将套件加热至80~120℃后再进行装配。

b. 间隙连接花键副的套件可以在花键轴上自由滑动,应保证精确的间隙配合。试装时,用周向调换键齿的配合位置,各位置沿轴向移动时应无阻滞现象,但也不能过松,用手摆动套件时,不应感觉到有明显的周向间隙。允许选择最佳的配合位置装配,可以用油石或细锉修整花键的两侧或尖角处,以保证花键每齿的接触面积不小于70%。必须注意:花键的定心面不得修整。

c. 装配后的花键副应检查花键轴与被连接零件的同轴度和垂直度。

③ 花键连接的主要特点。与普通平键相比,花键连接具有以下特点:

a. 工作面为齿侧面,齿较多,工作面积大,故承载能力较强;

b. 键均匀分布,各键齿受力较均匀;

c. 齿槽线、齿根应力集中小,对轴的强度削弱减少;

d. 轴上零件对中性好;

e. 导向性较好;

f. 加工需专用设备,制造成本高。

❹ 键的选择

键的选择包括类型选择和尺寸选择两个方面。选择键连接类型时,一般需考虑传递转矩、轴上零件沿轴向是否有移动及移动距离、对中性要求和键在轴上的位置等因素,并结合各种键连接的特点加以分析选择。键的截面尺寸(键宽 b 和键高 h)按轴的直径 d 参照标准选定;键的长度 L 可根据轮毂的长度确定,可取键长等于或略短于轮毂的宽度;导向平键应按轮毂的长度及滑动距离而定。键的长度还须符合标准规定的长度系列。

❺ 花键连接的应用

花键连接适用于定心精度要求高、载荷大或经常滑动的连接,如汽车手动变速器中间轴与同步器部位的连接(图5-13),汽车万向节花键轴叉部位的连接(图5-14),驱动桥半轴齿轮与半轴内端部位的连接(图5-15)。

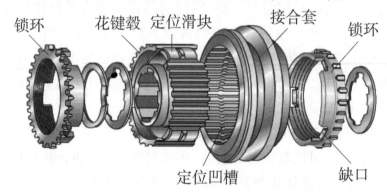

图5-13 同步器部位的花键连接

图5-14 万向节花键轴叉

图5-15 半轴齿轮与半轴内端的花键连接

(二)键连接装配要点

键连接装配要点如下:

(1)装配前应检查键的直线度、键槽对轴心线的对称度和平行度;

(2)普通平键的两侧面与轴键槽的配合一般有间隙;重载荷、冲击、双向使用时,须有过盈;键两端圆弧应无干涉;键端与轴槽应留有0.10mm的间隙;

(3)普通平键的底面与键槽底面应贴实;

(4)半圆键的半径应稍小于轴槽半径,其他要求与一般平键相同。

(三)销连接的功用和类型

❶ 销连接的功用

销连接主要用来固定零件之间的相对位置,主要起定位作用,也可用于轴与轮毂的连接,它所承受的载荷小,还可作为安全装置中的过载剪断元件。

❷ 销连接的类型

1)按用途分类

按用途可将销分为定位销、连接销和安全销三种类型。

(1)定位销。定位销主要用于零件之间位置定位,常用作组合加工和装配时的主要辅助零件。

(2)连接销。连接销主要用于轴与毂或其他零件之间的连接或锁定,可传递不大的载荷。

(3)安全销。安全销主要用于安全保护装置中的过载剪断元件。

2)按形状分类

按销的形状不同,可以将销分为圆柱销(图 5-16)和圆锥销(图 5-17)两种基本类型。

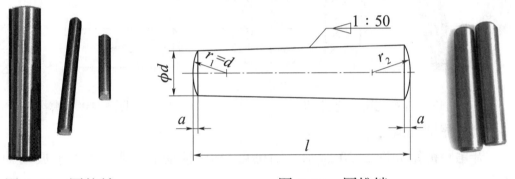

图 5-16　圆柱销　　　　　　图 5-17　圆锥销

(1)圆柱销。圆柱销利用微量过盈固定在销孔中,对销孔的尺寸、形状、表面粗糙度等要求较高,销孔在装配前须铰削。通常被连接件的两孔应同时钻铰,孔壁的表面粗糙度 Ra 不大于 $0.6\mu m$。装配时,在销上涂上润滑油,用铜棒将销打入孔中。经过多次拆装后,连接的紧固性及精度降低,故只宜用于不常拆卸处。活塞销就是典型的圆柱销。

(2)圆锥销。圆锥销装配时,被连接件的两孔也应同时钻铰,但必须控制孔径,钻孔时按圆锥销小头直径选用钻头,用1:50锥度的铰刀铰孔。铰孔时用试装法控制孔径,以圆锥销自由插入全长的 80%～85% 为宜,然后用软锤敲入。敲入后销的大头可与被连接件表面平齐,或露出不超过倒棱值。

圆锥销标准锥度为1:50,拆装比圆柱销方便,多次拆装对连接的紧固性及定位精度影响较小,因此应用广泛。

❸ 特殊形式的销

1）螺纹圆锥销

为了拆装方便，或者对盲孔的销连接，可采用螺纹圆锥销，如图 5-18 所示。螺纹圆锥销有外螺纹圆锥销和内螺纹圆锥销两种。为便于销的拆卸，外螺纹圆锥销又可制成大端具有外螺纹的圆锥销和小端具有外螺纹的圆锥销。前者可用于盲孔连接，后者可用螺母锁紧，适用于有冲击场合。

2）槽销

销上有三条压制的纵向沟槽，如图 5-19 所示。槽销压入销孔后，它的凹槽即产生收缩变形，借助材料的弹性而固定在销孔内。槽销可多次拆装，适用于承受变载荷和振动的连接。

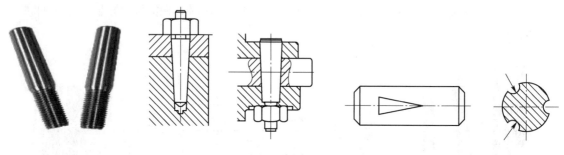

图 5-18　螺纹圆锥销　　　　　图 5-19　槽销

3）开尾圆锥销

开尾圆锥销如图 5-20 所示。销尾可分开，能防止松脱，多用于振动冲击场合。

4）开口销

开口销是一种防松零件，用于锁紧其他紧固件，如图 5-21 所示。

图 5-20　开尾圆锥销　　　　　图 5-21　开口销

❹ 汽车上的销

1）活塞销

活塞销的作用是连接活塞和连杆，传递两者之间的相互作用力。如图 5-22

所示,活塞销与其座孔、连杆小头的安装一般采用"全浮式"。"全浮式"即发动机工作时,活塞销在连杆小头及活塞座孔中都能自由转动。装配时活塞销与其座孔间应有一定的紧度,常先将活塞放入70~90℃的水或油中加热,然后在销表面涂上机油,用拇指将销推入,再在活塞的锁环槽中装上锁环。

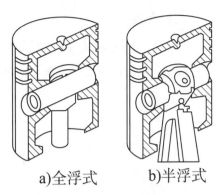

a)全浮式　　b)半浮式

图 5-22　活塞销

2)转向节主销

转向节主销如图5-23所示,其作用是铰接前轴及转向节,使转向节绕着主销摆动,以实现车轮的转向。主销与转向节上的销孔是间隙配合,以便实现转向。

活塞销结构

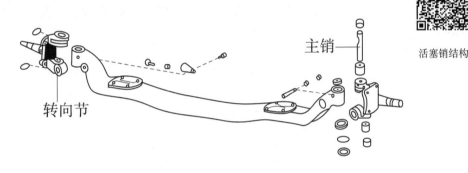

图 5-23　转向节主销

二　螺纹连接

(一)螺纹的基本要素

螺纹连接是一种广泛使用的、可拆卸的固定连接,具有结构简单、连接可靠、装拆方便等优点。

a)螺栓　　b)螺母

图 5-24　螺栓和螺母的螺纹

螺纹是在圆柱或圆锥外表面上沿着螺旋线所形成的具有规定牙型的连续凸起。在圆柱表面形成的螺纹称圆柱螺纹,在圆锥表面形成的螺纹称圆锥螺纹。图5-24所示的螺栓和螺母就是典型的螺纹结构。

螺纹的基本要素包括牙型、直径(大径、小径、中径)、螺距和导程、线数和旋向等。

❶ 牙型

螺纹牙型是指在通过螺纹轴线剖面上螺纹轮廓的形状。根据螺纹牙型的不同,螺纹可分为三角形螺纹、矩形螺纹、梯形螺纹和锯齿形螺纹等,如图5-25所示。

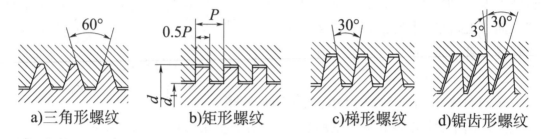

图 5-25 螺纹的牙型

在螺纹牙型上,相邻两个牙侧面的夹角称为牙型角,用 α 表示,如图5-26所示。

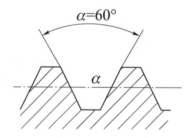

图 5-26 三角形螺纹及牙型角

❷ 螺纹直径

螺纹直径示意图,如图5-27所示。

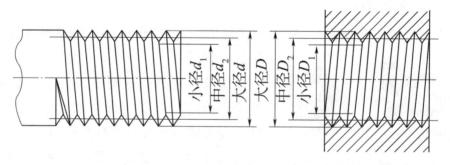

图 5-27 螺纹直径示意图

1) 大径 d、D

大径是指与外螺纹的牙顶或内螺纹的牙底相切的假想圆柱或圆锥的直径。内螺纹的大径用大写字母 D 表示,外螺纹的大径用小写字母 d 表示。

2) 小径 d_1、D_1

小径 d_1、D_1 是指与外螺纹的牙底或内螺纹的牙顶相切的假想圆柱或圆锥的直径,外螺纹的小径用 d_1 表示,内螺纹的小径用 D_1 表示。

3) 中径 d_2、D_2

中径 d_2、D_2 是指一个假想的圆柱或圆锥直径,该圆柱或圆锥的母线通过牙型上沟槽和凸起宽度相等的地方。外螺纹的中径用 d_2 表示,内螺纹的中径用 D_2 表示。

❸ 线数

线数是指形成螺纹的螺旋线条数,用字母 n 表示。单线螺纹是指由一条螺旋线绕于基柱上所形成的螺纹,如图 5-28a)所示。多线螺纹是指由两条或两条以上螺旋线绕于基柱上所形成的螺纹,如图 5-28b)、图 5-28c)所示。

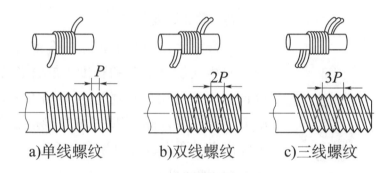

图 5-28 螺纹的线数

根据螺旋线的数目,螺纹可分为单线螺纹和等距排列的多线螺纹。为了制造方便,螺纹一般不超过 4 线。

❹ 螺距和导程

螺距是指相邻两牙在中径线上对应两点间的轴向距离,螺距用字母 P 表示。导程是指同一螺旋线上的相邻两牙在中径线上对应两点间的轴向距离,导程用字母 S 表示,如图 5-29 所示。

线数 n、螺距 P 和导程 S 之间的关系为

$$S = Pn$$

❺ 螺纹旋向

按螺纹的旋向分类,螺纹可分为左旋螺纹(代号 LH)和右旋螺纹两种。按顺时针方向旋入的是右旋螺纹,按逆时针方向旋入的是左旋螺纹。

判断螺纹旋向时,必须把螺纹的轴线竖直起来,从螺纹线的下端向上看,螺

旋线向左上倾斜,则为左旋螺纹;向右上倾斜,则为右旋螺纹,如图5-30所示。机械制造中一般采用右旋螺纹,有特殊要求时,才采用左旋螺纹。

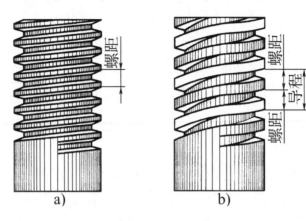

图5-29　螺距和导程

⑥ 旋合长度代号

旋合长度是指两个相互配合的螺纹沿螺纹轴线方向相互旋合部分的长度。旋合长度分为短旋合长度S、中等旋合长度N(可省略不标)、长旋合长度L三种类型,特殊需要时可直接把旋合长度的数字标出来。通常采用中等旋合长度。

图5-30　螺纹的旋向

⑦ 螺纹升角

螺纹升角是指中径 d_2 圆柱上,螺旋线的切线与垂直于螺纹轴线的平面的夹角。螺纹的升角与自锁性关系密切,相同大径的螺纹,其螺矩越大,则升角越大,自锁性越差。为取得良好的自锁性,要用细牙的螺纹,如汽车的车轮与轴的连接采用细牙连接,以确保螺纹自锁,防止松脱,造成事故。

(二)常用螺纹特点

❶ 三角形螺纹特点

牙型角大,自锁性能好,而且牙根厚、强度高,故多用于连接。常用的有普通螺纹、英制螺纹和圆柱管螺纹。

1)普通螺纹特点

国家标准中,把牙型角 $\alpha = 60°$ 的三角形米制螺纹称为普通螺纹,大径 d 为公称直径。同一公称直径可以有多种螺距的螺纹,其中螺距最大的称为粗牙螺纹,其余都称为细牙螺纹。粗牙螺纹应用最广。细牙螺纹的小径大、螺纹升角小,因而自锁性能好、强度高,但不耐磨、易滑扣,适用于薄壁零件、受动载荷的连接和微调机构的调整。

2)英制螺纹特点

牙型角 $\alpha = 55°$,以英寸为单位,螺距以每英寸的牙数表示,也有粗牙、细牙之分。其主要是英国、美国等国家使用,国内一般仅在修配中使用。

❷ 圆柱管螺纹特点

管螺纹是位于管壁上用于连接的螺纹,有55°非密封管螺纹和55°密封管螺纹,主要用于管道的连接,使其内外螺纹的配合紧密。牙型角 $\alpha = 55°$,牙顶呈圆弧形,旋合螺纹间无径向间隙,紧密性好,公称直径为管子的公称通径,广泛用于水、煤气和润滑等管路系统连接中。

❸ 矩形螺纹特点

螺纹牙型为正方形,牙型角 $\alpha = 0°$,螺纹牙厚为螺距的一半,摩擦系数较小,传动效率较高。但牙根强度较低,螺纹磨损后造成的轴向间隙难以修复,对中精度低,且精加工较困难,主要用于传力机构中。因此,这种螺纹已较少采用。

(三)螺纹的类型

❶ 按螺纹形成的位置分类

按螺纹形成的位置,螺纹分为外螺纹和内螺纹。

1)外螺纹

在圆柱(圆锥)外表面上形成的螺纹,如图5-24a)所示的螺栓。

2)内螺纹

在圆柱(圆锥)内表面上形成的螺纹,如图5-24b)所示的螺母。

❷ 按标准化程度分类

按标准化程度,螺纹分为标准螺纹、非标准螺纹和特殊螺纹。

1)标准螺纹

牙型、公称直径、螺距符合国家标准的螺纹为标准螺纹。

2)非标准螺纹

牙型不符合国家标准的螺纹为非标准螺纹。

3)特殊螺纹

牙型符合国家标准,而直径或螺距不符合国家标准的螺纹为特殊螺纹。

3 按螺纹的用途分类

按螺纹的用途,螺纹分为连接螺纹和传动螺纹。

1)连接螺纹

连接螺纹是指用于零件间相互连接的螺纹。连接螺纹的牙型多为三角形,且多用单线螺纹。三角形螺纹的摩擦力大、强度高、自锁性好,因此,应用广泛。常用的连接螺纹有螺栓连接、双头螺柱连接和螺钉连接等。

2)传动螺纹

传动螺纹是指用于传递运动和动力的螺纹。传动螺纹分为普通螺旋传动螺纹和滚珠螺旋传动螺纹。

(1)普通螺旋传动螺纹。普通螺旋传动螺纹是由螺杆和螺母组成的简单螺旋副实现的传动螺纹。

①传动中螺母固定不动,螺杆回旋并做直线运动,如图5-31所示的台虎钳传动螺纹。

②传动中螺杆回转,螺母做直线运动,如图5-32所示的汽车用丝杆千斤顶传动螺纹。

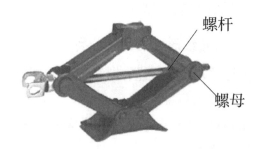

图5-31　台虎钳传动螺纹　　　　图5-32　汽车用丝杆千斤顶传动螺纹

③螺杆固定不动,螺母回转并做直线运动,如图5-33所示的螺纹千斤顶传动螺纹。

(2)滚珠螺旋传动螺纹。滚珠螺旋传动是在螺杆与螺母之间放置若干钢珠,可将螺杆与螺母之间的滑移接触变为滚动接触,其传动摩擦系数小、传动效率及精度高,而且可避免因滑移接触产生摩擦生热导致的胀、缩间隙。图5-34所示的循环球式转向器就是应用了滚珠螺旋传动螺纹。

(四)螺栓组的布置

布置螺栓组包括确定螺栓组中的螺栓数目并给出每个螺栓的位置。应力求使各螺栓受力均匀并且较小,避免螺栓受附加载荷,还应有利于加工和装配。

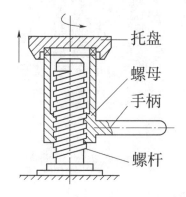

图 5-33 螺纹千斤顶传动螺纹

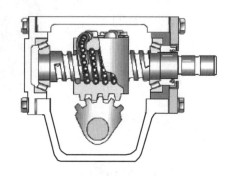

图 5-34 滚珠螺旋传动螺纹的应用

(1)接合面处的零件形状应尽量简单,最好是方形、圆形或矩形,同一圆周上的螺栓数目应采用 4、6、8、12 等,以便加工时分度。应使螺栓组的形心与零件接合面的形心重合,最好有两个互相垂直的对称轴,以便于加工和计算。常把接合面中间挖空,以减少接合面加工量和接合面平面度的影响,还可以提高连接刚度。

(2)受力矩的螺栓组,螺栓应远离对称轴,以减少螺栓受力。

(3)受横向力的螺栓组,沿受力方向布置的螺栓不宜超过 8 个,以免各螺栓受力严重不均匀。

(4)同一螺栓组所用的紧固件的形状、尺寸、材料等应一致,以便于加工和装配。

(5)设计装配螺纹连接时,工具应有足够的操作空间,应保证一定的扳手空间尺寸。

(五)螺纹连接在汽车上的应用

汽车上的螺纹连接无处不在,如发动机的活塞连杆机构、发电机前后端盖等部位都采用了螺纹连接,如图 5-35 所示。

(六)螺纹连接的预紧和拆装

1 螺纹连接的预紧和预紧力的控制

1)螺纹连接的预紧

在生产实践中,大多数螺栓装配时一般都需要拧紧螺母,即预紧。

拧紧力矩用来克服螺旋副及螺母支承面上的摩擦力矩。拧紧时,螺栓所受拉力称为预紧力。

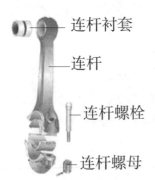

a) 活塞连杆机构的螺栓连接　　b) 发电机前后端盖的螺栓连接

图 5-35　螺纹连接在汽车上的应用

螺纹连接在承受工作载荷之前,一般需要拧紧,这种连接称为紧连接;不需要拧紧的连接,称为松连接。拧紧可提高连接的紧密性、紧固性和可靠性。

2) 预紧力的控制

对于普通场合使用的螺纹,为保证所需的预紧力,同时又不使螺纹件过载,通常由工人用普通扳手凭经验决定。对于重要场合,如汽缸盖等紧密性要求高的螺纹,可利用指针式扭力扳手或者可调式扭力扳手来控制预紧力的大小,如图 5-36 所示。

a) 指针式扭力扳手　　b) 可调式扭力扳手

图 5-36　扭力扳手

预紧力过大,螺纹牙可能被剪断而滑扣;预紧力过小,紧固件可能松脱,被连接件可能出现滑移或分离。因此,有必要在拧紧螺栓时控制拧紧力矩,从而控制预紧力。

为了使被连接件均匀受压,互相贴合紧密、连接牢固,在装配时要根据螺栓实际分布情况,按一定的顺序分几次逐步拧紧,而拆卸的顺序与装配时恰好相反,如图 5-37 所示。

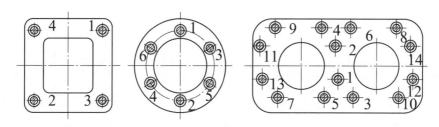

图 5-37　拧紧螺栓顺序示例

2　螺纹连接的防松措施

连接螺纹常为单线螺纹,满足自锁条件。螺纹连接在拧紧后,一般不会松动。但是在变载荷、冲击、振动作用下,都会使预紧力减小,摩擦力降低,导致螺旋副相对转动,使螺纹连接松动,必须采取防松措施。

常见的防松措施有摩擦防松、锁住防松和不可拆防松等。

1) 摩擦防松

摩擦防松是指使螺旋副中产生不随外力变化的正压力,以形成阻止螺旋副相对转动的摩擦力的方法,如图 5-38 所示。对顶螺母防松效果较好,金属锁紧螺母次之,弹簧垫圈效果较差。这种方法适用于机械外部静止构件连接,以及防松要求不严格的场合。

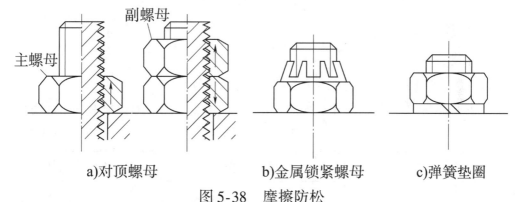

a) 对顶螺母　　　b) 金属锁紧螺母　　　c) 弹簧垫圈

图 5-38　摩擦防松

2) 锁住防松

锁住防松是指利用各种止动件机械地限制螺旋副相对转动的方法,如图 5-39 所示。这种方法可靠,但拆装麻烦,适用于机械内部运动构件的连接,以及防松要求较高的场合。

3) 不可拆防松

不可拆防松是指在螺旋副拧紧后,采用端铆、冲点、焊接、胶接等措施,使螺纹连接不可拆的方法,如图 5-40 所示。这种方法简单可靠,适用于装配后不再拆卸的连接。

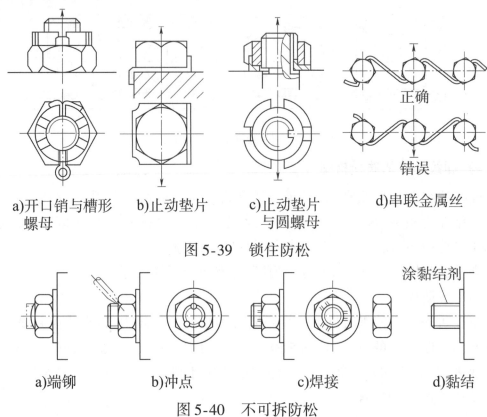

a)开口销与槽形　　b)止动垫片　　c)止动垫片　　d)串联金属丝
　螺母　　　　　　　　　　　　　与圆螺母

图 5-39　锁住防松

a)端铆　　　　b)冲点　　　　c)焊接　　　　d)黏结

图 5-40　不可拆防松

❸ 螺纹连接的拆装

1) 拆装工具

拆装螺纹连接件使用的工具通常有手动和机动两类。

手动工具主要有固定扳手(梅花)、活扳手、套筒扳手、螺钉旋具等,见表5-1。

手 动 工 具　　　　　表5-1

名 称		图 例	应 用
旋具 (螺丝刀)	一字螺丝刀		用来旋紧或松开头部带沟槽的螺钉
	十字螺丝刀		
	快速旋具		用来装卸小螺钉
	弯头螺丝刀	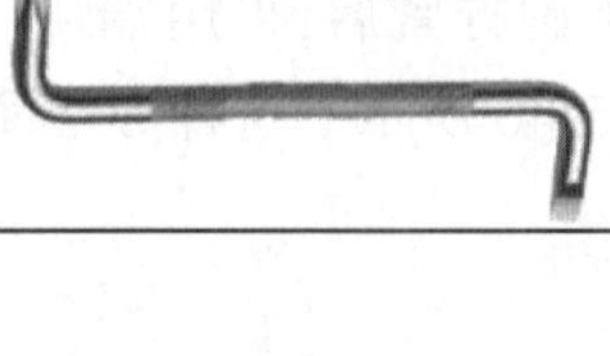	用于螺钉顶部空间受限制的场合

续上表

名称		图例	应用
扳手	通用扳手（活扳手）		开口尺寸能在一定范围内调整
	专用扳手	呆扳手　内六角扳手　梅花扳手　套筒扳手　钩形扳手	专用扳手只能扳动一种规格的螺母或螺钉,根据其用途的不同可分为开口扳手(呆扳手)、整体扳手(梅花扳手)、套筒扳手、钩形扳手、内六角扳手
	特种扳手		根据特殊要求制造的,如棘轮扳手,用于空间狭窄的场合

机动工具按动力源分,有电动式(图 5-41)、气动式(图 5-42)和液压式(图 5-43)三种类型。

图 5-41　电动扳手　　　图 5-42　气动扳手　　　图 5-43　液压冲击扳手

拆装工具的选用,应根据螺母、螺栓的尺寸、拧紧力矩和所在部位的回转空间等具体条件来选择。一般情况下,为避免损坏螺栓、螺母的棱角,缩短作业时间,减轻劳动强度,使用工具时,原则上:能用固定扳手的则不用活扳手,能用梅花扳手的则不用固定扳手,能用套筒扳手的则不用固定扳手。

2) 螺纹件拆装要领和注意事项

螺纹连接无处不在,如一辆完整的汽车,是将成千上万的零部件连接在一起的,在其拆装作业中,遇到最多的是螺纹连接。

(1) 用扳手拆装螺栓(母)时,扳手的开口尺寸要适合螺栓头或螺母的六方尺寸,不能过松。旋转时,扳手开口与六方表面应尽量靠拢。无论拧紧还是旋松螺钉,都要用力将螺钉旋具顶住螺钉,避免损坏螺钉槽口,造成拆装困难。

(2) 在向螺栓上拧紧螺母或向螺孔内拧螺栓(钉)时,一般先用手旋进一定距离,这样既可感觉螺纹配合是否合适,又可提高工作效率。在旋进螺母(栓)两圈后,如果感觉阻力很大,则应停下检查原因。如果螺纹生锈或夹有铁屑等杂物造成的,清洗后涂少许机油即可解决;如果是螺纹乱牙造成的,可用板牙或丝锥修整一下;如果是粗、细螺纹不相配造成的,应从新选配。

(3) 在螺纹连接件中,垫圈有非常重要的作用,即可以保护零件的支承表面,还能防松。因此,决不能随意弃之不用,应根据车辆要求安装到位。

(4) 在发动机缸体上螺纹孔为盲孔时,在旋入螺栓前,必须清除孔中的铁屑、水、油等杂物,否则,螺栓不能拧紧到位。如加力拧进,有可能造成螺钉断裂及缸体开裂等后果。

(5) 在拆装由螺栓或螺钉组紧固的零件时,为防止零件变形,必须按一定顺序、一定力矩,分步拧紧各个螺栓。

(6) 在拆装一些重要连接时,必须用扭力扳手按规定力矩紧固。遇到螺纹锈死,可先用手锤敲打螺栓头部周围,振松锈层;也可以向反向拧回,再向外旋出;或者使用松动剂、加热等方法使锈层松脱,逐步退出螺栓。如果螺栓断在螺孔内,可用一根淬火的四棱锥形钢棒,将其尖端打入预先钻孔的螺柱内,然后旋出螺柱。

三 弹性连接

(一) 弹性连接和弹簧的种类

1 弹性连接定义

弹性零件是指受载后产生变形,卸载后通常可立即恢复原有形状和尺寸的零件,如图5-44所示。

图5-44 弹性零件

汽车上各种类型的弹簧都是弹性零件,如钢板弹簧(图 5-45)、螺旋弹簧(图 5-46)等。在汽车底盘车架和车轮之间,主要是依靠装在它们之间的弹性零件实现连接的。

钢板弹簧结构

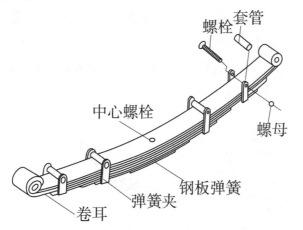

a)对称式钢板弹簧

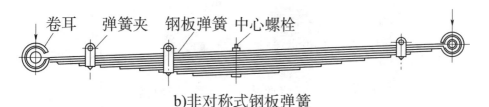

b)非对称式钢板弹簧

图 5-45 钢板弹簧

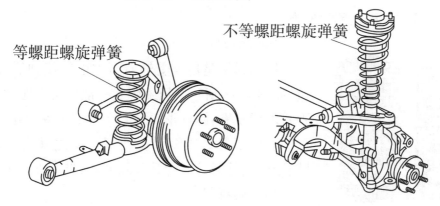

图 5-46 螺旋弹簧

弹性连接是指依靠弹性零件实现被连接件在有限相对运动时仍保持固定联系的动连接。

2 弹簧的种类

弹簧是一种利用弹性来工作的机械零件。用弹性材料制成的零件在外力作用下发生形变,除去外力后又恢复原状。弹簧一般用弹簧钢制成。弹簧是最常用的弹性零件,为满足弹性连接的各种要求,弹簧的种类复杂多样,按形状分,弹簧有蜗卷弹簧、板弹簧、拉伸弹簧、压缩弹簧和扭转弹簧等,如图5-47所示。按受力性质,弹簧可分为压缩弹簧、扭转弹簧、拉伸弹簧和弯曲弹簧。按制作过程可分为冷卷弹簧和热卷弹簧。弹簧的制造方法有冷卷法和热卷法。弹簧丝直径小于8mm的一般用冷卷法,大于8mm的用热卷法。有些弹簧在制成后还要进行强压或喷丸处理,可提高弹簧的承载能力。

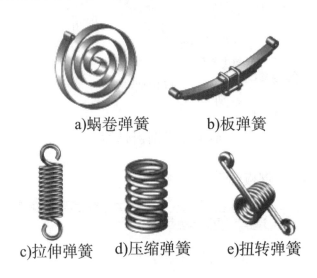

图 5-47 常见弹簧

下面具体分析几种常见弹簧。

1)压缩弹簧

压缩弹簧是指承受轴向压力的螺旋弹簧,简称压簧,如图5-48所示。压缩弹簧一般为等节距的。压缩弹簧的形状有:圆柱形、圆锥形、中凸形和中凹形及少量的非圆形等。压缩弹簧的圈与圈之间有一定的间隙,当受到外载荷时弹簧收缩变形,储存变形能。

2)扭转弹簧

图 5-48 压缩弹簧

扭转弹簧是指承受扭转变形的弹簧,如图5-49所示。扭转弹簧的工作部分也是密绕成螺旋形。扭转弹簧端部结构是加工成各种形状的扭臂,而不是勾环。

3)拉伸弹簧

拉伸弹簧是指承受轴向拉力的螺旋弹簧,简称拉簧,如图5-50所示。拉伸弹簧一般都用圆截面材料制造,在不承受负荷时,拉伸弹簧的圈与圈之间一般都是并紧的没有间隙,利用拉伸后的回弹力(拉力)工作,用以控制机件的运动、储蓄能量和测量力的大小等,广泛用于机器和各种仪表。

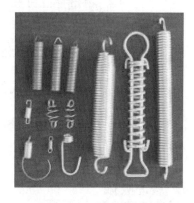

图5-49　扭转弹簧　　　　　　　图5-50　拉伸弹簧

弹簧的制造材料一般应具有高的弹性极限、疲劳极限、冲击韧性和良好的热处理性能等。常用的材料有碳素弹簧钢、合金弹簧钢、不锈弹簧钢、铜合金、镍合金和橡胶等。

❸ 空气弹簧

空气弹簧是指用橡胶帘布结构的气囊,以空气为介质,利用空气具有的压缩弹性的性质所制成的弹簧。汽车空气动力悬架系统需要应用空气弹簧,其以空气弹簧为弹性元件,利用空气的可压缩性实现其弹性作用。

空气弹簧是根据橡胶气囊工作时的变形方式,空气弹簧一般分囊式空气弹簧和膜式空气弹簧(图5-51)。囊式空气弹簧由夹有帘线的橡胶制成的气囊和密闭在其中的压缩空气构成。气囊外层由耐油橡胶制成单节或多节,节数越多弹簧越软,节与节之间围有钢质腰环,防止两节之间摩擦。气囊上下盖板将空气封于囊内,其主要靠橡胶气囊的挠曲获得弹性变形。膜式空气弹簧由橡胶片和金属压制件组成,在盖板和底座之间放置一圆柱形橡胶气囊,其主要靠橡胶气囊的卷曲获得弹性变形。囊式空气弹簧寿命较长、制造方便、刚度较大,常用于载货汽车上。膜式空气弹簧尺寸较小、弹性特性曲线更理想、刚度较小,常用于轿车上。

由于空气弹簧只能承受垂直载荷,要传递作用在车轮和车架(或车身)之间的一切力(纵向力和侧向力)和力矩,必须在汽车空气悬架中设计导向机构。

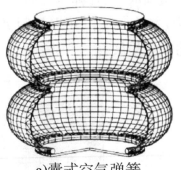 

a)囊式空气弹簧　　　　b)膜式空气弹簧

图 5-51　空气弹簧

(二)弹性连接的功用

❶ 缓冲吸振

缓冲吸振主要用来改善被连接件的工作平稳性。在汽车车架与车轮之间装有弹簧,利用弹簧的弹性来减缓车辆的颠簸,如汽车悬架弹簧(图 5-52)等。

❷ 控制运动

控制运动主要用来适应被连接件的工作位置变化,控制机械的运动,如离合器从动盘的周布弹簧、发动机气门弹簧等(图 5-53)。

气门弹簧
结构形式

图 5-52　汽车悬架弹簧　　　图 5-53　发动机气门弹簧

❸ 储能输能

储能输能主要用来提供被连接件运动所需动力,储存及输出能量作为动力,如钟表弹簧(图 5-54)和枪械中的弹簧等。

❹ 测量载荷

测量载荷主要用来指示被连接件所受外力的大小,用作测力元件,如测力器和弹簧秤中的弹簧(图5-55)等。弹簧的载荷与变形之比称为弹簧刚度,刚度越大,则弹簧越硬。在弹性限度内,弹簧的伸长(或收缩)跟外力成正比。利用弹簧这一性质制成弹簧秤。

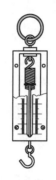

图5-54　钟表弹簧　　　图5-55　弹簧秤中的弹簧

弹簧是机械和电子行业中广泛使用的一种弹性元件,弹簧在受载时能产生较大的弹性变形,把机械功或动能转化为变形能,而卸载后弹簧的变形消失并回复原状,将变形能转化为机械功或动能。

四 联轴器与离合器

(一)联轴器的功用、组成和类型

联轴器是指将轴连接起来并能使两轴正常运转的部件。

1 联轴器的功用

联轴器属于机械通用零部件范畴,用来连接不同机构或部件上的两根轴。

联轴器的用途广泛,一般情况下只要有电动机或减速机就要用联轴器。不同的联轴器有不同的作用。综合各种联轴器,其作用如下:

(1)把原动机和工作机械的轴连接起来并传递转矩;

(2)可以适当补偿两根轴因制造、安装等因素造成的径向、轴向和角向误差;

(3)安全联轴器当发生过载时,联轴器打滑或销子断开,以保护工作机械;

(4)弹性联轴器还有缓冲、减振和提高轴系动态性能的作用。

2 联轴器的组成

如图5-56所示,联轴器由两个半联轴器组成,分别与主动轴和从动轴连接。一般动力机大都借助于联轴器与工作机相连接,是机械产品轴系传动最常用的连接部件。

图 5-56　联轴器的组成

注意：两个半联轴器分别与主动轴和从动轴连接，在机器运转过程中，不能将两轴或轴与回转件拆分，只能在机器停止运转后才可拆卸和将两者分开。

❸ 联轴器的类型

联轴器所连接的两轴，由于制造和安装误差、受载变形等原因，可能产生轴线的轴向、径向、角向或综合偏移，如图 5-57 所示。因此，要求联轴器在传递运动和转矩的同时，还应具有一定范围的补偿轴向偏移、缓冲吸振的能力。因此，将联轴器分为刚性联轴器和挠性联轴器。

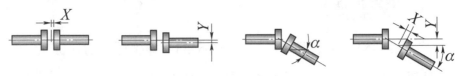

图 5-57　联轴器的可移性

1) 刚性联轴器

刚性联轴器由刚性传力元件组成，不具有缓冲性，但可以传递较大的转矩。刚性联轴器可分为刚性固定式联轴器和刚性可移式联轴器，图 5-58 所示的汽车十字轴刚性万向节就是刚性联轴器。十字轴刚性万向节主要用于两轴中心线交于一点，且两轴具有较大角位移的传动场合。两轴轴线间的夹角 α 的偏移度可达 35°~45°。两轴存在角位移时，主、从动轴的瞬时角速度是不等的。角位移越大，从动轴角速度变化越大，会产生不利于传动的附加动载荷，影响传动的平稳性。为了消除这种现象，十字轴刚性万向节常成对使用。

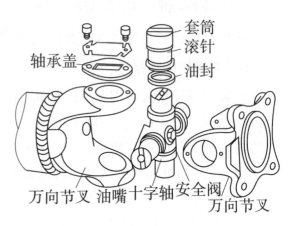

图 5-58　十字轴刚性万向节

（1）刚性固定式联轴器。刚性固定式联轴器不具有补偿被连两轴轴线相对偏移的能力，也不具有缓冲减振性能，主要用于两轴要求严格对中并在工作中不发生相对位移的地方。其结构一般较简单，容易制造，且两轴瞬时转速相同，主要有凸缘联轴器（图 5-59）、套筒联轴器（图 5-60）和夹壳联轴器等。

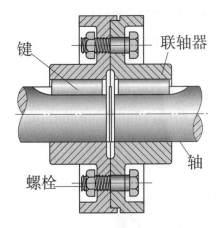
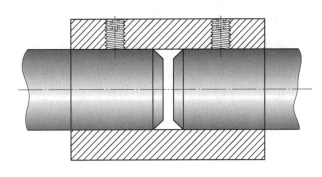

图 5-59　凸缘联轴器　　　　图 5-60　套筒联轴器

（2）刚性可移式联轴器。刚性可移式联轴器是利用联轴器中元件间的滑动来补偿两轴间的相对偏移，其承载能力较大，但缺乏缓冲吸振的能力，主要用于两轴有偏斜或在工作中有相对位移的地方。刚性可移式联轴器利用联轴器工作零件间构成的动连接具有某一方向或几个方向的活动度来补偿，如牙嵌联轴器、十字沟槽联轴器、万向联轴器、齿轮联轴器、链条联轴器等。

①牙嵌式联轴器。牙嵌式联轴器是指主动轮与输出连接盘以矩形牙相嵌的联轴器（图 5-61）。牙嵌联轴器允许轴向位移。

②十字沟槽联轴器。十字沟槽联轴器用来连接平行位移或角位移很小的两根轴（图 5-62）。

图 5-61　牙嵌式联轴器　　　　图 5-62　十字沟槽联轴器

③万向联轴器。万向联轴器用于两轴有较大偏斜角或在工作中有较大角位移的地方。万向联轴器有多种结构形式，如十字轴式（图 5-63）、球笼式、球叉式、凸块式、球销式、球铰式、球铰柱塞式、三销式、三叉杆式、三球销式和铰杆式等，最常用的为十字轴式，其次为球笼式。万向联轴器的共同特点是角向补偿量较大，不同结构形式万向联轴器两轴线夹角不相同，一般为 5°～45°。万向联轴器利用其机构的特点，使两轴不在同一轴线，存在轴线夹角的情况下能实现所连接

的两轴连续回转,并可靠地传递转矩和运动。万向联轴器最大的特点是具有较大的角向补偿能力,结构紧凑,传动效率高。在实际应用中根据所传递转矩大小分为重型、中型、轻型和小型。

④齿轮联轴器。齿轮联轴器是用于连接主轴与减速器的低速轴(图5-64),这种起重配件联轴器能传递的转矩最大,而且能补偿两轴线间的微小误差,允许综合位移,但不能缓和冲击。

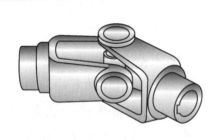

图5-63　万向联轴器　　　　图5-64　齿轮联轴器

⑤链条联轴器。链条联轴器是利用公用的链条,同时与两个齿数相同的并列链轮啮合(图5-65)。不同结构形式的链条联轴器主要区别是采用不同链条,常见的有双排滚子链联轴器、单排滚子链联轴器、齿形链联轴器和尼龙链联轴器等。链条联轴器结构简单(四个件组成),装拆方便,拆卸时不用移动被连接的两轴,尺寸紧凑,质量轻,有一定补偿能力和允许有径向位移,对安装精度要求不高、工作可靠、寿命较长、成本较低。

2)挠性联轴器

挠性联轴器具有一定的补偿被连接两轴轴线相对偏移的能力,最大量随型号不同而不同。它包括无弹性元件的挠性联轴器、非金属弹性元件的挠性联轴器和金属弹性元件的挠性联轴器。图5-66所示为一种挠性联轴器。

图5-65　链条联轴器　　　　图5-66　挠性联轴器

（1）无弹性元件的挠性联轴器，承载能力大，但也不具有缓冲减振性能，在高速或转速不稳定或经常正、反转时，有冲击噪声。其适用于低速、重载、转速平稳的场合。

（2）非金属弹性元件的挠性联轴器，在转速不平稳时有很好的缓冲减振性能。但由于非金属（橡胶、尼龙等）弹性元件强度低、寿命短、承载能力小、不耐高温和低温，故适用于高速、轻载和常温的场合。

（3）金属弹性元件的挠性联轴器，除了具有较好的缓冲减振性能外，承载能力较大，适用于速度和载荷变化较大及高温或低温场合。

（二）联轴器在汽车和汽车维修工具上的应用

图 5-67 十字轴式万向联轴器

在汽车上，常用的联轴器是十字轴式万向联轴器（图 5-67）和球笼式万向联轴器（图 5-68），汽车上联轴器统称为万向节。在转向系统中，由于转向盘与转向器的连接中两轴的中心线不能重合，因此，通常采用双万向联轴器。

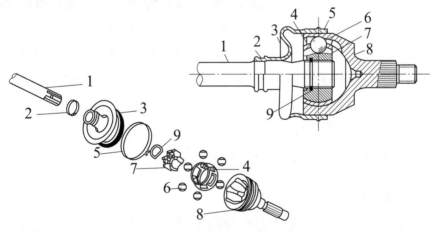

图 5-68 球笼式万向联轴器

1-主动轴；2-钢带箍；3-外罩；4-保持架（也称球笼）；5-夹箍；6-钢球；7-星形套（也称内滚道）；8-球形壳（也称外滚道）；9-卡箍

联轴器原理在汽车维修工具上也大量应用，如汽车万向节通用拉马（图 5-69）和万向节套筒扳手接头（图 5-70）。

（三）联轴器的选择和维护

（1）联轴器与各种不同主机产品配套使用，周围的工作环境比较复杂，是选择联轴器时必须考虑的重要因素之一,如温度、湿度、水、蒸汽、粉尘、砂、油、酸、碱、腐蚀介质、盐水和辐射等状况。对于高温、低温,有油、酸、碱介质的工作环境,不宜选用以一般橡胶为弹性元件材料的挠性联轴器,应选择金属弹性元件挠性联轴器,例如膜片联轴器、蛇形弹簧联轴器等。

图 5-69　汽车万向节通用拉马

图 5-70　万向节套筒扳手接头

(2)联轴器外形尺寸,即最大径向和轴向尺寸,必须在机器设备允许的安装空间以内。应选择装拆方便、不用维护、维护周期长或维护方便、更换易损件不用移动两轴、对中调整容易的联轴器。

(3)大型机器设备调整两轴对中较困难,应选择使用耐久和更换易损件方便的联轴器。金属弹性元件挠性联轴器一般比非金属弹性元件挠性联轴器的使用寿命长。需密封润滑和使用不耐久的联轴器,必然增加维护工作量。对于长期连续运转和经济效益较高的场合,且需经常检查密封状况,加注润滑油或润滑脂,维护工作量大,增加了辅助工时,减少了有效工作时间,影响生产效益。工业发达国家已普通选用使用寿命长、不用润滑和维护的膜片联轴器取代鼓形齿式联轴器,不仅提高了经济效益,还可净化工作环境。

(四)离合器的功用、组成和工作原理

1 离合器的功用

离合器是指把汽车或其他动力机械的牵引动力以开关的方式传递至车轴上的装置。离合器的作用是用来连接不同机构或部件上的两根轴,传递运动和动力,而且在工作过程中可使两轴随时分离或连接的机构。离合器是机械传动中的常用部件,可将传动系统随时分离或接合。

2 离合器的组成

离合器的组成如图 5-71 所示,它主要由主动部分、从动部分、压紧机构和操纵机构四部分组成。主、从动部分和压紧机构是保证离合器处于接合状态并能传动动力,操纵机构主要是使离合器分离。

单元五　汽车常用连接

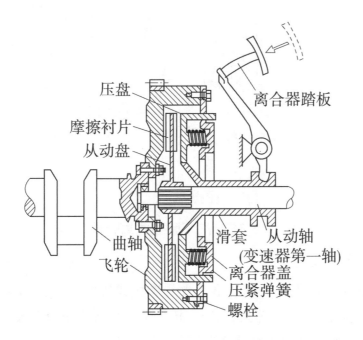

图 5-71　离合器的组成

❸ 离合器的工作原理

离合器的主动部分和从动部分借助接触面之间的摩擦作用或利用磁力传动（电磁离合器）或利用液体作为传动介质（液力耦合器），输出转矩或输入转矩，使主动部分和从动部分可以暂时分离，也可以逐渐接合，在传动过程中主动部分与从动部分还可以相互转动。

以图 5-72 所示的汽车摩擦式离合器为例讲解离合器的工作原理。发动机飞轮是离合器的主动件，带有摩擦片的从动盘和从动毂借滑动花键与从动轴（即变速器的主动轴）相连。压紧弹簧则将从动盘压紧在飞轮端面上。离合器两半部分可以随时分开或随时合上。离合器位于发动机和变速器之间的飞轮壳内，用螺钉将离合器总成固定在飞轮的后平面上，离合器的输出轴就是变速器的输入轴。在汽车行驶过程中，驾驶人可根据需要踩下或松开离合器踏板，使发动机与变速器暂时分离和逐渐接合，以切断或传递发动机向变速器输入的动力。具体情况是：飞轮旋转时，踩下离合器踏板，摩擦盘与压盘分离，动力不能通过摩擦盘传给变速器输入轴，动力断开；松开离合器踏板，摩擦盘与压板接合，动力通过摩擦盘传给变速器输入轴。

离合器的主动件与从动件之间不可采用刚性连接。任何形式的汽车都有离合装置，只是形式不同而已。

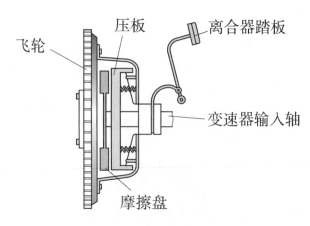

图 5-72　汽车摩擦式离合器

(五) 离合器的类型

根据工作原理不同,离合器有嵌入式和摩擦式等类型,它们分别利用牙的啮合、接触表面之间的摩擦力等来传递转矩。汽车上自动变速器换挡执行机构是利用接触表面之间的摩擦力来传递转矩。

摩擦式离合器可分为湿式和干式两种。按其从动盘的数目,又可分为单盘式、双盘式和多盘式等。与手动变速器相配合的绝大多数离合器为干式摩擦式离合器。

汽车上应用的离合器,有的是用弹簧压紧的摩擦离合器,常用的有膜片弹簧离合器和周布弹簧离合器;有的是用液体作为传动介质,称为液力耦合器;有的利用磁力传动,称为电磁离合器。

1 摩擦式离合器

摩擦式离合器是历史最久也是应用最广的一类离合器。在分离过程中,踩下离合器踏板,在自由行程内首先消除离合器的自由间隙,然后在工作行程内产生分离间隙,使离合器分离。在接合过程中,逐渐松开离合器踏板,压盘在压紧弹簧的作用下向前移动,首先消除分离间隙,并在压盘、从动盘和飞轮工作表面上作用足够的压紧力;之后分离轴承在复位弹簧的作用下向后移动,产生自由间隙,离合器接合。

(1) 膜片弹簧离合器。如图 5-73 所示,膜片弹簧离合器是用膜片弹簧代替了一般螺旋弹簧及分离杆机构而制成的离合器。因为膜片弹簧布置在中央,所以也可称作中央弹簧离合器。膜片弹簧是一个用薄弹簧钢板制成的带有一定锥度、中心部分开有许多均布径向槽的圆锥形弹簧片。膜片弹簧是碟形弹簧的一种，由碟簧部分和分离指部分组成。

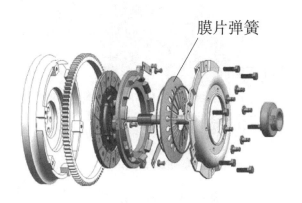

图 5-73　膜片弹簧离合器

膜片弹簧离合器的主动部分、从动部分和压紧机构都安装于发动机飞轮壳内。

（2）周布弹簧离合器。如图 5-74 所示，周布弹簧离合器的压紧弹簧是采用圆柱螺旋弹簧并均匀布置在一个圆周上。有的重型汽车将压紧弹簧布置在同心的两个圆周上。周布弹簧离合器与膜片弹簧离合器原理一样，都是依靠摩擦力来传递转矩，只是压紧力由螺旋弹簧提供。

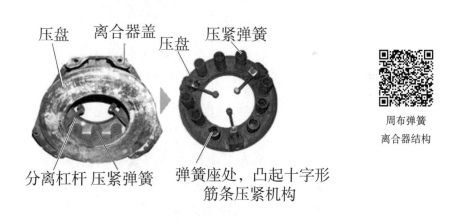

图 5-74　周布弹簧离合器

2　液力耦合器

如图 5-75 所示，液力耦合器靠工作液传递转矩，其外壳与泵轮连为一体，是主动件，涡轮与泵轮相对，是从动件。当泵轮转速较低时，不能带动涡轮，主动件与从动件之间处于分离状态。随着泵轮转速提高，涡轮被带动，主动件与从动件之间处于接合状态。

图 5-75 液力耦合器

❸ 电磁离合器

电磁离合器是指靠线圈的通、断电来控制离合器的接合与分离的装置。图 5-76 所示为电磁摩擦离合器结构图。

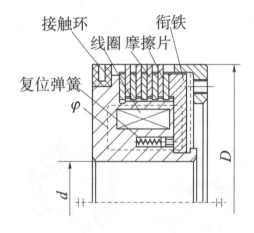

图 5-76 电磁摩擦离合器结构图

电磁离合器可分为干式单片电磁离合器、干式多片电磁离合器、湿式多片电磁离合器、磁粉离合器和转差式电磁离合器等。

(1) 干式单片电磁离合器。干式单片电磁离合器线圈通电时产生磁力吸合"衔铁"片，离合器处于接合状态；线圈断电时"衔铁"弹回，离合器处于分离状态。

(2) 干式多片、湿式多片电磁离合器。干式多片、湿式多片电磁离合器原理：干式单片电磁离合器，另外增加几个摩擦副，同等体积转矩比干式单片电磁离合器大；湿式多片电磁离合器工作时必须有油液或其他冷却液冷却。

汽车空调电磁离合器（图 5-77）、汽车电磁风扇离合器（图 5-78）使用的就是各类电磁离合器。

图 5-77　汽车空调电磁离合器　　　　图 5-78　汽车电磁风扇离合器

（六）对汽车离合器的要求

对汽车离合器的基本要求有：

(1) 接合平稳，分离迅速而彻底；

(2) 调节和修理方便；

(3) 外廓尺寸小；

(4) 质量小；

(5) 耐磨性好和有足够的散热能力；

(6) 操作方便省力。

（七）典型汽车离合器工作过程

图 5-79 所示为膜片弹簧式离合器工作过程示意图。其工作可分为工作、分离和接合三个过程。

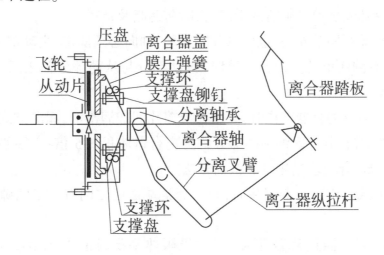

膜片弹簧离合器

图 5-79　膜片弹簧式离合器工作过程示意图

❶ 工作过程

利用膜片弹簧装入离合器盖与压盘之间时,使之产生预压缩变形所形成的对压盘的压力使离合器的主、从动部分压紧,即离合器处于接合状态。发动机动力通过与曲轴连为一体的飞轮、离合器盖和压盘传给从动盘,随后又经从动盘花键轴套输送给变速器的输入轴。此过程的工作特点是离合器主、从动部分传递的转矩、转速相同,主、从动部分之间没有转速差,没有滑磨。

❷ 分离过程

驾驶人踩下离合器踏板,踏板左移,推杆左移,通过主缸、工作缸推动膜片弹簧分离板左移。受此影响,膜片弹簧又以固定在离合器盖上的支撑销为支点使大端向右移动,同时,经分离板的作用拉压盘右移,最终达到从动盘与飞轮、压盘之间各存有一间隙,离合器实现分离。至此,离合器分离过程结束。

离合器分离过程的工作特点是:分离后发动机的动力与运动不能传给从动盘,主动部分仍然与发动机转速保持同步,而从动部分则迅速降低。

❸ 接合过程

驾驶人松开离合器踏板,在复位弹簧作用下离合器踏板恢复到原位,同时带动推杆和分离轴承复位,即接合过程操纵机构的移动是分离过程的逆过程。当分离轴承与膜片弹簧分离板之间出现预留间隙和膜片弹簧重新将压盘压紧在从动盘上之后,接合过程结束,离合器恢复传递动力功能。

(八)汽车离合器的安装和使用

(1)离合器安装前必须清洗干净,去除防锈脂及杂物。

(2)离合器可同轴安装,也可以分轴安装,轴向必须固定,主动部分与从动部分均不允许有轴向窜动。分轴安装时,主动部分与从动部分轴之间同轴度应不大于0.1mm。

(3)湿式电磁离合器工作时,必须在摩擦片间加润滑油,润滑方式:①分浇油润滑;②油浴润滑,其浸入油中的部分约为离合器体积的5倍;③轴心供油润滑,在高速和高频动作时应采用轴心供油方法。

(4)牙嵌式电磁离合器安装时,必须保证端面齿之间有一定间隙,使空转时无磨齿现象。

(5)电磁离合器正常温升为40℃,极限热平衡时的工作温度不允许超过100℃。否则,线圈与摩擦部分容易发生破坏。

(6)驾驶人在操纵离合器时,应接合平顺柔和,以保证汽车平稳起步;分离迅速彻底,便于换挡和发动机起动。

(九)汽车离合器操作要领

图 5-80 所示为离合器踏板操作。抬起离合器踏板时,要遵循"一快、二慢、三联动"的操作原则。起步时,踩离合器踏板动作要利落,一脚到底,使离合器彻底分离。

离合器踏板

图 5-80 离合器踏板操作

所谓"一快、二慢、三联动",就是离合器踏板抬起的过程分三个阶段。一开始快抬,当感觉到离合器压盘逐渐接合至半联动后,踏板抬起的速度开始放慢,在半联动到完全接合的过程中,离合器踏板是慢慢抬起的。在离合器踏板抬起的同时,应根据发动机动力的大小,逐渐再把加速踏板踩下去,使汽车能平稳地起步。节气门的操作要平稳适当,只有在离合器完全接合时才能增大节气门。

单元小结

(1)常用的键连接有平键连接、半圆键连接、楔键连接、切向键连接和花键连接。

(2)平键的两侧面是工作面,上表面与轮毂上的键槽底部之间留有间隙,键的上、下面为非工作面;半圆键呈半圆形,其侧面为工作面,楔键的上下表面是工作面。

(3)根据不同形状可以将销分成两类:圆柱销和圆锥销。按作用不同分为定位销、连接销、安全销。

(4)特殊形式的销有带螺纹的销、槽销、开尾圆锥销、弹性圆柱销和开口销等。

(5)螺纹是在圆柱或圆锥外表面上沿着螺旋线所形成的具有规定牙型的连续凸起。螺纹的基本要素包括:牙型、大径、中径、小径、螺距、导程、线数、旋向等。

(6)只有牙型、大径、螺距、线数和旋向这五个要素都相同的内、外螺纹才能相互旋合。螺纹按形成位置可分为内螺纹和外螺纹;按标准化程度可分为标准螺纹、特殊螺纹和非标准螺纹;按作用可以分为连接螺纹和传动螺纹。

(7)螺纹连接预紧目的是防止螺栓出现隙缝和滑移,以提高的紧密性、可靠性和防松能力,保持正常工作。

(8)螺纹防松的方法很多,按其工作原理,可分为摩擦防松、锁住防松和不可拆防松。

(9)拧紧力矩可通过指针式扭力扳手或可调式扭力扳手来控制。

(10)拆装螺纹使用的工具有手动和机动两类。手动工具主要有固定扳手(梅花)、活扳手、套筒扳手、螺钉旋具等;机动工具按动力源分,有电动式、气动式和液压式三种类型。

(11)拆装工具使用原则:能用固定扳手的则不用活扳手,能用梅花扳手的则不用固定扳手,能用套筒扳手的则不用固定扳手。

(12)依靠弹性零件实现被连接件在有限相对运动时仍保持固定联系的动连接,称为弹性连接。

(13)弹簧是最常用的弹性零件,为满足弹性连接的各种要求,弹簧有拉伸弹簧、压缩弹簧和扭转弹簧等。

(14)联轴器的功用是用来连接不同机构或部件上的两根轴,传递运动和动力且在工作过程中始终处于连接状态。

(15)联轴器分为刚性联轴器和挠性联轴器。

(16)离合器的作用是用来连接不同机构或部件上的两根轴,传递运动和动力,而且在工作过程中可使两轴随时分离或连接的机构。

(17)根据工作原理不同,离合器有嵌入式和摩擦式等类型,它们分别利用牙的啮合、接触表面之间的摩擦力等来传递转矩。

思考与练习

(一)填空题

1.键连接主要用来连接_____和_____,实现周向固定并传递转矩。

2.平键的_____为工作面,半圆键的_____为工作面,楔键的_____为工作面,切向键的_____为工作面。

3.普通平键按键的端部形状不同分为_____、_____、_____。

4.根据销的形状不同,可以将其分为_____和_____两种基本类型。其中_____销应用最为广泛。

5.按销的作用不同,销的类型可分为_____、_____、_____。

6.在螺纹连接的防松方法中,开口销与槽形螺母属于_____。

7. 相邻两牙在中径线上对应两点间的轴向距离称为_____;同一螺旋线上的相邻两牙在中径线上对应两点间的轴向距离称为_____。

8. 联轴器按缓冲性分为_____和_____。

9. 联轴器和离合器是用来连接两轴,使其一同转动并_____的装置。

(二)选择题

1. 常用的松键连接有(　　)两种。
 A. 普通平键和半圆键　　　　　B. 普通平键和普通楔键
 C. 滑键和切向键　　　　　　　D. 楔键和切向键

2. 键的长度主要是根据(　　)来选择。
 A. 传递转矩的大小　　　　　　B. 传递功率的大小
 C. 轮毂的长度　　　　　　　　D. 轴的直径

3. 若使不通孔连接装拆方便,应当选用(　　)。
 A. 普通圆柱销　　　　　　　　B. 内螺纹圆锥销
 C. 普通圆锥销　　　　　　　　D. 开口销

4. 在螺纹连接的防松方法中,开口销与槽形螺母属于(　　)防松。
 A. 机械　　　　B. 摩擦　　　　C. 永久

5. 常见的连接螺纹是(　　)。
 A. 左旋单线　　B. 右旋双线　　C. 右旋单线　　D. 左旋双线

6. 螺栓连接是一种(　　)。
 A. 可拆连接
 B. 不可拆连接
 C. 具有防松装置的为不可拆连接,否则为可拆连接
 D. 具有自锁性能的为不可拆连接,否则为可拆连接

7. 十字轴万向联轴器之所以要成对使用,是为了解决被连接两轴间(　　)的问题。
 A. 径向偏移量大　B. 轴向偏移量大　C. 角度偏移量大　D. 角速度不同步

8. 如果被连接两轴间有较大的角位移,那么应该选择(　　)。
 A. 凸缘联轴器　　　　　　　　B. 万向联轴器
 C. 弹性套柱销联轴器　　　　　D. 滑块联轴器

9. 下列不属于离合器作用的是(　　)。
 A. 保证汽车平稳起步　　　　　B. 保证换挡顺利
 C. 防止过载　　　　　　　　　D. 提高发动机动力性

10. 下列部件能使两轴在回转过程中平顺接合的是(　　)。
　　A. 凸缘联轴器　　B. 牙嵌离合器　　C. 摩擦片离合器　　D. 滑块联轴器
11. 制动器是利用(　　)降低机器运动部件的转速或使其停止回转。
　　A. 摩擦　　　　　B. 摩擦阻力　　　C. 摩擦阻力矩
12. 用于制造制动器的材料有(　　)。
　　A. 碳素钢　　　　B. 铸铁　　　　　C. 合金钢
13. 下列零件起防松作用的是(　　)。
　　A. 螺栓　　　　　B. 螺钉　　　　　C. 弹簧垫圈　　　　D. 双头螺柱
14. 下列防松措施不是依靠摩擦力防松的是(　　)。
　　A. 端面冲点　　　B. 弹簧垫圈　　　C. 对顶螺母　　　　D. 弹性圈螺母
15. 紧键连接主要是使轴与轮毂之间(　　)。
　　A. 沿轴向固定并传递轴向力　　　　B. 沿轴向可作相对滑动
　　C. 沿周向固定并传递转矩　　　　　D. 安装及拆卸方便
16. 半圆键连接的主要优点是(　　)。
　　A. 对轴的削弱不大　　　　　　　　B. 键槽的应力集中小
　　C. 能传递较大转矩　　　　　　　　D. 适用于锥形轴头与轮毂的连接
17. 在螺栓连接中,采用弹簧垫圈防松是(　　)。
　　A. 摩擦防松　　　B. 机械防松　　　C. 冲边防松　　　　D. 黏结防松

(三) 判断题

1. 键是标准零件。　　　　　　　　　　　　　　　　　　　　　　　　(　　)
2. 花键连接工作面为齿侧面,齿数多,工作面积大故承载能力较低。(　　)
3. 弹簧垫圈和双螺母都属于利用机械防松。　　　　　　　　　　　　　(　　)
4. 圆柱销是靠微量过盈固定在销孔中,经常拆卸也不会降低定位精度和连接的可靠性。　　　　　　　　　　　　　　　　　　　　　　　　　　　(　　)
5. 在螺纹牙型上,相邻两个牙侧面的夹角称为牙型角,用α表示。(　　)
6. 顺时针旋转时旋入的螺纹是左旋螺纹;逆时针旋转时旋入的螺纹是右旋螺纹,汽车上常用右旋螺纹。　　　　　　　　　　　　　　　　　　(　　)
7. 只有牙型、大径、线数、旋向相同的内外螺纹才能相互旋合。(　　)
8. 多片式离合器对两轴之间的分离或接合,都是在停止转动的条件下进行。
　　　　　　　　　　　　　　　　　　　　　　　　　　　　　　　　(　　)
9. 联轴器和离合器在连接和传动作用上是相同的。　　　　　　　　　(　　)
10. 离合器在机器运转过程中可随时将两轴接合或分离,而联轴器只能在机

器停止运转后才能将两轴接合或分离。　　　　　　　　　　　（　　）

11. 螺栓连接用于通孔连接件间的连接,损坏后易更换。　　　（　　）

12. 为保证连接的可靠性,在用螺栓连接时要给予足够大的预紧力,预紧力越大越安全。　　　　　　　　　　　　　　　　　　　　　　（　　）

13. 花键连接属于动连接,所以间隙应当留得大一些。　　　　（　　）

14. 细牙螺纹比粗牙螺纹更有利于防松。　　　　　　　　　　（　　）

(四)简答题

1. 键的主要作用是什么?

2. 与普通平键相比,花键的优点有哪些?

3. 销连接的类型有哪些?

4. 如何控制预紧力的大小?

5. 螺纹连接的防松措施有哪些?

6. 螺纹件拆装要领及注意事项有哪些?

7. 什么是弹性连接? 弹性连接的功用有哪些?

8. 联轴器的功用是什么?

9. 离合器的功用是什么?

单元六　汽车支承零部件

 学习目标

1. 叙述轴的作用和分类、滑动轴承组成和特点、滑动轴承的类型、滚动轴承的组成和特点、滚动轴承的类型和代号；
2. 知道轴的结构和轴的磨损分析、滑动轴承失效形式，知道滑动轴承的润滑、安装和维护，知道滚动轴承的失效形式；
3. 识别滚动轴承代号；
4. 正确完成轴、滑动轴承和滚动轴承的拆装。

 建议课时

4 课时。

 一　轴

（一）轴的作用和分类

1 轴的定义

轴是指穿在轴承中间或车轮中间或齿轮中间的圆柱形物件，如图 6-1 所示。轴一般为金属圆杆状，各段可以有不同的直径。轴是组成机械的重要零件,也是机械加工中常见的典型零件之一。轴类零件是旋转零件,其长度大于直径,由外圆柱面、圆锥面、内孔、螺纹及相应端面所组成。加工表面通常除了内外圆表面、圆锥面、螺纹、端面外,还有花键、键槽、横向孔、沟槽等。

图6-1 轴

❷ 轴的作用

轴是机械设备中重要的零件之一,轴的主要作用是直接支承回转零件,如带轮、齿轮及车轮,实现回转运动以传递运动、转矩或弯矩的机械零件。机器中作回转运动的零件就装在轴上。它支承着其他转动件回转并传递转矩,同时又通过轴承与机器的机架连接。

❸ 轴的分类

(1)按照轴的轴线形状不同,轴可以分为直轴、曲轴和钢丝软轴。

①直轴。直轴是指轴上各段的轴心线重合为一根直线的轴。图6-2所示发动机配气机构凸轮轴属于直轴。

②曲轴。曲轴是指轴上各段的轴心线不相重合的轴。图6-3所示发动机曲轴,是发动机用于往复运动和旋转运动相互转换的零件。

图6-2 发动机配气机构凸轮轴

图6-3 发动机曲轴

③钢丝软轴。钢丝软轴是指轴心线可以弯曲的轴。它可以把运动灵活地传到空间任何位置。图6-4所示为钢丝软轴。

(2)按承受载荷性质分,轴可分为心轴、转轴和传动轴三类。

①心轴。心轴是指工作时用来支承回转零件,只承受弯曲作用而不传递动力的轴。如发动机上的活塞销轴(图6-5)及摇臂轴等。有些心轴转动,如铁路车辆的轴等,有些心轴则不转动,如支承滑轮的轴等。

②转轴。转轴是指既支承回转零件又传递动力,同时承受弯曲和扭转两种作用的轴。转轴是机械中最常见的轴,如各种减速器中的轴。图6-6所示的半轴即为转轴。轴的扭转变形要影响机器的性能和工作精度,如内燃机凸轮轴的扭

转角过大,会影响气门的正确启闭时间。对有发生扭转振动危险的轴及操纵系统中的轴,都需要有较大的扭转刚度。

图 6-4　钢丝软轴

图 6-5　活塞销轴

③传动轴。传动轴是指工作时用来传递动力,只承受扭转作用而不受弯曲作用或弯曲作用很小的轴。图 6-7 所示为汽车传动轴。

图 6-6　半轴

图 6-7　汽车传动轴

(3)按轴的形状分,轴可分为光轴、阶梯轴、实心轴和空心轴。

①光轴。光轴是指外径相同的轴,如图 6-8 所示。光轴是机器中经常遇到的典型零件之一,主要用来支承转动零部件,传递转矩和承受载荷。

②阶梯轴。阶梯轴是指不同外径组成有台肩的轴,如图 6-9 所示。阶梯轴的断面形状为中间粗两端细,不仅便于轴上零件的定位、固定和装拆,也有利于各个轴段达到或接近等强度,还能满足不同轴段的不同配合特性、精度和表面粗糙度的要求。

图 6-8　光轴

图 6-9　阶梯轴

③实心轴。实心轴是指轴心有材料的轴,如图 6-10 所示。

④空心轴。在轴体的中心制有一通孔,并在通孔内开有内键槽,轴体的外表面加工有阶梯形圆柱,并开有外键槽,即为空心轴,如图 6-11 所示。该轴的中心

通孔与通过内腔的主轴套接,输入动力通过轴体外表面上的圆柱上安装的传动齿轮带动该轴而直接传递给通过内腔的主轴。

图 6-10　实心轴　　　　　图 6-11　空心轴

(4)按刚柔性分,轴可分为硬轴和软轴。

①硬轴(图 6-12)。硬轴属于刚性轴。硬轴是经过表面高频淬火的,表面硬度一般为 60HRC 左右。硬轴适合与直线轴承配合使用。

②软轴(图 6-13)。软轴属于挠性轴。软轴是没有经过高频淬火的,硬度一般为 200~300HB,相当于 25HRC 左右。

图 6-12　硬轴　　　　　图 6-13　软轴

(二)轴的结构

1 轴的结构要求

(1)安装在轴上的零件要固定可靠。

(2)轴的结构应便于加工和尽量减少应力集中。

(3)轴上的零件要便于安装和拆卸。

2 轴的组成

轴的结构

轴主要由轴头、轴颈和轴身三部分组成,如图 6-14 所示。安装毂的部分称为轴头,轴上被支承的部分称为轴颈,连接轴头和轴颈的部分称为轴身。

工程上一般采用阶梯轴,阶梯轴的各个阶台均有其作用,因此,轴的结构多种多样,没有标准的形式。

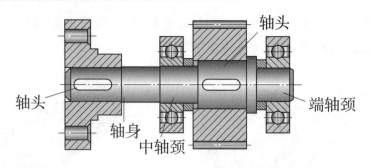

图 6-14　轴的组成

3 轴上零件的定位

为了确保轴能支承轴上零件并传递运动和转矩,轴上的零件相对于轴沿轴线方向不能移动,沿圆周方向不能有相对转动,否则,会加剧轴和零件的磨损,严重时引起零件的损坏、断裂。所以,轴上零件要进行轴向和周向定位。

1) 轴上零件的轴向定位

轴上零件的轴向定位目的是保证零件在轴上有确定的轴向位置,承受轴向力,防止零件轴向窜动。

常用以下几种方式进行轴向定位。

(1) 轴环、轴肩定位(图 6-15)。这种定位方式结构简单,定位可靠,可承受较大的轴向力,主要应用于带轮、齿轮、轴承等的轴向定位。

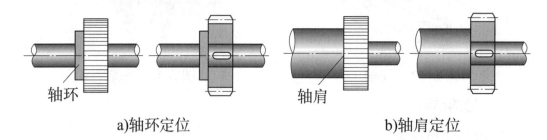

a) 轴环定位　　　　　　　　　b) 轴肩定位

图 6-15　轴环、轴肩定位

(2) 轴套定位(图 6-16)。轴套定位轴上不需开槽、钻孔、车螺纹,结构简单、定位可靠,一般用于两相邻零件沿轴向的双向固定。

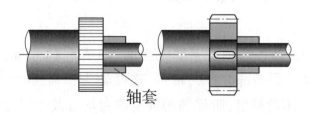

图 6-16　轴套定位

(3) 圆螺母定位(图6-17)。一般与轴肩、轴环等配合使用,可承受较大的轴向力。但由于切制螺纹使轴的疲劳强度下降,常用于轴的中部和端部。

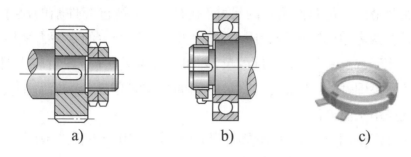

图 6-17　圆螺母定位

(4) 轴端挡圈和圆锥面定位(图6-18)。常用于轴端,使轴端零件获得轴向定位或双向定位。其结构简单,拆装方便,多用于轴的同心度要求较高或轴受振动的场合。

(5) 弹性挡圈定位(图6-19)。弹性挡圈的结构简单、紧凑、拆装方便。

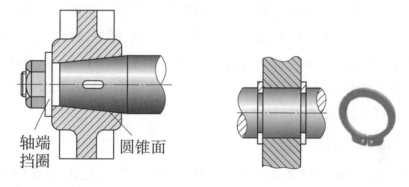

图 6-18　轴端挡圈和圆锥面定位　　图 6-19　弹性挡圈定位

2) 轴上零件的周向定位

轴上零件周向定位的目的是传递转矩,防止零件与轴产生相对转动。常用的方法是键连接定位和过盈配合定位。

(1) 键连接定位(图6-20)。采用键连接作为轴上零件周向固定的应用最为广泛,通常有平键、半圆键及花键等。

键是标准零件,除了用来实现轴上零件周向定位外,还能实现轴上零件的轴向固定或轴向移动的导向。

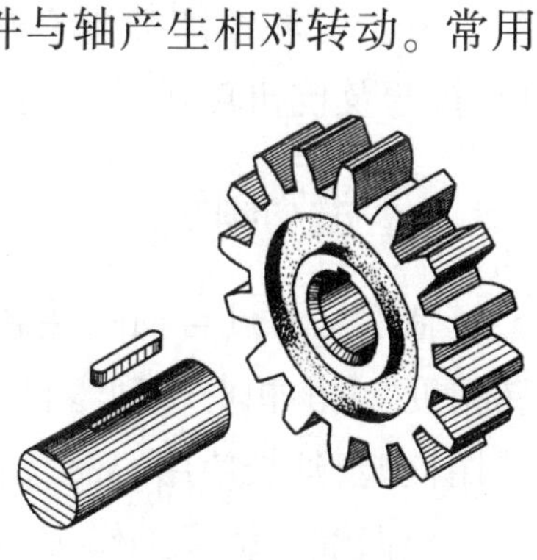

(2) 过盈配合定位。过盈配合定位是利用轴

图 6-20　键连接定位

与零件轮毂之间的过盈来达到定位或固定的目的。过盈配合定位通常采用圆柱面。

过盈配合是由于包容件轮毂的尺寸(孔径)小于被包容件轴的尺寸(轴颈直径),装配后在两者之间产生较大压力,通过此压力所产生的摩擦力来传递转矩。

常用的装配方式有压入法(过盈量不大时)和温差法(过盈量较大时,加热包围件或冷却被包围件)。汽缸套与汽缸之间的装配采用压入法,活塞与活塞销之间的装配就采用了温差法。

过盈配合定位固定可靠,但拆卸和装配困难,适用于不拆卸或不常拆卸零件的连接,如发动机飞轮和起动齿圈的连接。

(3)其他定位方法。采用圆锥销定位或紧定螺钉定位,可进行轴向与周向两个方向的固定,但只能传递较小的力。

(三)轴的磨损分析

轴类磨损是轴使用过程中最为常见的问题。轴类零件出现磨损的原因有很多,但是最主要的原因就是用来制造轴的金属特性决定的。金属虽然硬度高,但是塑性差,抗冲击性能较差,抗疲劳性能差,因此,容易造成黏着磨损、磨料磨损、疲劳磨损、微动磨损等。大部分的轴类零件磨损不易察觉,只有出现机器高温、跳动幅度大和异响等情况时,才会引起人们的察觉。到人们发觉时,大部分轴都已磨损,从而造成机器停机。

(四)轴类零件的毛坯

常见轴类零件的毛坯有型材(圆棒料)和锻件。大型的、外形结构复杂的轴也可采用铸件。内燃机中的曲轴一般均采用铸件毛坯。

型材毛坯分热轧或冷拉棒料,均适合于光滑轴或直径相差不大的阶梯轴。

锻件毛坯经加热锻打后,金属内部纤维组织沿表面分布,因而有较高的抗拉、抗弯及抗扭转强度,一般用于重要的轴。

二 滑动轴承

轴承是通过与轴颈接触,支承轴及轴上零件的重要部件。它能保持轴的旋转精度,减少相对转动零件之间的摩擦和磨损。合理选择和使用轴承对机器的使用性能、延长使用寿命有着十分重要的意义。

根据轴与轴承工作表面间的摩擦性质不同,轴承可分为滑动轴承和滚动轴承两大类。

(一)滑动轴承的组成和特点

滑动轴承是指轴与轴承工作表面只存在滑动摩擦的轴承。发动机内很多部位均应用了滑动轴承。

1 滑动轴承的组成

滑动轴承主要由滑动轴承座、轴瓦或轴套组成,如图 6-21 所示。装有轴瓦或轴套的壳体称为滑动轴承座。与轴颈相配的对开式零件称为轴瓦。为了改善轴瓦表面的摩擦性质而在其内表面上浇铸的减摩材料层称为轴承衬。与轴颈相配的圆筒形整体零件称为轴套。

a)滑动轴承座

b)轴瓦

c)轴套

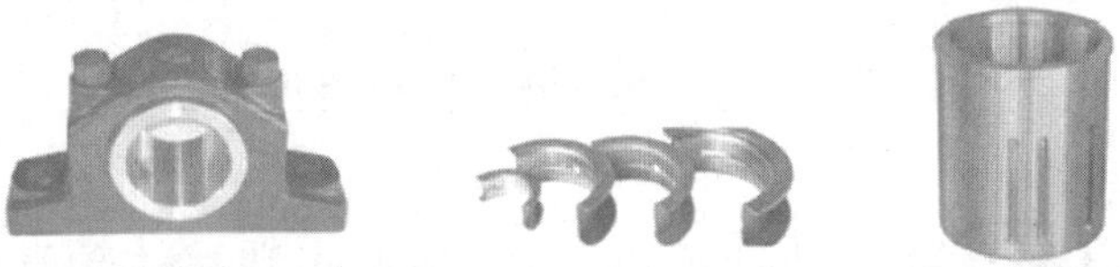

图 6-21　滑动轴承组成

2 滑动轴承的特点

滑动轴承主要有以下工作特点。

(1)滑动轴承与轴之间接触面积较大,可承受较大压力和较高转速。

(2)滑动轴承与轴之间配合紧密,易于实现液体动力摩擦,转动平稳,无噪声,耐冲击。

(3)在液体润滑条件下,滑动表面被润滑油分开而不发生直接接触,还可以大大减小摩擦损失和表面磨损,油膜还具有一定的吸振能力。

(4)传动精密,径向尺寸小。

(5)整体式滑动轴承的拆装不方便,磨损后的轴承径向间隙无法调整,只有更换。

(6)起动摩擦阻力较大。

(二)滑动轴承的类型

根据所受载荷方向不同,滑动轴承可以分为径向滑动轴承(承受径向载荷)、止推滑动轴承(承受轴向载荷)和径向止推滑动轴承(同时承受轴向和径向)三种,如图 6-22 所示。

1 径向滑动轴承

径向滑动轴承也称向心滑动轴承,用于承受沿轴承直径方向的载荷。径向滑动轴承按结构不同,又分为整体式滑动轴承和剖分式滑动轴承。

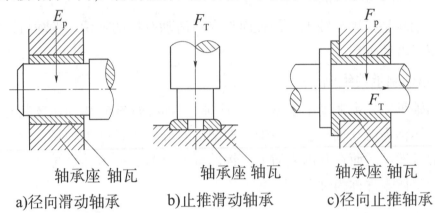

a)径向滑动轴承　　b)止推滑动轴承　　c)径向止推轴承

图 6-22　滑动轴承的类型

1)整体式滑动轴承

图 6-23 所示为整体式滑动轴承,它是由轴承座和整体轴套组成。滑动轴承座孔中压入具有减摩特性的材料制成的轴套,并用紧定螺钉固定。这种轴承优点是结构简单,价格低廉,适用于轻载、低速或间歇工作的场合。缺点是轴颈只能从端部装入,安装和检修不方便,而且轴承磨损后不能调整,只能更换轴套。

2)剖分式滑动轴承

剖分式滑动轴承主要由轴瓦、轴承盖、轴承座、螺栓和垫片组成,如图 6-24 所示。剖分式滑动轴承的优点是拆装方便而且能调整间隙,因此应用很广,如发动机曲轴轴承等。

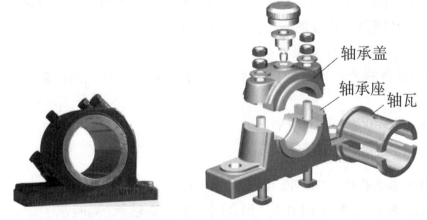

图 6-23　整体式滑动轴承　　　图 6-24　剖分式滑动轴承

2 推力滑动轴承

推力滑动轴承用于承受轴向载荷,防止轴的轴向移动,如图 6-25 所示。两摩擦表面完全被流体膜隔开的推力轴承分为流体动压推力轴承和流体静压推力轴承,适用于高、中速运行。两摩擦表面不能完全被流体膜隔开的推力轴承在边界润滑下工作,只适用于低速运行。

图6-25 推力滑动轴承

3 径向推力滑动轴承

径向推力滑动轴承用于承受径向和轴向载荷,防止轴的径向和轴向移动。

(三)滑动轴承材料

轴瓦和轴承衬的材料统称为滑动轴承材料。常用的滑动轴承材料有轴承合金(又称巴氏合金或白合金)、耐磨铸铁、铜基和铝基合金、粉末冶金材料、塑料、橡胶、硬木和碳-石墨、聚四氟乙烯(特氟龙、PTFE)和改性聚甲醛(POM)等。

滑动轴承工作时发生的是滑动摩擦;滚动摩擦力的大小主要取决于制造精度;而滑动轴承摩擦力的大小主要取决于轴承滑动面的材料。滑动轴承一般工作面均具有自润滑功能。滑动轴承按材料分为非金属滑动轴承和金属滑动轴承。

非金属滑动轴承主要以塑料轴承为主。塑料轴承一般都是采用性能比较好的工程塑料制成。

金属滑动轴承目前使用最多的就是三层复合轴承,这种轴承一般都是以碳钢板为基板,通过烧结技术在钢板上先烧结一层球形铜粉,然后再在铜粉层上烧结一层约0.03mm的PTFE润滑剂。

(四)滑动轴承的失效形式

1 磨粒磨损

磨粒磨损是指由外界硬质颗粒或硬表面的微峰在摩擦副接触面相对运动过程中引起表面擦伤与表面材料脱落的现象,其特征是在摩擦副接触面沿滑动方向形成划痕。进入轴承间隙的硬颗粒有的随轴一起转动,对轴承表面起研磨作用。图6-26所示为滑动轴承的磨粒磨损。

2 刮伤

与轴颈一起运动的硬颗粒,在与摩擦表面接触时,硬颗粒在轴瓦表面上会划出线状伤痕,称为刮伤。刮伤会导致摩擦副表面粗糙化,从而,降低了润滑油膜的承载能力,并且,会形成新的可以刮伤摩擦表面的硬颗粒,从而造成恶性循环。

图6-27所示为滑动轴承的刮伤。

图6-26　滑动轴承的磨粒磨损

图6-27　滑动轴承的刮伤

❸ 胶合

胶合也称为烧瓦。当轴承温升过高,载荷过大,润滑油膜破裂时;或在润滑油供应不足的条件下,轴颈和轴承的相对运动表面材料发生黏附和迁移。胶合会造成轴承损坏,有时甚至导致轴颈和轴承的相对运动中止。图6-28所示为滑动轴承的胶合。

❹ 疲劳剥落

在载荷的反复作用下,轴承表面出现与滑动方向垂直的疲劳裂纹,扩展后造成轴承材料剥落。图6-29所示为滑动轴承的疲劳剥落。

图6-28　滑动轴承的胶合　　图6-29　滑动轴承的疲劳剥落

❺ 腐蚀

润滑剂在使用中不断氧化,所生成的酸性物质对轴承材料产生腐蚀,易形成点状剥落。图6-30所示为滑动轴承的腐蚀。

对于中速运转的轴承,其主要失效形式是疲劳剥落。对于高速轴承,由于发热大,常产生过度磨损和烧伤,为避免轴承产生失效,应限制其转速不超过极限值。对于不转动或转速极低的轴承,其主要的失效形式是产生过大的塑性变形。从实际汽修企业统计的汽车用滑动轴承故

图6-30　滑动轴承的腐蚀

障原因的平均比率来看,因不干净或由异物进入而导致滑动轴承的失效比率较大。

（五）滑动轴承的润滑、安装和维护

1 滑动轴承的润滑

滑动轴承的润滑是为了减少工作表面之间的摩擦与磨损,同时起冷却、散热、防锈蚀及减振的作用。润滑剂分为润滑油、润滑脂和固体润滑剂。

滑动轴承的润滑方式可分为间歇供油和连续供油两类。常见的润滑方式见表6-1。

滑动轴承的润滑方式　　　　　　　　　表6-1

	旋盖式油杯	压配式压注油杯	针阀式注油油杯
间歇供油	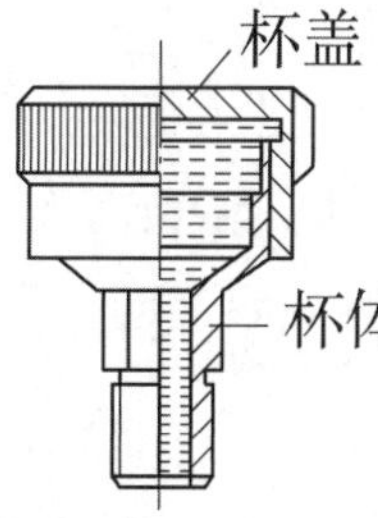 杯盖／杯体	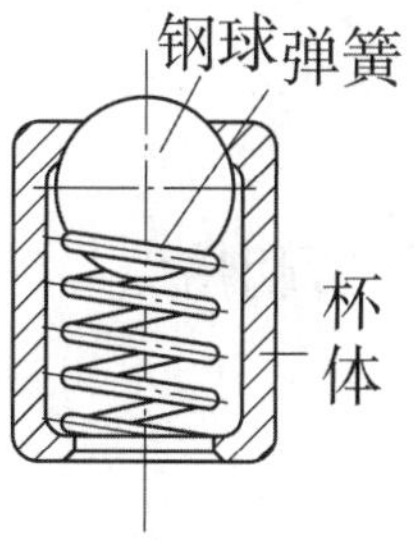 钢球弹簧／杯体	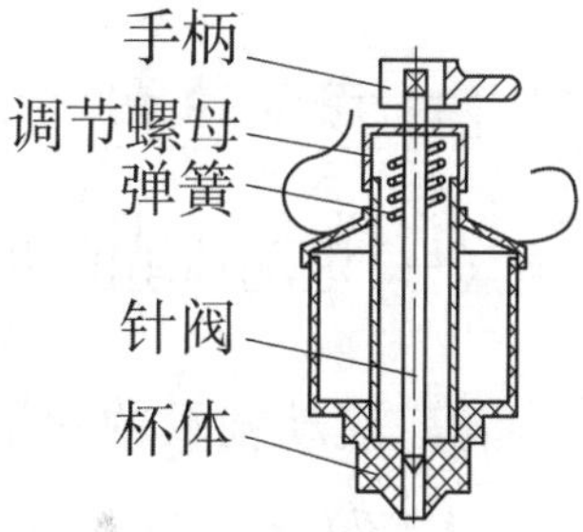 手柄／调节螺母／弹簧／针阀／杯体
	芯捻或线纱润滑	油环润滑	压力循环润滑
连续供油	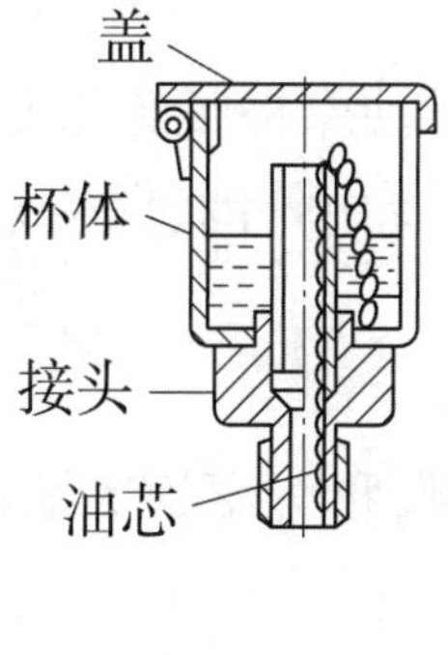 盖／杯体／接头／油芯	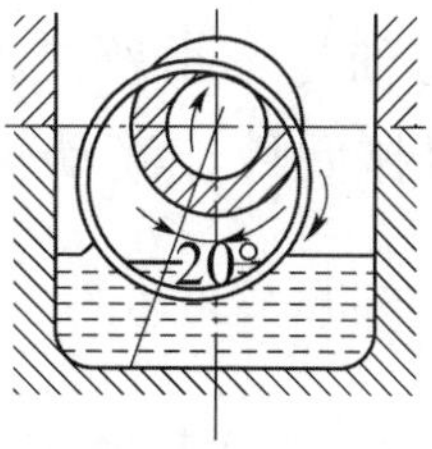 20°	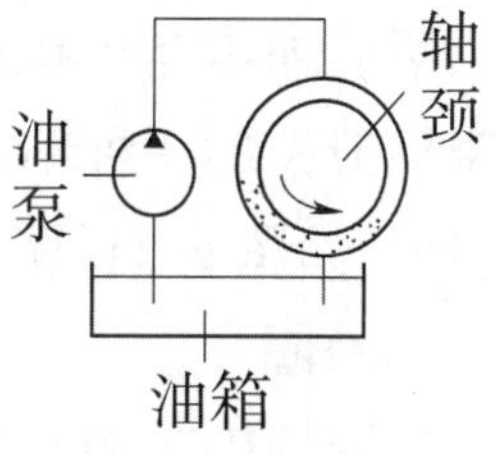 轴颈／油泵／油箱

2 滑动轴承的安装和维护

滑动轴承的安装质量直接影响机器的运转质量和轴承本身的使用寿命。

滑动轴承的安装要保证润滑油能顺利地被引到轴瓦的各个工作表面。轴与轴承的相对位置、几何形状和尺寸要能保证它们之间形成合理的楔状间隙,使其能处于近似液体摩擦的状态下工作。

装配前应了解轴承的结构及技术要求;根据轴颈及轴承座孔的尺寸及技术状况选配适当的轴瓦;检查轴瓦质量并清洗干净待用。

滑动轴承的安装和维护具体要求如下:

(1)滑动轴承安装要保证轴颈在轴承孔中转动灵活、准确、平稳;

(2)轴瓦与轴承孔要修刮贴实,轴瓦剖分面要高出 0.05~0.1mm,以便压紧,整体式轴瓦压入时要注意防止偏斜,并用紧定螺钉固定;

(3)注意油路畅通,油路与油槽接通;

(4)注意清洁,修刮调试过程凡是出现油污机件,每次修刮后都要清洗涂油;

(5)轴承使用过程中要经常检查润滑、发热、振动情况,旧的轴瓦要及时更换。

三 滚动轴承

(一)滚动轴承的功用、组成和特点

❶ 滚动轴承的功用

支承转动的轴及轴上零件,并保持轴的正常工作位置和旋转精度。

滚动轴承结构和原理

❷ 滚动轴承的组成

以滚动摩擦为主的轴承称滚动轴承。滚动轴承是标准件,由专业厂家生产。滚动轴承在机器中应用非常普遍,如汽车变速器、车轮轮毂处等都采用滚动轴承来减少零件的摩擦阻力。

滚动轴承是指将运转的轴与轴承座之间的滑动摩擦变为滚动摩擦,从而减少摩擦损失的一种精密的机械元件。滚动轴承主要由外圈、保持架、内圈和滚动体组成,如图6-31所示。

1)外圈

外圈的内表面与内圈的外表面上加工有凹槽,称为滚道。滚道有限制滚动体侧向位移的作用。

2)保持架

保持架是形状各异的框架,它的作用是把滚动体均匀地隔开,以避免相邻的两滚动体直接接触而增加磨损。图6-32所示为保持架和滚动体组合结构。

单元六　汽车支承零部件

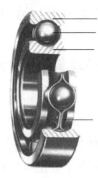

图 6-31　滚动轴承的组成

图 6-32　保持架和滚动体组合结构

3）内圈

内圈常与轴一起旋转，内圈的作用是与轴相配合并与轴一起旋转。外圈是与轴承座相配合，在轴承座中起支承作用。

在实际应用中，也有外圈旋转、内圈固定或内外圈都旋转的。

4）滚动体

滚动体是借助于保持架均匀地将滚动体分布在内圈和外圈之间，其形状大小和数量直接影响着滚动轴承的使用性能和寿命。

常用的滚动体有球体、圆柱滚子、滚针、圆锥滚子、非对称球面滚子和螺旋滚子等，如图 6-33 所示。

图 6-33　常用的滚动体

❸ 滚动轴承的特点

1）滚动轴承优点

与滑动轴承相比，滚动轴承具有下列优点：

(1) 产品已标准化，并由专业生产厂家进行大批量生产，具有优良的互换性和通用性；

(2) 起动摩擦力矩低，功率损耗小，滚动轴承效率高；

(3) 负荷、转速和工作温度的适应范围宽，工况条件的少量变化对滚动轴承性能影响不大；

(4) 大多数类型的滚动轴承能同时承受径向和轴向载荷，轴向尺寸较小；

(5) 易于润滑和维护。

2) 滚动轴承缺点

(1) 大多数滚动轴承径向尺寸较大；

(2) 在高速、重载荷条件下工作时寿命短；

(3) 振动及噪声较大。

(二) 滚动轴承的失效形式

轴承工作时，由于长期承受交变载荷的作用，并伴有一定的冲击和较大的静载荷作用，加之工作中轴承如果润滑不良、密封不好、安装不正确等原因，导致旋转精度下降，噪声增大，丧失工作能力。

滚动轴承的失效形式主要有疲劳剥落、断裂、磨损和腐蚀等。

❶ 疲劳剥落

滚动轴承在径向载荷的作用下，内圈、外圈与滚动体接触处产生应力和弹性变形，其大小随接触点位置不同而循环变化。循环接触应力作用到达一定次数时，就会在零件工作表面形成疲劳剥落(图6-34)，从而使滚动轴承产生振动和噪声，旋转精度降低，从而失去工作能力。

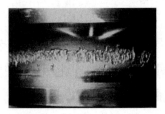

图 6-34　疲劳剥落

❷ 断裂

滚动轴承断裂的主要原因是过载与缺陷两大因素。当外加载荷超过材料强度极限而造成零件断裂称为过载断裂，如图 6-35 所示。过载原因主要是主机突发故障或安装不当。一般来说轴承的断裂主要是过载断裂。

❸ 磨损

轴承使用时，因润滑不良、密封不严或在多尘环境中，容易导致严重磨损而失效，如图6-36所示。

单元六 汽车支承零部件

图 6-35　过载断裂

图 6-36　轴承磨损

4　腐蚀

有些滚动轴承在实际运行当中可能会遇到水、水汽及腐蚀性介质等，这些物质会引起滚动轴承的生锈。滚动轴承的生锈会造成内外圈、滚动体表面的坑状锈，梨皮状锈及滚动体间隔相同的坑状锈，如图 6-37 所示。

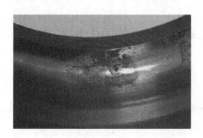

图 6-37　轴承腐蚀

(三)滚动轴承的拆装方法

轴承拆卸的顺序与安装顺序相反，拆卸时应使用专用工具。不正确拆装滚动轴承会降低轴承的使用寿命，所以必须高度重视。

1　滚动轴承的拆卸

滚动轴承拆卸的常用方法有拉出法和敲击法。

1）拉出法

图 6-38 所示为使用拉拔器拆卸滚动轴承。拆卸轴承内圈时，拉拔器两脚应

图6-38　使用拉拔器拆卸滚动轴承

向内,卡于轴承内圈端面上,使丝杆对准轴的中心孔,不得歪斜,将拉拔器的拉钩钩住轴承的内圈,而不应钩在外圈上,以免轴承松动过度或损坏,然后旋转手柄,轴承就会被慢慢拉出来。

2)敲击法

当轴承位于轴的末端时,用小于轴承内径的铜棒或其他软金属材料抵住轴端,轴承下部加垫块,用手锤轻轻敲击,即可拆下轴承。运用此法应注意垫块放置的位置要适当,着力点应正确;敲击力一般加在轴承内圈,敲击力不应加在轴承的滚动体和保持架上,此法简单易行,但容易损伤轴承。

❷ 滚动轴承的安装

安装滚动轴承时,应先安装轴再安装轴承。滚动轴承的安装可用下述方法进行。

1)敲击法

将滚动轴承装入轴颈或轴承座时,首先将轴和滚动轴承的中心线成一直线状态,再外加载荷将滚动轴承压到轴上。

注意:安装时应使用木块等辅助工具,避免载荷直接作用在轴承端面或密封圈上,损坏轴承。

2)热胀冷缩法

装配过盈量较大的滚动轴承时,利用热胀冷缩原理,加热滚动轴承或冷却轴颈,然后快速装配。

单元小结

(1)按照轴的轴线形状不同,轴可以分为直轴、曲轴和钢丝软轴;按载荷性质分,轴可分为心轴、转轴和传动轴三类。

(2)轴主要由轴头、轴颈和轴身三部分组成。

(3)轴上零件的定位方法有轴向定位和周向定位,其中轴向定位有轴环轴肩定位、轴套定位、圆螺母定位、轴端挡圈和圆锥面定位和弹性挡圈定位等;周向定位有键连接定位、过盈配合定位和其他定位方法。

(4) 滑动轴承主要由滑动轴承座、轴瓦或轴套组成。

(5) 根据轴系和拆装的需要,滑动轴承还可分为整体式和剖分式两类。

(6) 滑动轴承的失效形式主要有磨粒磨损、刮伤、胶合、疲劳剥落和腐蚀等。

(7) 滑动轴承的润滑主要是为了减少工作表面之间的摩擦与磨损,滑动轴承的安装质量直接影响机器的运转质量和轴承本身的使用寿命,滑动轴承在使用过程中要定期维护。

(8) 滚动轴承主要由外圈、保持架、内圈和滚动体组成。

(9) 滚动轴承的失效形式主要有疲劳剥落、断裂、磨损和腐蚀等。

(10) 滚动轴承在安装轴承时,应先装轴再装轴承,拆卸顺序正好相反。

(11) 轴承的拆卸方法有敲击法、拉出法。轴承安装时可用敲击法和热胀冷缩法进行。

思考与练习

(一) 填空题

1. 机器中作回转运动的零件就装在_____上。

2. 按轴的轴线形状不同,轴可以分为_____、_____和_____三种。

3. 常用的轴向固定方法有以下几种:_____、_____、_____、弹性挡圈定位。

4. 按照轴与轴承工作表面间的摩擦性质不同,轴承可分为_____和_____。

5. 根据滑动轴承所能承受载荷的方向,将主要承受径向载荷的滑动轴承称_____,主要承受轴向载荷的滑动轴承称_____。

6. 径向滑动轴承有_____、_____和_____三种形式。

7. 剖分式滑动轴承由_____、_____、_____、_____和_____组成。

8. 滚动轴承主要由_____、_____、_____和_____四部分组成。

9. 为了确保轴能支承轴上零件并传递运动和转矩,轴上的零件相对于轴沿轴线方向_____,沿圆周方向_____。

(二) 选择题

1. 承受较大的轴向力的带轮、齿轮及轴承等的轴向定位方式是( )。

  A. 轴环、轴肩   B. 套筒

  C. 轴端挡圈和圆锥面   D. 紧定螺钉

2. 轴上零件周向定位的目的是传递转矩,防止(　　)产生相对转动。
　　A. 零件与轴　　　B. 零件　　　C. 轴　　　D. 都不是
3. 在轴连接中,能同时起到周向和轴向固定作用的是(　　)
　　A. 套筒　　　B. 轴肩　　　C. 挡环　　　D. 过盈配合
4. 根据轴所承受的载荷分类,则自行车的前轮支承轴属于(　　)。
　　A. 心轴　　　B. 转轴　　　C. 传动轴　　　D. 曲轴
5. 下列选项中(　　)不能起到轴上零件的周向固定。
　　A. 键连接　　　B. 花键连接　　　C. 过盈配合　　　D. 套筒连接
6. 只承受弯矩而不承受转矩的轴称为(　　)。
　　A. 传动轴　　　B. 心轴　　　C. 转轴　　　D. 直轴
7. 轴环的用途是(　　)。
　　A. 作为轴加工时的定位面　　　B. 提高轴的强度
　　C. 提高轴的刚度　　　D. 使轴上零件获得轴向固定
8. 滑动轴承通常应用于(　　)情形下。
　　A. 低速、重载、精度不高　　　B. 高速、重载、高精度
　　C. 轻载、中速
9. 滑动轴承的寿命取决于(　　)的寿命。
　　A. 轴承座　　　B. 轴承盖　　　C. 轴瓦
10. 汽车发动机中曲轴与连杆间是采用(　　)。
　　A. 键连接　　　B. 滑动轴承　　　C. 滚动轴承　　　D. 花键连接

(三) 判断题

1. 曲轴在工作中既传递动力又传递运动,因此是传动轴。　　　(　　)
2. 阶梯轴是最常见的一种轴的结构形式,由于能够充分利用轴肩进行对轴系零件进行轴向定位,因此,大多数轴都采用这种结构形式。　　　(　　)
3. 为了减少应力集中,轴径变化尽可能小,阶梯轴是最不好的形式,最好采用光轴的形式。　　　(　　)
4. 同时承受较大弯矩和转矩的轴是传动轴。　　　(　　)
5. 心轴能够支撑回转零件并能够传递运动与转矩。　　　(　　)
6. 采用轴肩可以起到轴上零件的轴向定位。　　　(　　)
7. 滑动轴承之所以能够承受较大的载荷,是由于其接触面较大的原因。
　　　(　　)
8. 滑动轴承的轴瓦与轴颈的接触面积越大或接触点越多,其回转精度越高、

承载能力越强。（　　）

9. 滑动轴承结构中，在轴瓦上开出一些油槽的目的是为了避免油膜被破坏，使轴瓦与轴颈直接接触形成金属与金属之间的干摩擦。（　　）

10. 滚子轴承的滚动体是滚子，由于是线接触，故承载能力比球轴承大，承受冲击的能力也大。（　　）

11. 轴承的安装相当容易，只要用锤子敲击轴承的端面，将轴承装到轴颈上就可以。（　　）

（四）简答题

1. 轴是如何分类的？
2. 轴上零件的定位具体包括哪些？
3. 滑动轴承的类型有哪些？
4. 滑动轴承的主要失效形式有哪些？
5. 如何进行滑动轴承的安装与维护？
6. 滚动轴承的特点有哪些？
7. 滚动轴承的主要失效形式有哪些？

单元七 汽车机械传动

学习目标

1. 叙述V带传动、多楔带传动和同步带传动的类型和特点，叙述链传动的类型和特点，叙述蜗杆传动的种类和特点，叙述齿轮传动的种类和特点；
2. 描述V带传动、多楔带传动和同步带传动的工作原理，描述链传动的工作原理；
3. 理解渐开线形成、渐开线齿轮传动过程和特点；
4. 知道V带传动、多楔带传动、同步带传动、链传动、齿轮传动、蜗杆传动的失效形式；
5. 懂得齿轮系传动比的确定方法；
6. 正确进行V带传动、多楔带传动和同步带传动安装、调试和维护，正确进行链传动安装、调试和维护，规范进行齿轮传动的使用和维护；
7. 判别齿轮系中各个齿轮转动方向，识别一个已知齿轮系属于何种轮系。

建议课时

28课时。

一 带传动

(一)带传动的组成和工作原理

❶ 带传动的组成

带传动一般由主动带轮、从动带轮、张紧在带轮上的传动带和机架组成,如图 7-1 所示。

带传动的原理及类型

❷ 带传动的工作原理

带传动是指利用张紧在带轮上的传动带与带轮的摩擦或啮合来传递运动和动力的一种机械传动。发动机前端附件传动轮系是一个包括空调压缩机、动力转向泵、发电机、机油泵等附件的系统,它们通过 V 带、多楔带或者同步带连接。图 7-2 所示为带传动在汽车发动机上的应用。

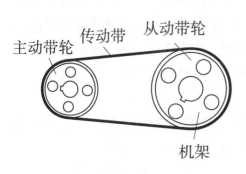

图 7-1 带传动的组成   图 7-2 带传动在汽车发动机上的应用

(二)带传动的类型

带传动的类型较多,根据传动原理的不同,带传动可分为摩擦型带传动和啮合型带传动两大类;根据用途不同,有一般工业用传动带、汽车用传动带、农业机械用传动带和家用电器用传动带;根据带的截面形状可分为平带传动、V 带传动、多楔带传动、圆带传动和同步带传动等类型。汽车上主要应用 V 带传动、多楔带传动和同步带传动。

❶ 摩擦型带传动

摩擦型带传动是指利用传动带和带轮之间的摩擦力传递运动和动力的机械传动。按照带的截面形状不同,主要有 V 带传动和多楔带传动。

1) V 带传动

V 带传动又称三角带传动。工作时,带的两侧面为工作面,与带轮的环槽侧面接触,如图7-3所示。在相同的初拉力条件下,V带传递的功率是平带的3倍,因此V带应用较广。

汽车V带的结构比普通V带复杂,除了强力层、拉伸层、压缩层和包布层之外,还增加了顶布层和骨架层。新型增强结构的汽车V带有切边齿形V带和切边V带,如图7-4所示。

图7-3　V带传动

a) 切边齿形V带　　b) 切边V带

图7-4　汽车V带

新型汽车V带在带体的橡胶基体上,从上至下依次增加的顶布层和骨架层的特征是:带体的骨架层与带齿之间夹有1~2层帘线,帘线与带体的轴线成90°,在带齿的橡胶基体中夹有1~2层尼龙布。与传统普通V带的结构相比,新型汽车V带的耐冲击性强,传动时产生的噪声低、耐热性好,使用寿命比普通V带长,适用于大功率、功率变化较大和高速运转的汽车发动机中。

2) 多楔带传动

多楔带传动中带的截面形状为多楔形,其工作面为楔的侧面,柔软、摩擦力大。图7-5所示为多楔带在汽车发动机上的应用。

2　啮合型带传动

啮合型带传动是指靠传动带上的齿与带轮上的齿槽的啮合作用来传递运动和动力的机械传动,也称同步带传动或齿形带传动。图7-6所示为汽车发动机同步带传动。

(三) V带结构、类型、标记和特点

1　V带结构

普通V带为无接头的环行带,其横截面呈等腰梯形,两侧面为工作面,如图7-7所示。其横截面结构由包布层、伸张层、强力层和压缩层组成。包布层是由几层橡胶帆布制成,是带的保护层;伸张层由橡胶制成,V带弯曲时起伸张作用;强力层由几层帘布或粗线绳组成,用来承受基本拉力,近年来有采用合成纤维作为强力层,以提高带的承受能力;压缩层也是由橡胶制成,V带弯曲时承受压缩。强力层是承受负载拉力的主体,在带与带轮弯曲变形中处于不发生变形的中性层。

单元七 汽车机械传动

根据其材料的组成,可分为帘布结构和线绳结构两种。

图 7-5　多楔带在汽车发动机上的应用

图 7-6　汽车发动机同步带传动

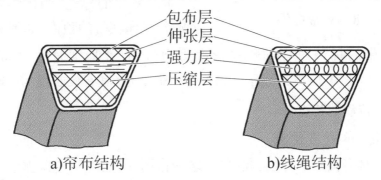

a) 帘布结构　　　　　b) 线绳结构

图 7-7　V 带的结构

2 V 带类型

V 带已标准化,《一般传动用普通 V 带》(GB/T 1171—2017)规定的普通 V 带按截面尺寸由小到大分为 Y、Z、A、B、C、D、E 七种型号,其中 Y 型截面尺寸最小,E 型截面尺寸最大,其传递功率也最大。V 带各型号的截面尺寸见表 7-1。

V 带各型号的截面尺寸　　　　表 7-1

结构图	截面	Y	Z	A	B	C	D	E
	顶宽 b(mm)	6.0	10.0	13.0	17.0	22.0	32.0	38.0
	节宽 b_p(mm)	5.3	8.5	11.0	14.0	19.0	27.0	32.0
	高度 h(mm)	4.0	6.0	8.0	11.0	14.0	19.0	25.0
	楔角 α(°)	40°						
	基准长度 L_d(mm)	200~500	400~1600	630~2800	900~5600	1800~10000	2800~14000	4500~16000
	单位长度质量 q(kg/m)	0.04	0.06	0.10	0.17	0.30	0.62	0.90

V带的截面尺寸各不相同,但其两侧面的夹角均为40°。带的截面宽度越大,对应的高度也相应增加,其截面积也随之变大,所传递的功率也相应增大。其中,Y型的截面尺寸最小,常用于小功率的传动。

❸ V带标记

V带的标记是用户识别和选用带的依据。普通V带的标记内容和顺序依次为型号、基准长度公称值和标准号三个部分组成,印刷在带的外表面上。

图7-8　V带标识

标记实例:B2000 GB/T 1171—2017 含义为:B型普通V带,基准长度为2000mm,2017年国家标准。

通常V带的标记、制造年月和生产厂名,通常压印在带的顶面,如图7-8所示。

汽车V带的标记内容和顺序依次为型号、有效长度公称值和标准号,如"AV13×1000 GB/T 12732"表示AV13型汽车V带,其有效长度为1000mm。

❹ V带传动的特点

1) V带传动的主要优点

(1) V带具有良好的弹性,起吸振、缓冲作用,因此传动平稳、噪声小。

(2) 过载时,带与带轮之间会出现打滑,可防止其他零件损坏。

(3) 结构简单,安装和维护要求不高,不需要润滑,成本低。

2) V带传动的主要缺点

(1) 传动效率低。带传动对轴与轴承的压力较大。

(2) V带使用寿命较短,不适于高温、油和水的场合。

❺ V带传动的失效形式

V带传动失效的形式有:带在带轮上打滑,不能传递动力;带由于疲劳产生脱层、撕裂和拉断;带的工作面磨损;从动轴的扭振。

(四)多楔带结构、型号、特点和失效形式

❶ 多楔带结构

多楔带是指以平带为基体、内表面排布有等间距纵向40°梯形楔的环形橡胶传动带,如图7-9所示。其工作面为楔的侧面。

多楔带的基本形状好似平带与带的复合体,它综合了平带的柔软性和V带的强功率传动性。此带的主要组成部分为:抗拉伸的聚酯绳芯、包住绳芯的缓冲

弹性复合物和制成带楔的弹性复合物。带楔弹性复合物通过短纤维补强并在轴向上得到增强,带的背衬不是弹性体就是纤维背衬。

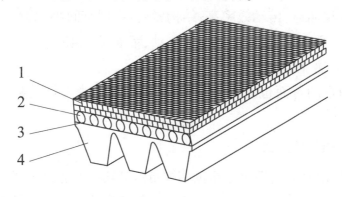

图7-9 多楔带的结构
1-带背织物;2-抗拉体;3-粘合胶;4-楔胶

② 多楔带型号

多楔带的型号用来表示截面形状和尺寸。多楔带又称多槽带,目前市场上的类型有:P_H、P_J、P_K、P_L、P_M。汽车多楔带一般采用P_K型号。多楔带的型号及截面尺寸见表7-2。

多楔带的型号及截面尺寸　　　　　　　　　　表7-2

型　号	楔距P_b(mm)	带高h(mm)	楔角α(°)
P_H	1.6	3	40
P_J	2.34	4	40
P_K	3.56	6	40
P_L	4.7	10	40
P_M	9.4	17	40

③ 多楔带标记

汽车多楔带的尺寸特性标记包括带楔数、型号和有效长度三个部分。

例如:"6 P_K 1500"的含义为:6——带楔数;P_K——带型号;1500——有效长度(mm)。

④ 多楔带传动的特点

多楔带传动的主要特点如下:

(1)多楔带与带轮的接触面积和摩擦力较大,因而传动能力大;

(2)其结构决定工作应力小,可在较小的带轮上工作;

(3)传动振动小、散热快、运转平稳、使用伸长小,因而寿命长;

(4)节能效果明显,传动效率高;结构紧凑,占据空间小;

(5)带体薄,富有柔软性,适应高速传动,带速可达40m/s;

(6)耐热、耐油、耐磨。

此外,多楔带的背面也能传动,而且可使用自动张力调整器,使传动更加安全、可靠。

5 多楔带的失效形式

多楔带的使用寿命实质上是根据多楔带传动功率的运行时间来定量的。多楔带的有效寿命也可以用运行的时间来定量,不过它要求在一定的效率下传动所需的力矩。这个时间可能与胶带有能力运行的时间不同。特别是带如果有滞停现象,这时灾难性失效就会发生,带楔会发生径向断裂,使部分带楔脱落,如图7-10所示。

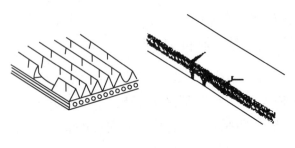

图7-10 失效的多楔带

(五)同步带结构、特点和失效形式

1 同步带结构

同步带是以钢丝绳或玻璃纤维为强力层,外覆聚氨酯或氯丁橡胶的环形带,带的内周制成齿状,其与带轮上的凸齿相啮合。常见的同步带的齿形为梯形齿和圆弧齿,如图7-11所示。

同步带传动是由一条内周表面设有等间距齿的环形皮带和具有相应齿的带轮所组成,运行时,带齿与带轮的齿槽相啮合传递运动和动力,它是综合了带传动、链传动和齿轮传动各自优点的新型带传动。

a)梯形齿　　　　b)圆弧齿

图7-11 同步带的结构

2 同步带传动的特点

(1)传动准确,具有恒定的传动比。

(2)传动平稳,具有缓冲、减振能力,噪声低。

(3) 传动效率高,可达98%,节能效果明显。
(4) 维护方便,不需润滑,维护费用低。
(5) 传动比范围大。
(6) 可用于长距离传动。
(7) 对轴作用力小,结构紧凑,耐油、耐磨性好,抗老化性能好。

3 同步带的失效形式

同步带的失效形式主要有:带体疲劳断裂;带齿剪断和压溃;带侧、带齿磨损、包布剥离;承载层伸长、节距增大、形成齿的干涉、爬齿;冲击和过载使带体断裂。图7-12所示为失效的同步带。

(六) 带轮结构和类型

1 V带轮结构

如图7-13所示,普通V带轮通常由轮缘、轮辐和轮毂三部分组成。轮毂是带轮与轴配合的内圈,其轮毂内径等于轴的直径;带轮的外圈是轮缘,在轮缘上面有梯形槽,槽数及结构尺寸与所选的带型号相对应;轮毂与轮缘连接的部分称为轮辐。

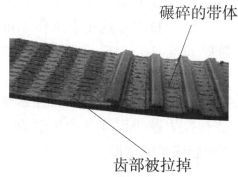

图7-12 失效的同步带　　图7-13 V带轮结构

2 带轮类型

根据轮辐的结构不同,V带轮的结构类型可分为实心式、腹板式、孔板式、轮辐式等类型,如图7-14所示。直径较小的带轮,其轮缘与轮毂直径相连,没有轮辐的部分,即采用实心式带轮;中等直径的带轮采用腹板式或孔板式;大带轮采用轮辐式带轮。

带绕过带轮时会产生弯曲应力,且带在小带轮上产生的弯曲应力大于其在大带轮上产生的弯曲应力。实践证明,弯曲应力是影响带疲劳寿命的最主要因素。因此,为了保证带的使用寿命,必须限制小带轮的最小直径。

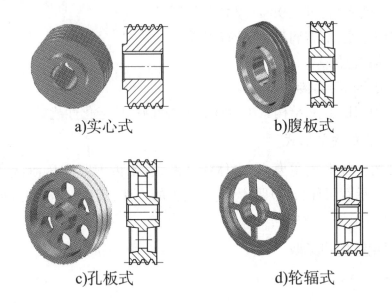

a)实心式　　b)腹板式　　c)孔板式　　d)轮辐式

图 7-14　普通 V 带轮结构

❸ 带传动的张紧

带传动张紧时,一定要控制初拉力。使用一定时间后,要重新检查张紧力。

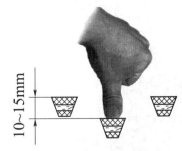

（1）根据带的摩擦传动原理,带必须在预张紧后,达到合适的初拉力才能正常工作。带的张紧程度控制要符合 10~15mm 的压下要求,如图 7-15 所示。

（2）传动带运转一定时间后,会产生永久变形使带松弛,使初拉力减小而降低带传动的工作能力,因而必须重新张紧或更换。

图 7-15　带的张紧程度

❹ 带传动的张紧方法

带传动的张紧方法通常有调整中心距和采用张紧轮。

1）调整中心距

如图 7-16 所示,调整中心距即通过调整螺栓来改变中心距,从而达到定期张紧的目的。此方法常用于水平布置的带传动和近似垂直布置的带传动。

2）采用张紧轮

如图 7-17 所示,采用张紧轮实现定期张紧或自动张紧。张紧轮一般应放在松边的内侧,使带只受单向弯曲。同时张紧轮应尽量靠近大轮,以免过分影响在小带轮上的包角。张紧轮的轮槽尺寸与带轮的相同。

单元七 汽车机械传动

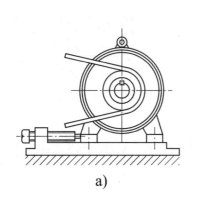
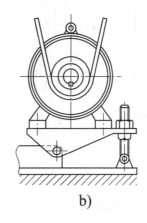

a)　　　　　　　　　　　b)

图 7-16　带传动张紧装置

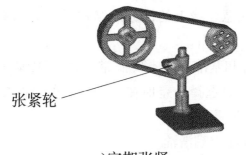
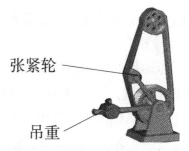

a)定期张紧　　　　　　b)自动张紧

图 7-17　采用张紧轮

（七）带传动的安装、使用和维护

1　带传动的安装

带传动的安装按如下要求进行。

（1）按要求选取带型、基准长度和根数。

（2）安装带轮时，两带轮轴线应相互平行，主动轮和从动轮槽必须调整在同一平面内，且两带轮装在轴上不得晃动，否则会使传动带侧面过早磨损，如图 7-18 所示。

（3）套装带时不得强行撬入，应先将中心距缩小，将带套在带轮轮槽上后，再慢慢调大中心距使带张紧。带的张紧程度调整应适当，一般可根据经验来调整。

（4）带在轮槽中应有正确的位置，安装在轮槽内的带顶面应与带轮外缘相平，带与轮槽底面应有间隙，如图 7-19 所示。

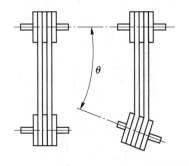 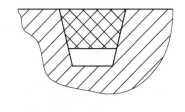

图 7-18　V 带的安装图　　　图 7-19　V 带在轮槽中的位置

❷ 带传动的使用和维护

为了延长带的使用寿命,确保带传动的正常运行,必须正确使用和维护。

1）V 带传动维护

(1) 了解带轮的轮槽、结构形式,注意轮缘上的槽数及结构尺寸要与所选的传动带型号相对应。

(2) 传动带的选用要注意带的型号和基准长度不要搞错,以保证传动带在轮槽中的正确位置。对于多根 V 带传动,要选择公差值在同一档次的带配成一组使用。新、旧带不能同组混用,否则,各带受力不均。

(3) 安装带轮前,先清理安装面,并涂上润滑油。

(4) 用手锤或铜棒将带轮轻敲到轴上,不允许用手锤击打轮缘梯形槽部位,或者用螺旋等压入工具将带轮压到轴上。

(5) 带轮装到轴上后,检查带轮的径向圆跳动量和端面圆跳动量。

(6) 校正主动带轮与从动带轮的基准端面在一个平面上。

(7) 带轮的轴向固定。

(8) 调整机器位置,便于传动带安装。先定位小带轮,再将传动带放入带轮,并定位于小带轮上,缓慢转动带轮使传动带顺利安装。注意:不要强行将传动带挤入带轮。

(9) 检查带的松紧程度并张紧。

(10) 试机检验,运行一段时间后再次张紧。

2）多楔带传动维护

(1) 首先断开蓄电池。风扇叶会偶然开始旋转,以免手在发动机舱内时,发生伤害。对于使用自动张力器的传动带,使用蛇形传动带工具使得安装和拆卸蛇形传动带更为容易。这种工具可置于张紧轮臂上,只要稍微一推或者拉,就松弛了张力。

(2)在拆卸传动带之前,先进行带轮的校准。如果驱动轴不平行,或者带轮偏离轴线位置,那么驱动装置就会磨损传动带,使其提前报废。偏移迫使传动带在运行中发生扭曲或缠绕,从而施加不均匀的拉力。在调校不准的情况下,传动带有可能从带轮上脱落。调校不准的情况可以用直角加以检验。如果在带轮表面和直角之间出现间隙,就表明存在着轴线不平行的现象。一旦轴线不平行,就必须调校或更换失效的带轮、带轮支架或轴。

(3)安装蛇形驱动器装置。与V带相似,安装工作的复杂性取决于发动机的构造,应注意沿着正确的路径将传动带安装到各个带轮上,并正确选定带轮移动调节传动带的张力。

下述简易规则将有助于安装人员顺利操作:
①传动带有齿形的一边和带轮槽相互啮合;
②传动带一般环绕带轮;
③假若安装的传动带显得过长或短,那很可能是绕过带轮的路径不对;
④传动带应稳妥地安装在所有的带轮槽上,传动带应自由地跨越而不触及发动机的任何部件。

3)同步带传动维护

(1)关掉电源,卸下防护罩,旋松起动机的装配螺栓。移动起动机使皮带足够松弛,不需撬开就能取下皮带。千万不要把皮带撬下来。

(2)取下旧皮带,检查是否有异常磨损。过度的磨损可能就意味着传动装置的设计或维护上存在问题。

(3)选择合适的皮带替换。

(4)清洁皮带及带轮,应将抹布沾少许不易挥发的液体擦拭。在清洁剂中浸泡或者使用清洁剂刷洗皮带均是不可取的。为除去油污及污垢,用砂纸擦或用尖锐的物体刮,显然也是不可取的。皮带在安装使用前必须保持干燥。

(5)检查带轮是否有异常磨损或裂纹,如果磨损过量,则必须更换带轮。

(6)检查带轮是否成直线对称。带轮成直线对称于传动带特别是对同步带传动装置的运转是至关重要的。

(7)检查其余的传动装置部件,如轴承和轴套的对称、耐用性和润滑情况等。

(8)在带轮上安装新的皮带,绝不要撬或用力过猛。

(9)调整传动装置的中心距,直至带张力适当为止。用手转几圈主动轮,重复检查张力。

(10)拧紧起动机的装配螺栓,纠正转矩。由于传动装置在运作时中心距的任何变化都会导致皮带性能不良,故务必要确保所有传动装置部件均已拧紧。

(11)检查起动装置并观察皮带性能,察看是否有异常振动,细听是否有异常噪声。最好是关掉机器,检查轴承和起动机的状况。若是触摸温度太高,可能是皮带太紧或者是轴承不对称,也有可能是润滑不正确。

二 链传动

(一)链传动的组成和工作原理

❶ 链传动的组成

链传动是由装在平行轴上的主动链轮、从动链轮、绕在链轮上的环形链条和机架组成,如图7-20所示。链传动用以传递两平行轴间的运动和动力。

链的传动原理

❷ 链传动的工作原理

链传动是指通过链条将具有特殊齿形的主动链轮的运动和动力传递到具有特殊齿形的从动链轮的一种机械传动。链轮上制有特殊齿形的齿,以环形链条作中间挠性件,工作时靠链条与链轮轮齿的啮合来传递运动和动力。

链传动适用于中心距较大的两轴线或多轴线相互平行,且只要求平均传动比准确的场合,如在矿山机械、农业机械、起重运输机械、摩托车和汽车发动机(图7-21)上广泛应用。

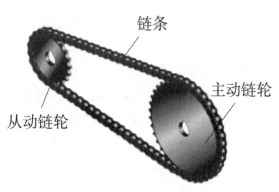

图7-20 链传动的组成

图7-21 链传动在汽车发动机上的应用

(二)链传动的特点和类型

❶ 链传动的特点

1)链传动的优点

链传动与带传动相比,具有以下优点:

(1)由于链传动是啮合传动,能保持准确的平均传动比,所以工作可靠,效率较高;

(2)链条装在链轮上,不需要很大的张紧力,对轴的压力小;

(3)能传递较大的功率,过载能力强;

(4)维护容易,并有一定的缓冲减振作用;

(5)能在较恶劣的环境下(如高温、多尘、油污和潮湿等)工作。

2)链传动的主要缺点

(1)安装精度要求高,瞬时传动比不恒定。传动的平稳性较差,不适合高速转动,工作时有噪声;

(2)磨损后容易发生跳齿、易脱链;

(3)价格较高。

❷ 链传动的类型

链传动有多种分类形式,按用途不同,可分为传动链(图7-22)、起重链(图7-23)和牵引链。

图 7-22　传动链　　　　　　　图 7-23　起重链

传动链按结构分为滚子链和齿形链两种,如图7-24所示。传动链用于一般机械中传递运动和动力,通常工作速度$v \leqslant 15 m/s$;起重链主要用于起重机械中提起重物,其工作速度$v \leqslant 0.25 m/s$;牵引链主要用于链式输送机中移动重物,其工作速度$v \leqslant 4 m/s$。

(三)滚子链的结构和接头形式

❶ 滚子链的结构

滚子链又称套筒滚子链。滚子链由滚子、套筒、销轴、内链板和外链板五部分组成,如图7-25所示。内链板与套筒、外链板与轴为过盈配合,套筒与销轴、滚子与套筒则为间隙配合,可相互自由转动,以使内、外链板构成可相对转动的活络环节,并减少链条与链轮间的摩擦与磨损。滚子链上相邻两销轴中心的距离称为节距,用 p 表示,单位为 mm。滚子链比齿形链质量轻、寿命长、成本低,在动力传动中应用较广。

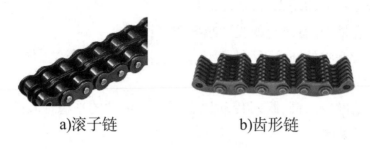

a)滚子链　　　　　b)齿形链

图 7-24　滚子链和齿形链

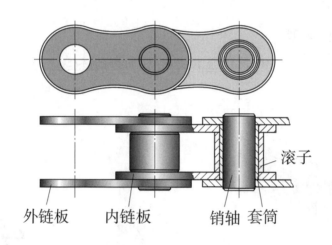

图 7-25　滚子链的组成

❷ 滚子链的标记

滚子链已经标准化,《传动用短节距精密滚子链、套筒链、附件和链轮》(GB/T 1243—2006/ISO 606:2004)已规定了标准尺寸,见表 7-3。滚子链的标记为:链号—排数×整根链的链节数　标准编号。

滚子链的常用链号与节距　　　　表 7-3

链号	08A	10A	12A	16A	20A	24A
节距 p(mm)	12.70	15.875	19.05	25.40	31.75	38.10

如某链条代号为"20A—2×80 GB/T 1243—2006",表示节距为 31.75mm 的 A 系列、双排、80 节的标准编号为 GB/T 1234—2006 的滚子链。

如某链条代号为"10A—60 GB/T 1243—2006",表示节距为 15.875mm 的 A

系列、单排、60 节的标准号为 GB/T 1243—2006 的滚子链。

❸ 滚子链的种类及接头形式

滚子链有单排链、双排链、多排链等几种。多排链的承载能力与排数成正比,但由于精度的影响,各排的载荷不易均匀,故排数不宜过多,一般不超过四排。

为了形成链节首尾相接的环形链条,要用接头加以连接。链条接头处的固定形式有三种:开口销式、卡簧式和过渡链节式,如图 7-26 所示。当链节数为偶数时,接头处正好是内外链板相接,可将一侧外链板与销轴制成固定的接头,装配后用开口销,用于大节距链,如图 7-26a)所示,或用弹性锁片,用于小节距链,如图 7-26b)所示,将另一侧链板锁住。当链节数为奇数时,必须采用折曲的过渡链节,如图 7-26c)所示。由于过渡链节的链板受到附加弯矩作用,其强度仅为正常链节的 80% 左右,所以,在一般情况下链节数取偶数为宜。

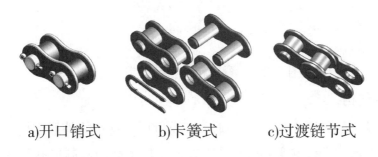

a)开口销式　　　b)卡簧式　　　c)过渡链节式

图 7-26　滚子链的接头固定形式

(四)滚子链链轮端面齿形和链轮结构

❶ 滚子链链轮端面齿形

《传动用短节距精密滚子链、套筒链、附件和链轮》(GB/T 1243—2006/ISO 606:2004)规定的滚子链链轮端面齿形,如图 7-27 所示。它由三段圆弧和一段直线 bc 组成。

链轮的主要尺寸如下:

(1) $\widehat{aa}$、$\widehat{ab}$、$\widehat{cd}$;

(2) 分度圆直径:$d = p/\sin(180°/z)$;

(3) 齿顶圆直径:$d_a = p[0.54 + \cot(180°/z)]$;

(4) 分度圆圆齿高:$h_a = 0.27p$;

(5) 齿根圆直径:$d_f = d - d_1$。式中,d_1 为链的滚子外径,单位为 mm。

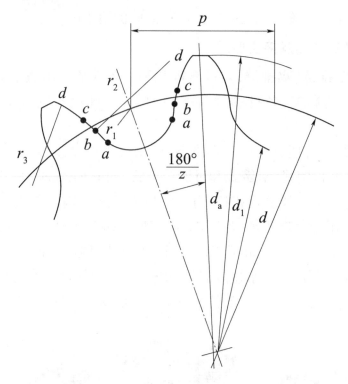

图 7-27　滚子链链轮的端面齿形

❷ 链轮结构

目前,链轮上的齿形多采用三圆弧一直线齿形。链轮的外形结构与链轮的直径大小有关,小直径一般制成实心式(图7-28a);中等直径可制成孔板式(图7-28b);大直径的链轮常采用螺栓连接的组合式(图7-28c)或焊接结构(图7-28d)。

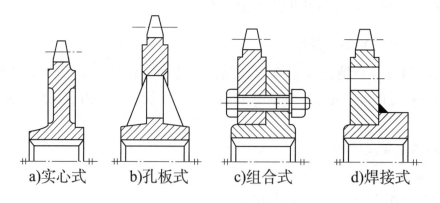

图 7-28　链轮结构

(五)齿形链

齿形链是用销轴将多对具有60°角的工作面的链片组装而成,如图7-29所示。齿形链由许多冲压而成的齿形链板用铰链连接而成,为避免啮合时掉链,链条应有导向板(分为内导式和外导式)。齿形链板的两侧是直边,工作时链板侧边与链轮齿廓相啮合。齿形链又称无声链,按铰链结构不同,分为圆销铰链式、轴瓦铰链式和滚柱铰链式三种。

图 7-29　齿形链

与滚子链相比,齿形链的优点是运转平稳、噪声小、承受冲击载荷的能力高。其缺点是结构复杂、价格较高、质量大。齿形链多用于高速(链速可达 40m/s)或运动精度要求较高的传动。

(六)链传动的平均传动比

链传动是啮合传动,平均传动比是准确的。图 7-30 所示为链传动示意图。

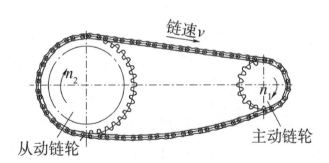

图 7-30　链传动示意图

由于链条绕入链轮后形成折线,因此,链传动相当于链条绕在一对多边形轮上的传动。边长相当于链条的节距 p,边数相当于链轮的齿数 z,链轮每转一周时,链条转过的长度为 pz。设 z_1、z_2 为两链轮的齿数,n_1、n_2 为两轮的转速(r/min),则链条的平均速度为

$$v = \frac{z_1 p n_1}{60} \times 1000 = \frac{z_2 p n_2}{60} \times 1000 \, (\text{m/s})$$

由上式可得到链传动的平均传动比为

$$i_{12} = \frac{n_1}{n_2} = \frac{z_2}{z_1}$$

链的平均传动比

（七）链传动的安装和张紧

❶ 链传动的安装

链传动在安装时，用水平尺检查两链轮的两轴是否成水平和平行，且用直尺检查两链轮是否位于同一平面，如图 7-31 所示。误差 a/δ 应小于 $0.002 \sim 0.005$，超差会引起脱链和不正常的磨损。

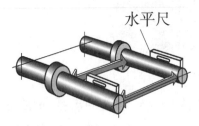
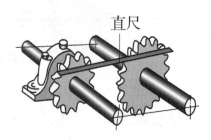

a) 检查链轮轴的水平和平行　　b) 检查两链轮是否位于同一平面

图 7-31　检查链轮轴的情况

链传动的布置按两链轮中心连线的位置可分为水平布置、倾斜布置和垂直布置三种形式，一般宜采用水平或接近水平的位置，并使松边在下边，如图 7-32 所示。

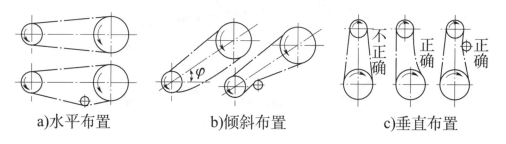

a) 水平布置　　　　b) 倾斜布置　　　　c) 垂直布置

图 7-32　链传动的布置

❷ 链传动的张紧

链传动的紧边与松边正好与带传动相反，松边在下、紧边在上，但松边的垂度不宜过长，以防脱链。链传动张紧目的，主要是为了避免在链条的垂度过大时，产生啮合不良和链条的振动现象；同时，也为了增加链条与链轮的啮合包角。当两轮轴心连线倾斜角大于 60°时，通常设有张紧装置。

链传动的张紧方法通常有以下两种：

(1) 增大两轮中心距；

(2) 用张紧装置张紧。

图 7-33 所示为常见的张紧装置,张紧轮直径稍小于小链轮直径,并置于松边靠近小链轮。链传动可用张紧轮控制链条的松紧,链条过紧会出现咬链。

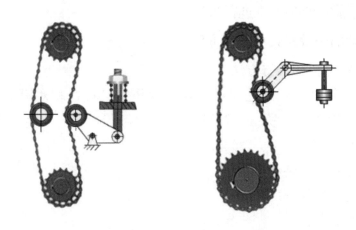

图 7-33 链传动的张紧装置

(八)链传动的润滑、失效形式和维修方法

1 链传动的润滑

链传动有良好的润滑时,可以缓和冲击,减少传动摩擦和磨损,减少噪声,提高工作能力和传动效率,延长使用寿命。不良的润滑会降低链的使用寿命。温度低时宜采用黏度小的润滑油,温度高时采用黏度大的润滑油。通常采用 L-AN32、L-AN46、L-AN68、L-AN100 的全损耗系统用油或普通开式齿轮油润滑。

链传动的润滑方式有多种,包括人工定期润滑、滴油润滑、油浴润滑、飞溅润滑和压力润滑,如图 7-34 所示。无论采用何种润滑方式,润滑油应加在松边上,因为松边链节松弛,润滑油容易流到需要润滑的一些缝隙表面。

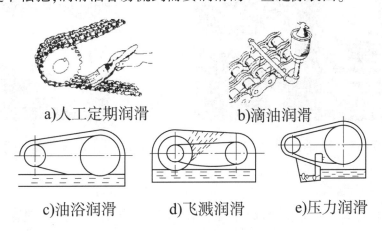

a)人工定期润滑　　b)滴油润滑

c)油浴润滑　　d)飞溅润滑　　e)压力润滑

图 7-34 链传动的润滑方式

此外,链传动应有良好的工作环境,避免泥沙等污物侵入或与酸、碱、盐等强腐蚀性介质接触,并定期清洗。为防止灰尘侵入、油滴外溅、减少噪声和保护人身安全,应尽可能加装防护罩进行封闭。

❷ 链传动的失效形式和维修方法

1)链条铰链磨损和维修方法

链条铰链的销轴与套筒之间承受较大的压力且存在相对滑动,故在承压面上会产生磨损,如图7-35所示。磨损使链条节距增加,极易产生跳齿或脱链。可采用的维修方法如下:

(1)提高加工与安装精度;

(2)提高支承件的刚度;

(3)更换新链条;

(4)适当张紧。

2)链板疲劳断裂和维修方法

链传动的紧边和松边拉力不等,在链条工作时作用在链条上的拉力在不断发生变化,经一定的应力循环后,链板会产生疲劳断裂,如图7-36所示。可采用的维修方法如下:

(1)重新选用规格合适的链条;

(2)更换质量合格的链条;

(3)控制或减弱负载和动力源的冲击振动。

图7-35 链条铰链磨损

图7-36 链板疲劳断裂

3)多次冲击断裂

链传动在起动、制动、反转或重复冲击载荷的作用下,链条、销套筒会发生疲劳断裂。可采取措施使链的负荷稳定。图7-37所示为销轴断裂。

4)链条铰链的胶合和维修方法

链速过高时,销轴和套筒的工作表面由于摩擦而产生瞬时高温,使两者直接接触发生黏结,同时,随着销轴与套筒的运动,表面的金属从零件上撕落而引起的一种严重黏着磨损现象,这种现象称为胶合。可采用的维修方法如下:

图 7-37　销轴断裂

(1)消除润滑油内的杂质,改善润滑条件,更换润滑油;

(2)更换质量合格或稍大规格的链条。

5)链条静力拉断

在低速($v<0.6m/s$)重载或突然过载时,载荷超过链条的静强度,链条将被拉断。

三　齿轮传动

(一)齿轮传动的组成、工作原理和特点

齿轮传动是机械传动中应用最广泛的一种形式,如常用的计时钟表、传动玩具等都离不开齿轮传动。汽车底盘的传动系统大量运用齿轮传动。

1 齿轮传动的组成

图 7-38 所示为一对齿轮传动。齿轮传动是在每个圆柱体的外圆柱上加工出渐开线的齿形,其由主动齿轮、从动齿轮和机架等组成。

2 齿轮传动工作原理

图 7-39 所示为齿轮传动原理图。齿轮传动是通过主动齿轮的轮齿和从动齿轮的轮齿的直接啮合来传递运动和动力。齿轮传动能改变转速和转向,可用于传递空间任意两根轴之间的运动和动力。

图 7-38　齿轮传动的组成

图 7-39　齿轮传动原理图

3 齿轮传动的特点

1）优点

齿轮传动的优点如下：

(1) 适应性广；

(2) 能保证瞬时传动比恒定，平稳性较高；

(3) 结构紧凑、使用寿命较长，可实现较大的传动比；

(4) 传动效率高；

(5) 可以传递空间任意两轴间的运动。

2）缺点

齿轮传动的缺点如下：

(1) 制造和安装精度要求高，故成本较高；

(2) 不适宜用于距离较远的两轴之间的传动。

(二) 齿轮传动的基本参数和类型

1 渐开线直齿圆柱齿轮的基本参数

生产中使用的齿轮不但种类多样，而且参数众多，同一种类的齿轮也具有不同的齿数、大小和宽度等参数。直齿圆周齿轮的基本参数有齿数、模数、压力角等。这些基本参数是齿轮各部分几何尺寸计算的依据。

1）齿数 z

齿数是指一个齿轮的轮齿总数。齿轮设计时，齿数是按使用要求和强度计算确定的。

2）模数 m

齿轮传动中，齿距 p 除以圆周率 π 所得到的商称为模数，即 $m = p/\pi$。

使用模数和齿数可以很方便地计算齿轮的大小，用分度圆直径表示：$d = mz$。

当齿轮的模数一定时，齿数不同，齿形也有差异，齿数越多，齿轮的几何尺寸越大，轮齿渐开线的曲率半径也越大，齿廓曲线越趋平直，当齿数趋于无穷大时齿轮的齿廓变为直线，成为齿条，而变为齿条传动形式，如图 7-40 所示。现代轿车转向器的形式都是采用齿轮齿条式。

模数能反映齿轮尺寸大小和轮齿承载能力，是计算齿轮尺寸的基本参数。齿数相等的齿轮，模数越大，齿轮的齿形越大，如图 7-41 所示；反之，模数越小，齿轮的齿形越小。当模数一定时，齿数越多，齿轮的几何尺寸越大。

图 7-40 齿条传动形式

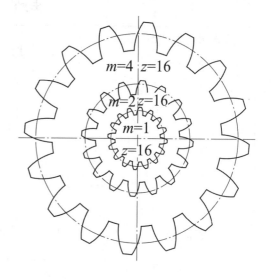

图 7-41 不同模数的轮齿

3）压力角 α

由渐开线的性质可知,渐开线上各点的压力角是不同的。压力角是齿轮运动方向与受力方向所夹的锐角,通常所说的压力角是指分度圆上的压力角。

国家标准中规定分度圆上的压力角为标准值,$\alpha = 20°$。压力角不同,轮齿的形状也不同。其公式为

$$\cos\alpha = \frac{r_b}{r}$$

式中：r_b——基圆半径,mm；

r——分度圆半径,mm。

2 齿轮传动的类型

齿轮传动的类型很多,分类方法也很多。按两齿轮的轴线位置,分为平行轴齿轮传动、相交轴齿轮传动、交错轴齿轮传动；按两齿轮的啮合方式,分为外啮合齿轮传动、内啮合齿轮传动、齿轮齿条啮合传动；按轮齿的齿向,分为直齿、斜齿、人字齿、曲齿。按工作条件,分为开式传动、闭式传动；按齿面硬度,分为硬齿面齿轮传动、软齿面齿轮传动。齿轮传动的类型见表 7-4。

1）交错轴齿轮传动

两啮合齿轮的传动轴线为空间任意交错位置,它是一种空间齿轮机构。常见类型有交错轴斜齿轮传动和蜗杆传动等。

齿轮传动的类型　　　　　　　　　　表 7-4

按传动轴空间位置分类	按齿形分类		齿轮传动示意图
平行轴传动	直齿圆柱齿轮传动	外啮合传动	
		内啮合传动	
		齿轮齿条传动	
	斜齿圆柱齿轮传动		
	人字齿轮传动		
相交轴传动	直齿锥齿轮传动		
	斜齿锥齿轮传动		
	曲齿锥齿轮传动		
交错轴传动	交错轴斜齿轮传动		
	蜗杆蜗轮传动		

2）平行轴齿轮传动

两啮合齿轮的传动轴线相互平行，这是一种平面齿轮传动。常见类型有外啮合齿轮传动、内啮合齿轮传动和齿轮齿条传动等。

3）相交轴齿轮传动

两齿轮的传动轴线相交于一点，它是一种空间齿轮机构。常见类型有直齿锥齿轮传动、斜齿锥齿轮传动和曲线齿锥齿轮传动。

（三）渐开线的形成和齿轮各部分的名称

1 渐开线的形成

渐开线是一个数学概念，其定义为：将一个圆轴固定在一个平面上，轴上缠线，拉紧一个线头，让该线绕圆轴运动且始终与圆轴相切，那么线上一个定点在该平面上的轨迹就是渐开线，如图7-42所示。齿轮的齿形由渐开线和过渡线组成时，就是渐开线齿轮。

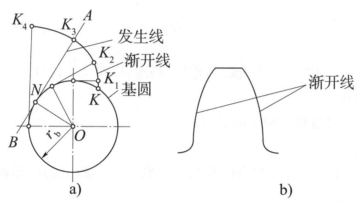

图7-42 渐开线的形成与渐开线齿廓

渐开线有如下性质：

（1）发生线 AB 沿基圆滚过的长度等于基圆上被滚过的一段弧长；

（2）渐开线上任意一点的法线必与基圆相切；

（3）渐开线的形状取决于基圆的大小，基圆越小，渐开线越弯曲；基圆越大，渐开线越平直；基圆无穷大时，渐开线变为一条直线，渐开线齿轮变为齿条；

（4）因发生线切于基圆，故基圆内无渐开线。

2 渐开线直齿圆柱齿轮各部分的名称

目前，绝大多数齿轮都采用渐开线齿廓，它既能保证齿轮传动的瞬时传动比恒定，使传动平稳，而且还容易加工，便于加工，互换性好。渐开线直齿圆柱齿轮各部位名称和代号，如图7-43所示。

1）齿顶圆 d_a

齿顶圆是指通过轮齿顶部的圆周。

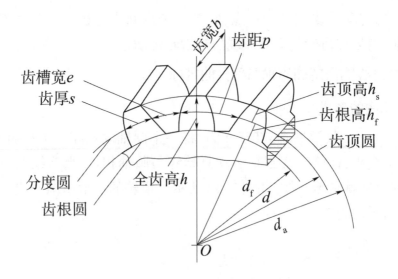

图 7-43 渐开线齿轮各部分名称和尺寸代号

2）齿根圆 d_f

齿根圆是指通过轮齿根部的圆周。

3）分度圆 d

对标准齿轮来说,齿厚与齿槽宽相等的圆。分度圆上的齿厚和齿槽宽分别用 s 和 e 表示,$s = e$。

4）齿厚 s

一个齿的两侧端面齿廓之间的分度圆弧长。

5）齿槽宽 e

一个齿槽的两侧端面齿廓之间的分度圆弧长。

6）齿距 p

两个相邻且同侧端面齿廓之间的分度圆弧长。

7）齿宽 b

齿轮的有齿部位沿分度圆柱面直母线方向量度的宽度。

8）齿顶高 h_a

齿顶圆与分度圆的径向距离。

9）齿根高 h_f

齿根圆与分度圆之间的径向距离。

10）全齿高 h

齿顶圆与齿根圆之间的径向距离。

（四）渐开线齿轮啮合的特点和正确啮合的条件

1 渐开线齿轮啮合的特点

（1）渐开线齿轮能够保持恒定的传动比。

（2）渐开线齿轮具有中心距可分性，即齿轮因磨损导致中心距改变，却仍然能够保持齿轮的传动比不变。

（3）齿廓间正压力方向不变。渐开线两齿轮在传动过程中，啮合点的轨迹为一条直线，如图7-44所示 N_1N_2，因此有利于齿轮传动的平稳性。

2 渐开线齿轮正确啮合的条件

（1）主动齿轮与从动齿轮的模数相等，即 $m_1 = m_2 = m$。

（2）主动齿轮与从动齿轮的齿形角相等，即 $\alpha_1 = \alpha_2 = \alpha$。

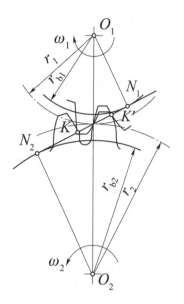

图7-44　渐开线齿轮的啮合

（五）齿轮的结构

圆柱齿轮的结构由轮缘、轮毂和轮辐三部分组成，根据圆柱齿轮的齿顶圆直径大小，齿轮的结构分为齿轮轴、实体式齿轮、腹板式齿轮和轮辐式齿轮等主要形式，各自主要结构特点如图7-45所示。

a）齿轮轴　　　b）实体式齿轮　　　c）腹板式齿轮　　　d）轮辐式齿轮

图7-45　齿轮的结构形式

1）齿轮轴

直径较小的齿轮通常直接和传动轴制成一个整体，即制成齿轮轴，如图7-45a）所示。

2）实体式齿轮

当齿顶圆直径比轴径大很多，同时能保证轮缘最薄处 $e \geqslant 2.5$ mm 以上时，可制成实体式齿轮，如图7-45b）所示。

3）腹板式齿轮

当齿顶圆直径 $d_a = 200 \sim 500$ mm 时，常用锻造方法制成腹板式结构，如

图7-45c)所示。

4) 轮辐式齿轮

当齿顶圆直径 d_a = 500～1000mm 时,常采用轮辐式结构,如图7-45d)所示。因轮辐式齿轮结构复杂,故常采用铸铁或铸钢材料制造。

(六)渐开线齿轮传动的传动比

在某齿轮传动中,主动齿轮的齿数为 z_1,从动齿轮的齿数为 z_2,主动齿轮每转过一个齿,从动齿轮也转过一个齿。当主动齿轮的转速为 n_1、从动齿轮的转速为 n_2 时,单位时间内主动齿轮转过的齿数 n_1z_1 与从动齿轮转过的齿数 n_2z_2 应相等,即 $n_1z_1 = n_2z_2$。

由此得传动比

$$i_{12} = \frac{n_1}{n_2} = \frac{z_2}{z_1}$$

式中:n_1、n_2——主动齿轮、从动齿轮的转速,r/min;

z_1、z_2——主动齿轮、从动齿轮的齿数。

渐开线齿轮传动的传动比为恒定值,就保证了渐开线齿轮传动的平稳性。

(七)斜齿圆柱齿轮传动

1 斜齿圆柱齿轮啮合原理

如图7-46所示,一对平行轴斜齿圆柱齿轮啮合时,斜齿轮的齿廓是逐渐进入、脱离啮合的,这样就弥补了直齿圆柱齿轮啮合时所带来的缺陷。

图7-46 斜齿圆柱齿轮啮合

斜齿圆柱齿轮传动仅限于传递两平行轴之间的运动。当一对直齿圆柱齿轮啮合时,轮齿的接触线是与轴线平行的直线,如图7-47a)所示,轮齿沿整个齿宽突然同时进入啮合和退出啮合;而斜齿圆柱齿轮传动时轮齿和轴线倾斜一个角度,由齿顶的一端逐渐地进入啮合,接触线逐渐由短变长,再由长变短,直至完全脱离啮合为止,如图7-47b)所示。因此,在轮齿上所承受的力也是逐渐由小到大,然后又逐渐减小的,其啮合过程比直齿长,同时啮合的齿数多。斜齿圆柱齿轮传动在汽车发动机和汽车底盘传动系统应用广泛。

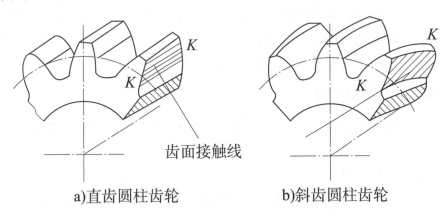

a)直齿圆柱齿轮　　　　b)斜齿圆柱齿轮

图 7-47　直齿轮与斜齿轮齿面上的接触线

❷ **斜齿圆柱齿轮传动特点**

1）优点

斜齿圆柱齿轮传动优点如下:

(1)工作平稳,冲击和噪声小,适用于高速传动;

(2)重合度较大,有利于提高承载能力;

(3)最小齿数小于直齿轮的最小齿数。

2）缺点

斜齿圆柱齿轮传动缺点如下:

(1)不能当作变速滑移齿轮;

(2)传动中存在轴向力,需要安装能承受轴向力的轴承,使支座结构复杂。为克服此缺点,可采用人字齿轮,但人字齿轮制造困难,成本高。

❸ **斜齿圆柱齿轮旋向的判断**

斜齿圆柱齿轮的螺旋方向分为右旋和左旋,判断方法为:伸出右手,掌心对着自己,四指指向与齿轮的轴线方向一致,则大拇指上升方向与螺旋线上升方向一致的为右旋,不一致的为左旋,如图7-48所示。

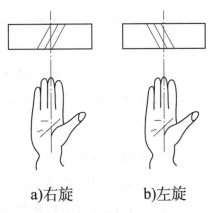

a)右旋　　b)左旋

图 7-48　斜齿圆柱齿轮的旋向判断

(八) 锥齿轮传动

1. 锥齿轮传动的组成和工作原理

锥齿轮传动主要由主动锥齿轮、从动锥齿轮和机架组成,如图 7-49 所示。锥齿轮传动用于相交轴之间的运动与动力的传递,其传动可以看成两个锥顶共点的圆锥体互作纯滚动。两轴间的轴交角 Σ 可根据传动的需要来确定,一般采用两轴线互相垂直的锥齿轮传动,即轴交角为 90°。

2. 锥齿轮传动的类型

锥齿轮传动有直齿锥齿轮传动、斜齿锥齿轮传动和曲线齿锥齿轮传动等几种类型。

1) 直齿锥齿轮传动

图 7-50 所示为直齿锥齿轮传动。直齿锥齿轮的轴向力小,噪声较大,用于低速传动(<5m/s)。如汽车后桥就是应用直齿锥齿轮传动。

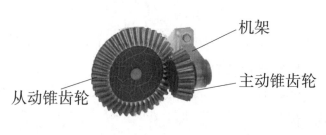

图 7-49　锥齿轮传动的组成　　图 7-50　直齿锥齿轮传动

2) 斜齿锥齿轮传动

图 7-51 所示为斜齿锥齿轮传动。斜齿锥齿轮的重合度大,噪声小。

3) 曲线齿锥齿轮传动

图 7-52 所示为曲线齿锥齿轮传动。曲线齿锥齿轮传动平稳,噪声小,承载能力大,用于高速重载的场合,传递功率可到 3700kW,圆周速度可达 40m/s 以上。

曲线齿锥齿轮传动

3. 直齿锥齿轮传动的特点

(1) 一对锥齿轮传动,相当于一对做纯滚动的圆锥摩擦轮传动。

(2) 一对标准直齿锥齿轮传动,两轮的分度圆锥面与节圆锥面重合。两轮轴线的交角称为轴交角,用 Σ 来表示,大多数情况下轴交角 $\Sigma = 90°$,如图 7-53 所示。

单元七 汽车机械传动

图 7-51　斜齿锥齿轮传动　　图 7-52　曲线齿锥齿轮传动

(九) 圆弧齿轮传动

图 7-54 所示圆弧齿轮传动是一种新型的平行轴圆柱齿轮传动。其经过数年的发展,大量应用于冶金、矿山、石油、化工、煤炭、电力和建筑等行业的各种机械设备上。

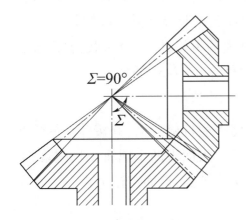
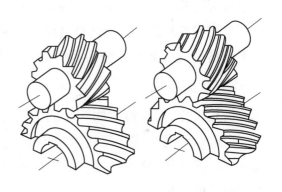

图 7-53　直齿锥齿轮传动　　图 7-54　圆弧齿轮传动

1　圆弧齿轮传动啮合形式

齿廓为圆弧形的点啮合齿轮传动。通常有两种啮合形式:小齿轮为凸圆弧齿廓,大齿轮为凹圆弧齿廓,称单圆弧齿轮传动。

大、小齿轮在各自的节圆以外部分都制成凸圆弧齿廓,在节圆以内的部分都制成凹圆弧齿廓,称双圆弧齿轮传动。

2　圆弧齿轮传动的特点

(1) 圆弧齿轮齿面接触强度比渐开线齿轮高 1~1.5 倍以上。
(2) 摩擦损失小,效率高(可达 99%~99.5%),齿面磨损小。
(3) 具有良好的跑合性,跑合后在齿廓法面上呈线接触。

(4) 圆弧齿轮无根切现象。小齿轮齿数可小（$z_{1min}=6\sim8$），其最小齿数主要是受轴的强度及刚度限制。

(5) 对中心距及切齿深度、螺旋角的精度要求高。

(6) 单圆弧锥齿轮轮齿的弯曲强度较弱。

齿轮传动的失效形式

（十）齿轮传动的失效形式

齿轮传动的失效是指齿轮传动过程中，若轮齿发生折断、齿面磨损等现象，促使齿轮失去了正常的工作能力的现象。

齿轮传动的失效主要指轮齿的失效，较为常见的失效形式有轮齿折断、齿面点蚀、齿面磨损、齿面胶合和齿面塑性变形等几种形式。

❶ 轮齿折断

齿轮传动工作时，轮齿像悬臂梁一样承受弯曲载荷，因此根部的弯曲应力最大。当交变的齿根超过齿轮的弯曲疲劳极限应力且多次重复作用后，轮齿就会发生疲劳折断。轮齿折断是指齿轮的一个或多个齿的整体或其局部的断裂。

采用脆性材料（如铸铁、整体淬火钢等）制成的齿轮，因瞬时过载，轮齿容易发生突然折断。通常有疲劳折断和过载折断两种，如图7-55所示。

❷ 齿面点蚀

齿轮工作时，轮齿齿面在法向力的作用下将产生接触应力，并按脉动循环变化。当齿面在过高的交变接触应力的反复作用下，齿面上的金属将小块脱落，形成麻点状的凹坑，称为点蚀，如图7-56所示。实践表明，齿面点蚀大多发生在靠近节圆线的齿根部位。

a) 疲劳折断　　b) 过载折断

图 7-55　轮齿折断

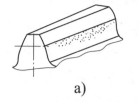 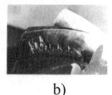

a)　　　　b)

图 7-56　齿面点蚀

❸ 齿面磨损

齿面磨损是指在齿轮传动中，当齿面间落入砂砾、铁屑等磨料性物质时，齿面被逐渐磨损的现象，它是开式齿轮传动的主要失效形式之一。齿面磨损一方面导致渐开线齿廓形状被破坏,引起噪声和系统振动;另一方面使轮齿变薄,可间接导致轮齿的折断,如图7-57所示。一般采取改用闭式传动、改善密封和润滑条件、提高齿面硬度等措施来提高抗磨损能力。

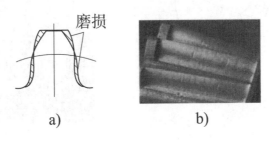

图 7-57　齿面磨损

❹ 齿面胶合

胶合是相啮合齿面的金属,在一定压力下直接接触发生黏着,同时,随着齿面间的相对运动,使金属从齿面上撕落而引起的一种严重黏着磨损现象,如图7-58所示。胶合又有热胶合和冷胶合之分。

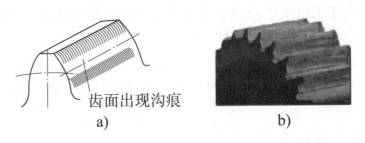

图 7-58　齿面胶合

一般采取使用黏度大或有抗胶合添加剂的润滑油(如硫化油)、提高齿面硬度、改善齿面粗糙度、配对齿轮采用不同的材料、加强散热等措施来防止齿面胶合的发生。

❺ 齿面塑性变形

在过大的应力作用下,轮齿材料因屈服产生塑性流动而形成齿面或齿体的塑性变形,如图7-59所示。在严重过载、起动频繁或重载传动中,较软齿面会发生塑性变形,破坏正确齿形。防止塑性变形的办法是提高齿面硬度和遵守操作规程。

齿轮的失效形式与齿轮传动的工作条件、齿轮材料的性能及不同的热处理工艺、齿轮自身的尺寸、齿廓形状、加工精度等密切相关。使用齿轮时应避免产生冲击载荷,经常检查润滑系统的状况,注意检查齿轮传动的工作情况。

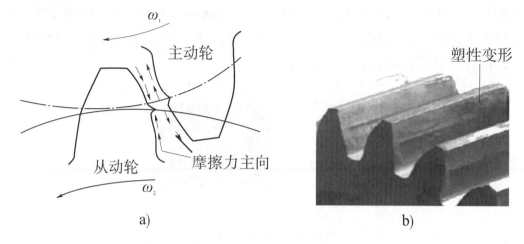

图 7-59 齿面塑性变形

（十一）齿轮传动的润滑和拆装

1 齿轮传动的润滑

看和听是维护齿轮传动最常用的方法，直接检查开式齿轮传动轮齿表面或通过窥视孔观察闭式齿轮传动的齿面啮合状态是最有效的方法；通过耳朵判断齿轮传动的啮合是否发出异常响声。

润滑对于齿轮传动十分重要。润滑不仅可以减小摩擦、减轻磨损，还可以起到冷却、防锈、降低噪声、改善齿轮的工作状况、延缓齿轮失效、延长齿轮的使用寿命等作用。

1）齿轮传动的润滑方式

齿轮传动的润滑方式如下。

（1）开式及半开式齿轮传动，或速度较低的闭式齿轮传动，通常用人工周期性加油润滑，所用润滑剂为润滑油或润滑脂。根据承载条件选用润滑油或润滑脂的牌号，润滑油或润滑脂的添加量，以够用为准。

（2）通用的闭式齿轮传动，其润滑方法根据齿轮的圆周速度大小而定，有浸油润滑和喷油润滑。

当齿轮的圆周速度 $v<12\text{m/s}$ 时，常将大齿轮的轮齿浸入油池中进行浸油润滑。这样，齿轮在传动时，就把润滑油带到啮合的齿面上，同时也将油甩到箱壁上，借以散热。齿轮浸入油中的深度可视齿轮的圆周深度大小而定，对圆柱齿轮通常不宜超过一个齿高，但一般也不应小于10mm；对锥齿轮应浸入全齿宽，至少应浸入齿宽的一半。在多级齿轮传动中，可借带油轮将油带到未浸入油池内的齿轮的齿面上。油池中的油量多少，取决于齿轮传递功率的大小。对单级传

动,每传递1kW的功率,需油量为0.35~0.7L。对于多级传动,需油量按级数成倍地增加。当齿轮的圆周速度 $v>12\text{m/s}$ 时,由于圆周速度大,齿轮搅油剧烈,且黏附在齿廓面上的油易被甩掉,因此不宜采用浸油润滑,而应采用喷油润滑。

(3)在齿轮传动中,起动、换挡、加载或卸载力求平稳过渡,避免产生冲击,防止突然过载造成轮齿的折断。

2)润滑剂的选择

选择润滑油时,先根据齿轮的工作条件以及圆周速度查得运动黏度值,再根据选定的黏度确定润滑油的牌号。工作中必须经常检查齿轮传动润滑系统的状况,油面过低会造成润滑不良,油面过高会增加搅油功率的损失。对于压力喷油润滑系统还需检查油压状况,油压过低会造成供油不足,而油压过高也可能是油路不通畅。

2 齿轮传动拆卸与安装注意事项

(1)对于开式齿轮传动,注意调整好轴两端轴承的水平和垂直距离,以保证齿轮的正常啮合。

(2)对于闭式齿轮传动,由于中心距固定,只要正常安装到位,一般能达到正常工作要求。

(3)拆卸齿轮时,最好选用压力机压出,采用专用胎具或用塑料棒、铜棒作垫,切忌使用重锤直接敲击轴的端部或齿轮的本体。安装齿轮时应保证齿轮的轴向定位。

四 蜗杆传动

(一)蜗杆传动的组成、类型和特点

1 蜗杆传动的组成

蜗杆传动是由带有螺旋状的蜗杆、类似于斜齿轮的内凹弧形齿的蜗轮和机架组成,如图7-60所示。一般蜗杆为主动件,蜗轮为从动件。蜗杆传动由交错轴斜齿圆柱齿轮演化而来,通常蜗杆传动用于传递空间两交错轴之间的运动和动力,通常两轴垂直交错,轴交角 $\Sigma=90°$。蜗杆每转动一圈,蜗轮被相应拨过一个齿。

图7-60 蜗杆传动的组成

当传动装置的结构尺寸较小又要求较大的传动比时,通常选用蜗杆传动。蜗杆传动广泛应用于各种机械的传动系统中,如汽车转向器等。

❷ 蜗杆传动的类型

按照蜗杆形状的不同,蜗杆传动分为圆柱蜗杆传动、环面蜗杆传动和锥面蜗杆传动,如图 7-61 所示。

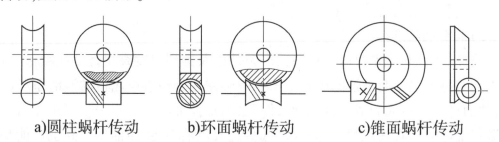

a)圆柱蜗杆传动　　b)环面蜗杆传动　　c)锥面蜗杆传动

图 7-61　蜗杆传动的种类

❸ 蜗杆传动的特点

1)优点

与齿轮传动相比,蜗杆传动的主要优点如下:

(1)传动比大;

(2)传动平稳,噪声小;

(3)结构紧凑,体积小、质量轻;

(4)蜗杆传动可以实现自锁,有安全保护作用。

2)缺点

蜗杆传动的主要缺点如下:

(1)齿面磨损严重,传动效率较低;

(2)为减小齿面磨损,蜗轮常用较贵重的金属制造,故成本较高。

(二)蜗杆传动中蜗轮、蜗杆的转向判定

❶ 蜗杆与蜗轮螺旋方向判定

蜗杆和螺纹一样有右旋和左旋之分,分别称为右旋蜗杆和左旋蜗杆。蜗杆上只有一条螺旋线的称为单头蜗杆,即蜗杆转一周,蜗轮转过一个齿,若蜗杆上有两条螺旋线,就称为双头蜗杆,即蜗杆转一周,蜗轮转过两个齿。

蜗轮与斜齿轮一样,也分左旋齿和右旋齿,如图 7-62 所示。蜗杆、蜗轮的螺旋方向可用右手法则判定。具体方法是用右手四指表示轴线方向,掌心面向自己,大拇指指向与蜗杆或蜗轮的指向一致,则为右旋蜗杆或蜗轮;反之为左旋蜗杆或蜗轮。

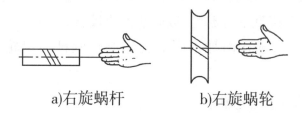

a)右旋蜗杆　　　b)右旋蜗轮

图 7-62　蜗杆蜗轮螺旋方向判定

❷ **蜗杆传动旋转方向判定**

蜗轮的旋转方向，不仅与蜗杆的旋转方向有关，而且还与蜗杆的螺旋方向有关。当已知蜗杆的旋转方向及螺旋方向后，可判定蜗轮的旋转方向：当蜗杆是右旋（或左旋）时，伸出右手（或左手）半握拳，用四指顺着蜗杆的旋转方向，这时与大拇指指向相反，就是蜗轮的旋转方向，如图 7-63 所示。

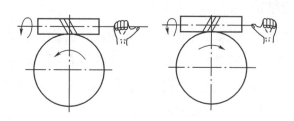

图 7-63　蜗轮旋转方向判定

(三)蜗杆传动的失效形式

蜗杆传动的失效形式与齿轮传动相似，但是蜗杆传动的两轴成空间 90°相错，所以在蜗杆传动中，蜗杆、蜗轮的齿廓间将产生较大的相对滑动、摩擦、磨损和发热严重，使蜗杆传动失效。由于蜗轮材料的强度往往低于蜗杆材料的强度，所以失效大多发生在蜗轮轮齿上，如图 7-64 所示。

a)齿面磨损　　　　　　　b)齿面点蚀

图 7-64　蜗轮的失效形式

蜗杆传动的失效形式有点蚀、胶合、磨损和齿根折断。对于开式蜗杆传动，主要失效形式是磨损；而闭式蜗杆传动的润滑条件较好，主要失效形式是胶合。常用增加风扇来强制降低油的温度，以防止产生胶合。

为防止产生胶合，选择两种不同的材料制作蜗杆与蜗轮是最好抗胶合的方法。

(四) 蜗杆传动的拆装与维护

1 蜗杆传动的拆装

蜗杆传动时，由于蜗杆的齿面嵌入蜗轮的凹弧齿中，所以安装时应先装入蜗轮后再装入蜗杆，最后装入蜗杆两端的滚动轴承；拆卸时一定要先拆卸掉蜗杆一端的滚动轴承，使蜗杆与蜗轮脱离啮合后，才能将蜗杆同另一端滚动轴承一起拆下。拆卸的注意事项与齿轮传动相同，切忌强拆硬敲。滚动轴承的安装应当到位，方可防止蜗杆在传动中左右窜动。

2 蜗杆传动的维护

由于蜗杆传动的滑动速度大，效率低，发热量大，因此润滑对蜗杆传动来说，具有特别重要的意义。若润滑不良，传动效率将显著降低，并且会带来剧烈的磨损和产生胶合破坏的危险。所以往往采用黏度大的矿物油进行良好润滑，在润滑油中还常加入添加剂，使其提高抗胶合能力。

蜗杆传动所采用的润滑油、润滑方法及润滑装置与齿轮传动基本相同。

五 齿轮系

(一) 齿轮系的分类和应用

1 齿轮系定义

一对齿轮的传动是齿轮机构中最简单的一种传动形式，在实际应用中，往往需要由多对齿轮传动组成传动系统来实现从动轴的降速、多种变速和变向，如汽车变速器。这种由一系列相互啮合的齿轮组成的传动装置称为齿轮系，如图7-65所示。

图7-65　齿轮系

2 齿轮系的分类

齿轮系传动时，根据各齿轮轴线的位置是

否固定,可分为定轴轮系和周转轮系两大类。

1)定轴轮系

齿轮系运转时,所有齿轮的轴线位置保持固定的齿轮系,称为定轴轮系,如图 7-66 所示。汽车手动变速器就是典型的定轴轮系,驾驶人通过操纵变速杆直接操纵变速器换挡机构,选择不同挡位的传动齿轮进行变速。

定轴轮系
(手动变速器)

2)周转轮系

齿轮系运动中,至少有一个齿轮的轴线围绕另一个齿轮的固定轴线旋转的,这样的齿轮系称为周转轮系,如图 7-67 所示。汽车自动变速器就采用了周转轮系,它根据发动机的负荷和车速的变化自动选定挡位变换,驾驶人只需操纵加速踏板来控制车速。

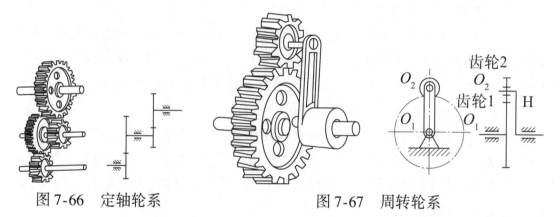

图 7-66　定轴轮系　　　　图 7-67　周转轮系

周转轮系由中心轮(太阳轮、齿圈)、行星轮、系杆 H(也称行星架或转臂)、机架组成,如图 7-68 所示。

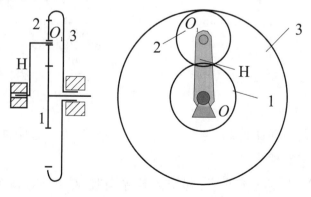

图 7-68　周转轮系的组成
1-中心轮;2-行星轮;3-齿圈;H-系杆

(1) 中心轮。具有固定几何轴线的齿轮(外齿中心轮称太阳轮,内齿中心轮称齿圈)。

(2) 行星轮。除绕自身轴线自转外,还随系杆 H 绕中心轮公转的齿轮。

(3) 系杆。支撑行星轮并和行星轮一起绕固定轴线回转的构件,也称行星架或转臂。

3 齿轮系的功用

齿轮系在大多数机械传动中,将主动轴的较快转速转变为从动轴的较慢转速,或者将主动轴的一种转速变换为从动轴的多种转速,或者改变从动轴的旋转方向。在汽车底盘广泛运用齿轮系传动,如手动变速器、自动变速器、分动器、差速器及汽车起动装置。

齿轮系的功用大致可归纳为以下几个方面。

1) 可实现大的传动比

用一对相互啮合的齿轮传动,受齿轮结构的限制,传动比不能过大,而采用齿轮系传动可实现大的传动比,以满足低速工作的要求,如图 7-69 所示。若 $z_1 = 100$, $z_2 = 101$, $z_{2'} = 100$, $z_3 = 99$,可使从系杆 H 到轮 1 的传动比达 10000。

2) 可实现较远距离的两轴之间的传动

当两轴中心距较大时,若仅用一对齿轮传动,则会使两齿轮的尺寸过大。如图 7-70 所示,用四个小齿轮 a、b、c 和 d 组成的齿轮系,代替一对大齿轮 1、2 来实现啮合传动,采用齿轮系传动使机械结构紧凑,节省了材料,方便制造和安装,并能进行远距离传动。

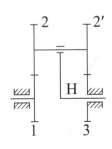

图 7-69 大传动比传动

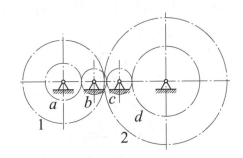

图 7-70 远距离传动

3) 可实现变速的要求

在主动轴转速不变的情况下,利用齿轮系可使从动轴获得多种工作转速,采用滑移齿轮等变速机构,可改变传动比,实现多级变速要求,如汽车变速器的变速,可实现低速、中速、高速挡位的变化。

图 7-71 所示为汽车上常用的三轴四速变速器传动简图。图中轴Ⅰ为输入轴,轴Ⅲ为输出轴,轴Ⅱ和Ⅳ为中间传动轴。当牙嵌离合器的 x 和 y 半轴接合,滑移齿轮 4、6 空套时,Ⅲ轴得到与Ⅰ轴同样的高转速;当离合器脱开,运动和动力由齿轮 1、2 传给Ⅱ轴,当移动滑移齿轮使 4 与 3 啮合,或 6 与 5 啮合,Ⅲ轴可得到中速或低速挡。

4)可改变从动轴回转方向

在图 7-71 所示中,当移动齿轮 6 与Ⅳ轴上的齿轮 8 啮合,Ⅲ轴回转反向,可得倒车挡。

5)可实现运动的合成和分解

利用周转轮系可实现运动的合成和分解。汽车后桥差速器的齿轮系,当汽车转弯时,发动机输出的运动分解为不同转速分别送给左右两个车轮,以减轻轮胎的磨损。图 7-72 所示的周转轮系中,其系杆 H 的运动是齿轮 1 和 3 运动的合成。

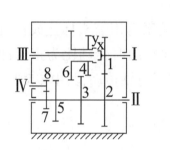
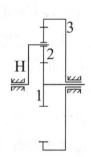

图 7-71 变速传动　　图 7-72 运动的合成和分解

汽车变速器具有三种功能:一是改变传动比,扩大驱动轮转矩和转速的变化范围,适应复杂的道路条件;二是提供倒挡,在发动机工作旋转方向不改变的情况下,使汽车能够倒向行驶;三是利用空挡,中断动力传递,以便发动机起动、怠速,变换挡位或进行动力输出。

(二)定轴轮系传动比

齿轮系中,输入轴与输出轴之间的转速或角速度之比,称为齿轮系的传动比。齿轮系传动比的计算包括:传动比大小的计算和确定输入轴与输出轴的转向关系。

❶ 一对齿轮啮合传动比

判断两轴的转向,对于平行轴传动,两轴转向相同时(图 7-73a)的内啮合传动比为正值;两轴转向相反时(图 7-73b)的外啮合传动比为负值,即

$$i_{12} = \frac{n_1}{n_2} = \frac{\omega_1}{\omega_2} = \pm \frac{z_2}{z_1}$$

式中：ω_1、ω_2——主动轮、从动轮角速度，rad/s；

n_1、n_2——主动轮、从动轮转速，r/min；

z_1、z_2——主动轮、从动轮齿数。

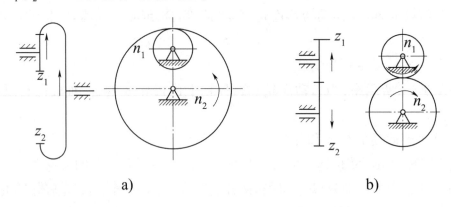

图 7-73　一对齿轮啮合情况

❷ 定轴轮系中齿轮旋转方向的表示

各种类型齿轮传动，主、从动轮的转向关系可用箭头标注或正负号法确定。判断两轴的转向，对于平行轴传动，两轴转向相同时传动比为正值；两轴转向相反时传动比为负值。如图 7-74 所示，对于非平行轴传动，其中传动比不能用正负号表示，齿轮的转向只能标注在图上。

❸ 定轴轮系传动比大小的确定

齿轮系中主动轴与从动轴间的转速或角速度之比，称为齿轮系的传动比。图 7-75 所示定轴轮系中，齿轮 1 为主动轮，通过齿轮 2-3-4 将运动和动力传递给齿轮 5，则齿轮系的传动比大小为

$$i_{15} = \frac{n_1}{n_5} = \frac{\omega_1}{\omega_5}$$

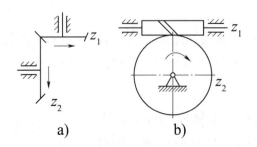　　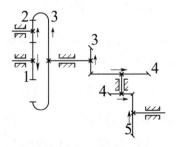

图 7-74　齿轮的转向标注　　　　图 7-75　定轴轮系

下面讨论传动比 i_{15} 的计算方法。

轮系中各对啮合齿轮的传动比的大小为

$$i_{12} = \frac{n_1}{n_2} = \frac{\omega_1}{\omega_2} = -\frac{z_2}{z_1}(转向相反)$$

$$i_{23} = \frac{n_2}{n_3} = \frac{\omega_2}{\omega_3} = \frac{z_3}{z_2}$$

$$i_{34} = \frac{n_3}{n_4} = \frac{\omega_3}{\omega_4} = \frac{z_4}{z_3}$$

$$i_{45} = \frac{n_4}{n_5} = \frac{\omega_4}{\omega_5} = \frac{z_5}{z_4}$$

其中由于同一轴上的齿轮转速大小相等,转向相同,所以 $n_3 = n_3$、$n_4 = n_4$。若将上列各式的两边连乘起来,于是可得

$$i_{12} \times i_{23} \times i_{34} \times i_{45} = \frac{n_1}{n_2}\frac{n_2}{n_3}\frac{n_3}{n_4}\frac{n_4}{n_5} = -\frac{z_2}{z_1}\frac{z_3}{z_2}\frac{z_4}{z_3}\frac{z_5}{z_4}$$

即

$$i_{15} = \frac{n_1}{n_5} = -\frac{z_2 z_3 z_4 z_5}{z_1 z_2 z_3 z_4} = -\frac{z_3 z_4 z_5}{z_1 z_3 z_4}$$

"−"号表示齿轮1与5转向相反(也可用标注箭头来确定)。其中齿轮2同时和两个齿轮啮合,它既是从动轮又是主动轮,它的齿数不影响传动比的大小,只改变后面齿轮的转向,这种齿轮称为惰轮。

综上所述,定轴轮系的传动比等于组成该轮系的各对啮合齿轮传动比的连乘积;其大小等于各对啮合齿轮中所有从动齿轮齿数的连乘积与所有主动齿轮齿数的连乘积之比,即

$$定轴轮系的传动比(i_{1n}) = \frac{首轮(输入轴)转速}{末轮(输出轴)转速} = \frac{所有从动齿轮齿数的连乘积}{所有主动齿轮齿数的连乘积}$$

❹ 定轴轮系转向的确定

1)用"+""−"表示

此法只适用于平面定轴轮系。两轮转向相反,用"−"表示,两轮转向相同,用"+"表示。一对外啮合齿轮,其传动比前应加"−"号,一对内啮合齿轮,其传动比前应加"+"。

2)画箭头"→"表示

外啮合时:两箭头同时指向(或远离)啮合点,头头相对或尾尾相对,如图7-76a)、b)所示。内啮合时:两箭头同向,如图7-76c)所示。该方法对平面定轴轮系和空间定轴轮系均适用。

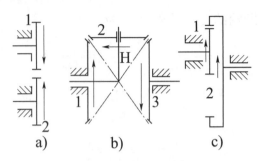

图 7-76　外啮合、内啮合时箭头表示法

5　末端为齿条传动的齿轮系的转换

齿轮系中,若末端带有齿条传动,则齿条传动部分把齿轮的转动转换为齿条的移动,从而把转动转化为移动,如图 7-77 所示。

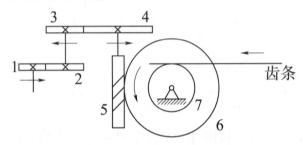

图 7-77　末端为齿条传动的齿轮系

由齿条传动的相关知识可知,齿条的移动速度就等于与之啮合小齿轮的线速度,小齿轮的线速度可通过其转速计算,即

$$v = \pi m z n$$

式中：v——齿条移动速度,mm/min；

m——齿条模数,mm；

z——与齿条啮合的小齿轮的齿数；

n——与齿条啮合的小齿轮的转速,r/min。

$$L = \pi m z N$$

式中：L——齿条移动距离,mm；

m——齿条模数,mm；

z——与齿条啮合的小齿轮的齿数；

N——与齿条啮合的小齿轮的转动圈数,r。

(三)周转轮系的传动比

1　周转轮系的结构

图 7-78 所示为一单排内外啮合的周转轮系,外齿轮 1、齿圈 3 位于中心位置

绕着轴线 O_1 回转；齿轮 2 同时与外齿轮 1 和齿圈 3 相啮合，其既作自转又作公转。

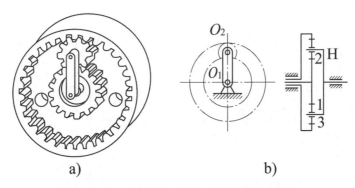

图 7-78 单排内外啮合的周转轮系

在周转轮系中，两中心轮和行星架的回转轴线一定要重合，否则，齿轮系无法转动。用作动力传动的周转轮系通常都具有多个行星轮，并使其均匀分布在轮的四周，如图 7-79 所示。

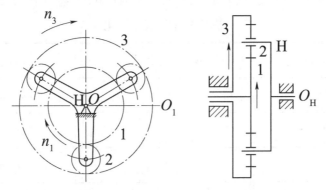

图 7-79 具有 3 个行星轮的周转轮系

❷ 周转轮系的分类

周转轮系又有差动轮系和行星轮系之分。

1) 差动轮系

中心轮转速都不为零的周转轮系称为差动轮系。

2) 行星轮系

有一个中心轮转速为零即固定不动的周转轮系称为行星轮系。汽车自动变速器常采用行星轮系。

❸ 周转轮系传动比的确定

确定周转轮系传动比最常用的方法是转化机构法。它是利用反转法给整个周转轮系加上一个的公共角速度 $-\omega_H$（或转速——n_H），将原周转轮系转化为假想的定轴轮系,然后间接地利用定轴轮系的传动比公式来求解周转轮系的传动比。下面以图7-80所示周转轮系为例,说明转化机构法的基本思路和计算方法。

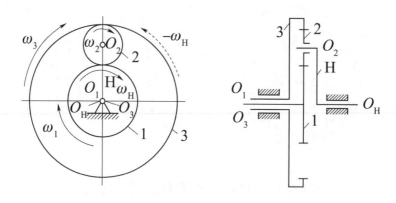

图7-80 确定周转轮系传动比

ω_1(或 n_1)、ω_2(或 n_2)、ω_3(或 n_3)、ω_H(或 n_H)分别表示齿轮1、2、3和系杆H的角速度(或转速),将轮系按 $-n_H$ 反转后,各构件的转速变化见表7-5。

各构件转速的变化　　表7-5

构　件	原来转速	转化后转速
齿轮1	n_1	$n_1^H = n_1 - n_H$
齿轮2	n_2	$n_2^H = n_2 - n_H$
齿轮3	n_3	$n_3^H = n_3 - n_H$
行星架H	n_H	$n_H^H = n_H - n_H = 0$

转化后系杆H变为静止不动。根据相对运动原理,这样并不影响齿轮系中各构件之间的相对运动关系。此时,整个周转轮系便转化为假想的定轴轮系,如图7-81所示。

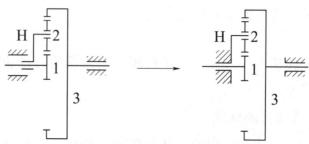

图7-81 周转轮系转化法

转化机构中的输入轴和输出轴的传动比可直接套用定轴轮系传动比的计算公式求得,转向也用定轴经系的判断方法来确定。图 7-81 所示转化机构中齿轮 1 对齿轮 3 的传动比为

$$i_{13}^H = \frac{n_1^H}{n_3^H} = \frac{n_1 - n_H}{n_3 - n_H} = -\frac{z_2 z_3}{z_1 z_2} = -\frac{z_3}{z_1}$$

上式" – "表示,在转化齿轮系中,齿轮 1 与齿轮 3 转向相反。

❹ 单排行星轮系统运动情况和传动比

单排行星轮系统包括一个太阳轮、若干个行星轮、安装行星轮的行星架和一个齿轮在内侧的齿圈。由于单排行星轮具有两个自由度,如果没有固定元件就没有固定的传动比。为了获得固定的传动比,可将太阳轮、行星架和齿圈中的某一个加以固定,或使其中的一个元件获得固定的转速,或使两个独立元件连接起来,使行星轮机构的自由度只有一个,从而获得固定的传动比。单排行星轮系统运动情况和传动比的计算方法见表 7-6。

单排行星轮系统运动情况和传动比的计算　　表 7-6

固定件	主动件	从动件	说明	传动比	传动效果	从动件转动方向
太阳轮	行星架	齿圈	行星架顺时针转动时,会驱动行星架上固定的行星轮向前滚动并带动齿圈顺时针转动,将动力输出	$i_{H3} = \dfrac{n_H}{n_3} = \dfrac{z_3}{z_1 + z_3}$ (传动比小于1)	加速	与主动件相同
太阳轮	齿圈	行星架	齿圈顺时针转动时,会使行星轮在固定的太阳轮上滚动,并带动行星架顺时针转动	$i_{3H} = \dfrac{n_3}{n_H} = \dfrac{z_3 + z_1}{z_3}$	减速	与主动件相同

续上表

固定件	主动件	从动件	说　明	传动比	传动效果	从动件转动方向
齿圈	行星架	太阳轮	行星架驱动行星轮在固定的齿圈内滚动,并带动太阳轮超速转动	$i_{H1} = \dfrac{n_H}{n_1} = \dfrac{z_1}{z_1 + z_3}$ （传动比小于1）	加速	与主动件相同
齿圈	太阳轮	行星架	太阳轮顺时针方向转动时,会驱动行星轮逆时针转动,由于齿圈固定,行星轮在转动的同时会在齿圈内壁顺时针爬行,并带动行星架顺时针转动,将动力输出。因为齿圈固定,n_3 为0	$i_{1H} = \dfrac{n_1}{n_H} = \dfrac{z_1 + z_3}{z_1}$ （传动比大于1）	减速	与主动件相同
行星架	太阳轮	齿圈	由于固定了行星架,行星轮的轴线被固定,行星轮只有自转没有公转,相当于定轴齿轮系,太阳轮顺时针转动会使行星轮驱动齿圈反转,实现输入轴与输出轴的反向转动,自动变速器的倒挡一般都是通过这种方式来实现的	$i_{13} = \dfrac{n_1}{n_3} = -\dfrac{z_3}{z_1}$	减速	与主动件相同

单元小结

(1)带传动根据其传动原理分为摩擦带传动和啮合带传动两大类。带传动主要由主动带轮、从动带轮、传动带和机架组成。

(2)带的弹性变形及拉力差而引起的带与带轮间的滑动现象,称为带的弹性滑动。弹性滑动是带传动中不可避免的一种正常的物理现象。外载荷超过带的有效拉力，而引起的带与带轮间的滑动现象称为打滑。打滑是可以避免的。

(3) 在带传动中，主动带轮转速 n_1 与从动带轮转速 n_2 之比称为带传动的传动比，用 i 表示。

(4) 带传动的张紧方法通常有调整中心距和使用张紧轮。

(5) 链传动由主动链轮、链条、从动链轮及机架组成。

(6) 链传动按用途不同，可分为传动链、起重链和牵引链。

(7) 渐开线齿轮正确啮合的条件。

① 主动齿轮与从动齿轮的模数相等，即 $m_1 = m_2 = m$。

② 主动齿轮与从动齿轮的齿形角相等，即 $\alpha_1 = \alpha_2 = \alpha$。

(8) 齿轮失效主要发生在齿根部分，其主要的失效形式有：轮齿折断、齿面点蚀、齿面磨损、齿面胶合和齿面塑性变形等。

(9) 根据两齿轮机构传动轴线的相对位置不同，可分为平行轴齿轮机构、交错轴齿轮机构和相交轴齿轮机构三种类型。

(10) 蜗杆传动分为圆柱蜗杆传动、环面蜗杆传动和锥面蜗杆传动。

(11) 蜗杆传动的失效形式有点蚀、胶合、磨损和齿根折断。

(12) 由一系列相互啮合的齿轮组成的传动装置称为齿轮系。齿轮系分为定轴轮系和周转轮系。

(13) 齿轮系传动比计算内容主要包括两方面：一是传动比大小的计算；二是确定从动轮的转向。

(14) 定轴轮系的传动比等于组成该轮系的所有从动轮齿数连乘积除以所有主动轮齿数的连乘积，也等于组成该轮系的各对齿轮传动比的乘积。

(15) 行星轮系传动比计算利用转化轮系法，齿轮系转化后，周转轮系转化为定轴轮系，从而直接套用定轴轮系传动比的计算公式进行计算。

(16) 单排行星轮系统包括一个太阳轮、若干个行星轮、安装行星齿轮的行星架和一个齿轮在内侧的齿圈。单排行星轮系统运动情况和传动比的计算。

思考与练习

(一) 填空题

1. 带传动与链传动用于传递 _____ 和 _____，是机械传动中重要的传动形式。

2. 带传动由_____、_____、_____及机架组成。

3. 带传动根据其传动原理分为_____和_____两大类。摩擦型带传动主要是靠_____和_____间接触面之间_____的来传递动力和运动;而啮合型带传动即为_____,它是靠_____与_____的啮合传递运动和动力的。

4. 在所有的带传动中,_____应用最广。

5. V带已标准化,国家标准规定的普通V带按截面尺寸由小到大有_____七种型号。

6. 普通V带轮通常由_____、_____和_____三部分组成。

7. 链传动由轴线平行的_____、_____及机架组成。工作时靠_____与_____的啮合来传递运动和动力。

8. 常用的传动链主要有_____和_____两种。其中_____传动应用最为广泛,一般所说的链传动即指_____传动。

9. 滚子链的内链板与套筒、外链板与轴为_____配合。

10. 链轮的外形结构与链轮的直径有关。小直径一般制成_____;中等直径可制成_____;大直径的链轮常采用_____或_____。

11. 链传动张紧的目的,主要是为了避免在链条的垂度过大时,产生_____和链条的_____现象;同时也为了_____链条与链轮的啮合包角。当两轮轴心连线倾斜角大于_____时,通常设有张紧装置。张紧方法有_____和_____两种。

12. 渐开线齿轮传动的_____为恒定值,就保证了渐开线齿轮传动的_____。

13. 齿轮传动常见的失效形式有_____、_____、齿面磨损、_____及齿面塑性变形等几种形式。

14. 由一系列_____组成的传动系统称为齿轮系,根据各齿轮轴线的位置是否固定,可分为_____和_____两大类。

15. 定轴轮系的传动比是指_____之比。

16. 一对外啮合齿轮传动两轮转向_____;一对内啮合齿轮传动两轮转向_____。

17. 周转轮系中,行星架和中心轮的回转轴线_____。

18. 周转轮系中,绕固定轴线转动的齿轮为_____,兼有自转和公转的齿轮为_____。

(二) 选择题

1. 需要制成无接头环形的是(_____)。

A. 平带　　　　　　B. 圆带　　　　　　C. V 带

2. V 带结构中用来承受基本拉力的是(　　)。

　　A. 包布层　　　　B. 伸张层　　　　C. 强力层　　　　D. 压缩层

3. 带轮的工作表面要光滑,主要是为了(　　)。

　　A. 便于制造　　　B. 减少带的磨损　　C. 质量分布均匀　　D. 减小质量

4. 发动机的曲轴与冷却风扇之间的传动宜采用(　　)。

　　A. 链传动　　　　B. 齿轮传动　　　　C. 蜗杆传动　　　　D. 带传动

5. 链传动一般布置在(　　)内。

　　A. 水平面　　　　B. 倾斜平面　　　　C. 铅垂面　　　　D. 不确定

6. 齿轮传动中大体有三种齿廓曲线的齿轮,其中(　　)齿轮制造容易、便于安装、互换性也好,应用最广。

　　A. 渐开线　　　　B. 摆线　　　　　　C. 圆弧

7. 齿轮传动能保证两轮(　　)恒等于常数。

　　A. 传动比　　　　B. 平均传动比　　　C. 瞬时传动比

8. 斜齿圆柱齿轮传动与直齿圆柱齿轮传动相比最大的优点是(　　)。

　　A. 传动效率高　　B. 传动比恒定　　　C. 传动平稳、噪声小

9. 能够实现相交轴之间的运动与动力的传递的齿轮传动机构是(　　)。

　　A. 直齿圆柱齿轮机构　　　　　　　B. 斜齿圆齿轮机构

　　C. 锥齿轮机构

10. 蜗杆传动用于传递(　　)轴之间的运动和动力。

　　A. 两平行　　　　B. 两相交　　　　C. 两空间交错

11. 齿轮传动与蜗杆传动、带传动及链传动相比,其最主要优点在于(　　)

　　A. 适用于大中心距传递　　　　　　B. 单级传动比大

　　C. 传动效率高　　　　　　　　　　D. 瞬时传动比准确

12. (　　)传动属于平面相交轴传动。

　　A. 直齿锥齿轮　　　　　　　　　　B. 直齿圆柱齿轮外啮合

　　C. 直齿圆柱齿轮内啮合　　　　　　D. 蜗杆传动

13. 将行星轮系转化为定轴轮系后,各构件间的相对运动(　　)变化。

　　A. 发生　　　　　　　　　　　　　B. 不发生

　　C. 不确定　　　　　　　　　　　　D. 增大

14. 带传动采用张紧的目的是(　　)。

　　A. 减轻带的弹性滑动　　　　　　　B. 提高带的寿命

C. 改变带的运动方向　　　　　　　　D. 调节带的初拉力

15. 一般来说,带传动的打滑多发生在(　　)上。

　　A. 大带轮　　　　B. 小带轮　　　　C. 不确定

16. 与齿轮传动相比,蜗杆传动的主要优点是(　　)。

　　A. 传动比大,结构紧凑　　　　　　　B. 传动平稳无噪声

　　C. 传动效率高　　　　　　　　　　　D. 可自锁,有安全保护作用

(三) 判断题

1. 线绳结构的V带比较柔软,抗拉强度较低,适用于直径较小的带轮。
　　　　　　　　　　　　　　　　　　　　　　　　　　　　　　(　　)

2. 张紧轮应安装在带的松边,并且应将张紧轮尽量靠近大带轮。(　　)

3. 为了便于装拆传动带,带轮应布置在轴的外伸端。(　　)

4. 与摩擦型带传动相比,链传动传动比准确,传动效率高,轴向拉力较小,结构尺寸更为紧凑。(　　)

5. 为增加链传动的承载能力,滚子链的排数越多越好。(　　)

6. 滚子链的链节数一般是偶数,这样便于首尾连接。(　　)

7. 在制造、安装过程中,一对相互啮合的齿轮的中心距的微小误差会改变其瞬时传动比,因此在制造、安装时要求较高。(　　)

8. 斜齿圆柱齿轮螺旋角越大,轮齿越倾斜,则传动的平稳性越好,但轴向力也越大。(　　)

9. 蜗杆传动与其他齿轮传动相比较,最大的特点是传动比大,是其他齿轮机构所无法实现的。(　　)

10. 蜗杆传动与齿轮传动相比,轮齿相互接触的时间较长,所以在传动中将产生较大的相对滑动。(　　)

11. 蜗杆传动具有自锁性,所以蜗轮永远是从动件。(　　)

12. 蜗杆副中,蜗杆的旋向与蜗轮的旋向相反。(　　)

13. 适当提高齿面硬度,可以有效防止或减缓齿面点蚀、磨损、胶合等失效形式。(　　)

14. 惰轮对轮系的传动比大小有影响。(　　)

15. 齿轮系的作用仅在于能实现变速和变向运动。(　　)

16. 周转轮系传动比可按定轴轮系传动比计算公式计算。(　　)

17. 齿轮系中的某个中间齿轮可以既是前级的从动轮,又是后级的主动轮。
　　　　　　　　　　　　　　　　　　　　　　　　　　　　　　(　　)

18. V 带传动时底面与 V 带轮槽的底面相接触。　　　　　　　　（　）

19. V 带传动时受到弯曲变形的影响,所以带的寿命较短。　　　　（　）

20. 带传动使用过程中要对带进行定期检查和及时调整,一组 V 带中只需更换个别疲劳撕裂的 V 带即可。　　　　　　　　　　　　　　　　　（　）

21. 保证链传动有足够的润滑,可以延长使用寿命,减少传动噪声。　（　）

（四）简答题

1. 简述带传动的组成和工作原理。

2. V 带传动、多楔带传动及同步带传动各有什么特点？

3. 什么是链传动？链传动有哪几种类型？

4. 简述齿轮传动的主要特点。

5. 轮齿的主要失效形式有哪些？

6. 蜗杆传动与齿轮传动相比有何特点？

7. 如何计算定轴轮系的传动比？如何判断输出轴的转向？

8. 齿轮系传动比的正、负号的含义是什么？

单元八　汽车液压传动

 学习目标

1. 知道液压传动系统的组成、液压传动的特点,知道液压传动系统各组成元件作用、结构和工作原理;
2. 描述液压传动系统的工作原理和汽车上的液压装置的工作过程;
3. 熟悉液压系统的主要参数;
4. 识读液压传动的基本回路;
5. 正确进行汽车液压传动元件拆装,正确使用汽车维修企业的液压设备。

 建议课时

4课时。

一　液压传动的认识

(一)液压传动系统的组成和工作原理

❶ 液压传动系统的组成

液压传动系统由四部分组成:动力元件、执行元件、控制元件和辅助元件。

1)动力元件

动力元件将机械能转化成液压能,向液压系统提供压力油,是系统的动力源,如油泵。

2)执行元件

执行元件将液压能转化成机械能,在压力油的作用下,完成对外做功,如液压缸、液压马达。

3)控制元件

控制元件控制油液的流动方向、调节压力和流量,如各种控制阀(溢流阀、节流阀、换向阀等)。

4)辅助元件

辅助元件起清洁、散热、密封及储存等作用,如储油罐、油管、管接头、过滤器、蓄能器、密封件等。

❷ 液压传动系统的工作原理

液压传动系统利用液压泵将原动机的机械能转换为液体的压力能,通过液体压力能的变化来传递能量,经过各种控制阀和管路的传递,借助于液压执行元件,如液压缸、液压马达,把液体压力能转换为机械能,驱动工作机构实现直线往复运动和回转运动。其中,液体工作介质一般为矿物油。图 8-1 所示为液压千斤顶的组成及工作原理示意图。

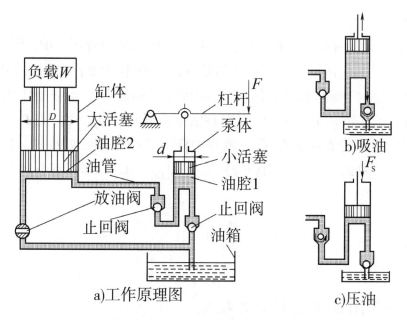

图 8-1 液压千斤顶的组成及工作原理示意图

当向下压杠杆时,小活塞使油腔 1 内的液体经油管、止回阀进入油腔 2,并使大活塞上升,顶起负载 W。适当地选择大、小活塞面积和杠杆比,就可以用人力

升起很重的负载 W。

液压油是液压传动的工作介质,它不仅起传递能量和运动的作用,而且对元件及装置起到润滑作用。液压油的性能好坏,直接影响液压系统的工作性能和液压元件的使用寿命。

(二)液压传动的特点

液压传动与其他传动形式相比,有以下特点:

(1)结构紧凑,传动力大;

(2)定位精确,运动平稳,易于实现自动控制;

(3)速度可无级调速(可任意地控制与调节速度和压力,运动速度和方向的改变能在很短时间内实现);

(4)机件润滑良好,寿命长;

(5)传动效率较低,不宜作远距离传递,不宜在高温或低温条件下工作;

(6)不能保证精确传动比,液压油易泄漏;

(7)液压元件精度要求高,制造成本高。

(三)液压传动系统的主要参数

液压传动系统有两个基本参数,即压力和流量。

① 压力

液压传动计算

图 8-2 所示为油液压力的形成。油液被装在密封的液压缸中,当活塞受到向左的外力 F 作用时,液压缸左腔内的油液受活塞的作用处于被挤压的状态。

压力是指单位面积上所受作用力,实际上是指压强。压强是作用在液体单位面积上的力,一般用 P 表示,而作用在活塞有效面积上的力,用 F 表示。由帕斯卡原理知道,在密闭容器内,静止液体中任一点的压强处处相等。如图 8-3 所示,当活塞和重物的有效作用面积分别为 A_1、A_2,且 $A_1 < A_2$ 时,有下列关系式

因为

$$P = \frac{F}{A_1} = \frac{G}{A_2} \tag{8-1}$$

所以

$$F < G$$

式中:F——作用在油液表面上的外力,N;

G——重物重力,N;

A_1——外力作用面积,m^2;

P——油液压力,Pa。

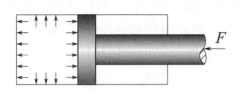 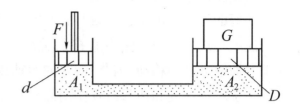

图8-2 油液压力的形成　　图8-3 作用力与活塞有效作用面积的关系

从公式中可以看出,当重物 G 一定时,减小动力 F 作用面积 A_1 可以获得省力 F 的效果。

静止的油液压力具有下列特性:

(1)静止油液中任意一点所受到的各个方向的压力都相等,这个压力称为静压力;

(2)油液静压力的作用方向总是垂直指向承压表面;

(3)密闭容器内静止油液中任意一点的压力如有变化,其压力的变化值将传递给油液的各点,且其值不变,这称为静压传递原理,即帕斯卡原理。

❷ 流量

1)流量定义

单位时间内进出液压缸或通过管道某一截面的液体的体积称为流量,符号为 $q(\text{m/s})$。如图8-4所示,若在时间 t 内流过的液体体积为 V,S 为活塞单位时间内在缸内的移动距离,则流量为

$$q = \frac{V}{t} = AS$$

另外,液体沿液管流动时,由于液体对管壁之间及液体分子之间的摩擦,会产生一定的损失,这种损失称为压力沿程损失。管道越长,流速越快,损失就越大;相反,管道越短,损失就越小。

图8-4 通过液压缸的流量

2)液体流动连续性原理

液体流动连续性原理是指理想液体在无分支管路中作稳定流动时,由于其不可压缩,故液体流过每一截面时的流量相等。

当液体在无分支管路中做稳定流动时,流经管路不同截面时的平均流速与其截面面积大小成反比。

3）活塞运动速度和流量的关系

活塞的运动是由于进入液压缸的油液迫使液压缸容积增大而产生的，活塞运动速度与进入油液流量有直接的关系。液压缸中液体的流速为平均速度，活塞随着油液流动而移动，因此，活塞的运动速度与油液的平均流速相同。

活塞运动速度和活塞有效作用面积和流量之间的关系为：

$$v = \frac{Q}{A}$$

式中：v——液体的平均流速，m/s；

A——液压缸有效作用面积或管理截面积，m^2。

二 液压传动的主要元件

（一）液压传动系统的动力元件

液压传动系统的动力元件就是人们所说的液压泵，按运动部件的形状和运动方式分为柱塞泵、齿轮泵、叶片泵等；按排量是否变量分定量液压泵、变量液压泵；按运动部件转动和油液输出方向分单向液压泵、双向液压泵。图8-5所示为常用液压泵的图形符号。

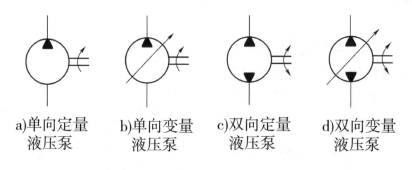

a）单向定量　　b）单向变量　　c）双向定量　　d）双向变量
　液压泵　　　　液压泵　　　　液压泵　　　　液压泵

图8-5　常用液压泵的图形符号

1 柱塞泵

柱塞泵的原理是利用偏心轮推动柱塞往复运动，实现吸油和泵油，如图8-6所示。

柱塞泵可分为轴向柱塞泵和径向柱塞泵两大类，其中轴向柱塞泵又可分为斜盘式和斜缸式。现以斜盘式轴向柱塞泵为例，说明柱塞泵的工作原理。如图8-6所示，几个相同的柱塞装在缸体（转子）的通孔中，沿缸体圆周均匀分布。柱塞的左端在弹力作用下紧贴在斜盘的端面上，斜盘与缸体的轴线相交成α角，配油盘上面有两个窗口，即压油窗和吸油窗，分别与排油管和进油管相通。泵工作时,斜盘和配油盘均固定不动,当缸体绕其轴线按图示方向转动时,各柱塞均在缸体中作往复移动,这样,柱塞与孔构成的密封容积将发生周期性变化:柱塞伸出缸体时,密封容积增大,经吸油窗从油箱中吸入油液,柱塞压入缸体时,密封容积减小。

❷ 齿轮泵

如图8-7所示,两啮合的轮齿将泵体、前后盖板和齿轮包围的密闭容积分成两部分,轮齿进入啮合的一侧密闭容积减小,油液从齿间被挤出,经压油口排油,退出啮合的一侧密闭容积增大,形成局部真空,经吸油口吸油。汽车发动机润滑系统采用的是齿轮泵。

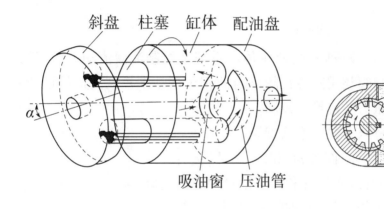

图 8-6　柱塞泵　　　　图 8-7　齿轮泵

❸ 叶片泵

叶片泵由转子、定子、叶片和端盖等组成,如图8-8所示。定子具有圆柱形内表面,定子和转子之间有偏心距 e,叶片装在转子槽中,并可在槽内滑动。由定子内环、转子外圆组成密闭工作容积。由于定子内环由大半径圆弧、小半径圆弧线组成,故密闭容积将随转子旋转而变化。当传动轴带动转子旋转,叶片在离心力作用下紧贴定子内表面,由吸油口吸入工作液,暂存于 a 腔,经叶片挤压输送至 b 腔,再由出油口排出。叶片泵的特点是可作为变量液压泵使用。

(二)液压传动系统的执行元件

液压传动系统的执行元件包括液压马达和液压缸。液压马达与泵在原理上有可逆性,但因用途不同而在结构上有些差别:液压马达将液压能转变为机械能,并以转矩和转速的形式输出,要求正反转,其结构具有对称性,如图8-9所示;而泵为了保证其自吸性能,结构上采取了某些措施,使之不能通用。

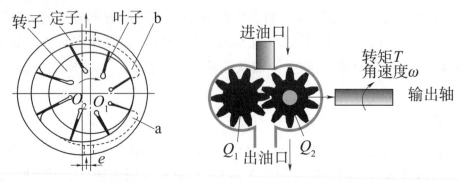

图 8-8　叶片泵　　　　图 8-9　液压马达

液压缸也是将液压能转变为机械能的装置,它将液压能转变为直线运动或摆动的机械能。

(三)液压传动系统的控制元件

液压控制阀(简称液压阀)是液压传动系统中控制油液流动方向、压力及流量的元件。液压控制阀利用阀芯在阀体内的相对运动来控制阀口的通断及开口大小,以实现方向、压力及流量的控制。

液压控制阀具有以下共同结构特点:

(1)基本结构由阀体、阀芯和阀芯驱动件组成;

(2)阀体有阀体孔或阀座孔和外接油管的进出油口;

(3)阀芯有三种结构:滑阀、锥阀和球阀;

(4)驱动装置有:手动、弹簧、电磁或液压力。

根据用途和工作特点不同,液压控制阀主要分为三大类,即方向控制阀,如止回阀、换向阀等;压力控制阀,如溢流阀、减压阀、顺序阀等;流量控制阀,如节流阀、调速阀等。

1　止回阀

止回阀控制油液只能按某一方向流动而反向截止,又称单向阀,如图 8-10 所示。

止回阀

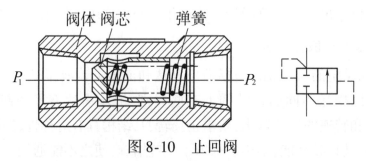

图 8-10　止回阀

止回阀的要求：正向液流压力损失小,反向截止密封性能好。

止回阀的应用：安装在泵的出口,泵工作时,防止系统压力冲击;泵不工作时,防止系统的油液倒流;也可用作背压阀,或与其他阀并联组成复合阀。

❷ 换向阀

换向阀的原理是靠阀芯(滑阀)在阀体内作轴向运动,从而使相应的油路接通或断开,如图8-11所示。滑阀是一个具有多个环形槽的圆柱体(图示阀芯有三个台肩),而阀体孔内有若干个沉割槽(图示阀体为5槽)。每沉割槽都通过相应的孔道与外部相通,其中P为进油口,T为回油口,而A和B则通液压缸两腔。当阀芯处于图8-11a)所示位置时,P与B、A与T相通,活塞向左运动;当阀芯向右移至图8-11b)所示位置时,P与A、B与T相通,活塞向右运动。图中用简化了的图形符号清晰地表明了以上所述的通断情况。

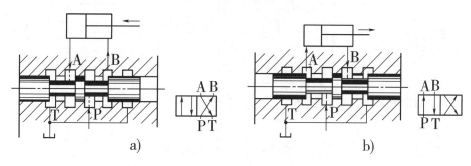

图8-11 换向阀换向原理图

❸ 溢流阀

溢流阀是用来控制液压系统压力或利用压力作为信号来控制其他元件动作的阀类。溢流阀的主要功用:一是起溢流稳压作用,保持液压系统压力恒定;二是限压保护作用,防止液压系统过载。溢流阀依靠系统中的压力油直接作用在阀芯上而与弹簧力相平衡,以控制阀芯的启闭动作,如图8-12所示。图中,P为进油口,T为回油口。

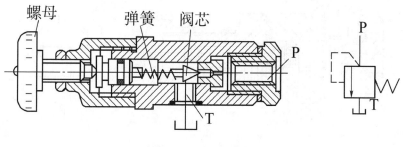

图8-12 溢流阀

4 减压阀

减压阀是利用油液流过缝隙时产生压降的原理,使出口压力低于进口压力的压力控制阀。减压阀出口压力的大小,可通过调压弹簧进行调节。常见的减压阀如图 8-13 所示。

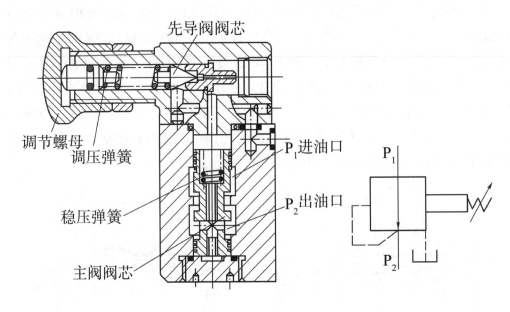

图 8-13 减压阀

5 顺序阀

顺序阀是利用油路中压力的变化控制阀口启闭,以实现执行元件顺序动作的液压元件。当顺序阀的进油口压力低于顺序阀调定压力时,阀口关闭;当进油口压力超过调定压力时,阀口开启,顺序阀输出压力油使其下游的执行元件动作。调整弹簧的预压缩量,即能调节打开顺序阀所需的压力。常见的顺序阀如图 8-14 所示。

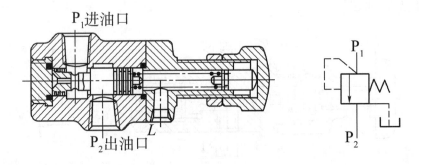

图 8-14 顺序阀

⑥ 节流阀

节流阀的节流口为轴向三角槽式,如图 8-15 所示。压力油从进油口 P_1 流入,经阀芯左端的轴向三角槽后,再由出油口 P_2 流出。旋转手轮,推杆克服弹簧的作用力,使阀芯做轴向移动,改变节流口的通流面积,从而调节通过节流阀的流量。

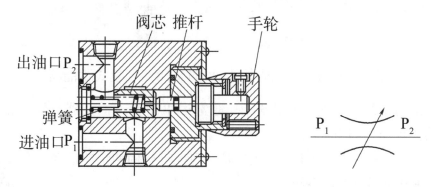

图 8-15 节流阀

⑦ 调速阀

调速阀是由减压阀与节流阀串联而成的组合阀。节流阀用来调节通过阀口的流量,减压阀能自动保持节流阀前、后的压力差不变,从而使通过节流阀的流量不受负载变化的影响。图 8-16 所示为常见的调速阀结构,其中 P_1、P_2 为减压阀进出口压力,P_3 为节流阀出口压力。

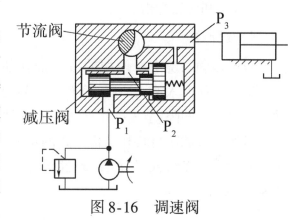

图 8-16 调速阀

(四)液压传动系统的辅助元件

液压系统中的辅助元件主要有蓄能器、过滤器、油箱、热交换器及管件等。这些元件对液压系统的性能、效率、温度升高、噪声和系统的使用寿命有很大的影响。随着汽车工业的发展,对各种辅助元件的要求将会越来越高,控制精度也越来越精确,因此,选用和使用液压系统时,必须对辅助元件给予足够的重视。

① 蓄能器

在液压系统中,蓄能器是一种能量储蓄装置。蓄能器主要有活塞式和气囊式两种,如图 8-17、图 8-18 所示。

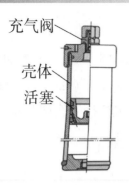 

图 8-17　活塞式蓄能器　　图 8-18　气囊式蓄能器

汽车的防抱死制动系统(ABS)中,通常运用活塞式蓄能器装置。蓄能器在系统中的主要作用如下:

(1)在短时间内提供大量压力油,以实现执行机构的快速运动;

(2)补偿泄漏以保持系统压力;

(3)吸收脉动压力;

(4)缓和液压冲击。

蓄能器

❷ 过滤器

液压传动系统中所使用的液压油在使用过程中不可避免地会掺杂一些杂质。这些杂质混入液压油后,随着液压油的循环作用,会导致液压元件中相对运动部件之间的间隙、节流孔堵塞或运动部件的卡死,从而影响系统的正常工作。

过滤器按滤芯材料和结构形式的不同可分为网式过滤器、线隙式滤油器、纸芯式过滤器、烧结式过滤器、磁性过滤器。汽车发动机机油滤清器的结构如图 8-19 所示。

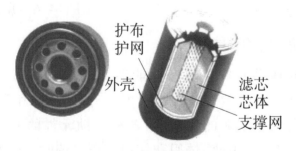

图 8-19　机油滤清器的结构

在液压系统中,过滤器的安装位置有液压泵的吸油管路、压油管路、回油路、辅助泵的输油路。汽车发动机机油滤清器的安装位置,如图 8-20 所示。

过滤器的主要作用是滤去油中杂质,维护油液清洁,防止油液污染,保证系统正常工作。

单元八　汽车液压传动

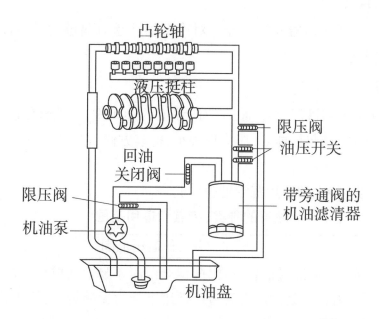

图 8-20　汽车发动机机油滤清器的安装位置

❸ 油箱

油箱的主要作用是储存系统所需的足够油液，散发油液中的热量，分离油箱中的气体及沉淀物等。

❹ 密封装置

密封可分为间隙密封和接触密封两种方式。间隙密封是依靠相对运动零件配合面的间隙来防止泄漏，其密封效果取决于间隙的大小、压力差、密封长度和零件表面质量。接触密封是靠密封件在装配时的预压缩力和工作时密封件在油液压力作用下发生弹性变形所产生的弹性接触压力来实现的，其密封能力随油液压力的升高而提高，并在磨损后具有一定的自动补偿能力。常见的密封件如图 8-21 所示。

 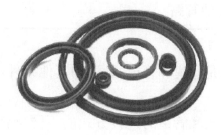

图 8-21　常见的密封件

❺ 热交换器

热交换器包括冷却器和加热器。对冷却器要求有足够的散热面积,散热效率高,压力损失小。

❻ 管件

管件是用来连接液压元件、输送液压油液的连接件,所选管件应保证有足够的强度,没有泄漏,密封性能好,压力损失小,拆装方便,它包括油管和管接头。

1) 油管

油管的种类、特点和适用范围见表8-1。

油管的种类、特点和适用范围　　　　表8-1

种类	特点和适用范围
钢管	价廉、耐油、抗腐、刚性好,但装配时不易弯曲成形,常用于装配及拆卸方便之处的压力管道。常用钢管为无缝钢管,低压的管道可用焊接钢管
紫铜管	价高、抗振性能差、易使油液氧化,但易弯曲成形,因能受的压力较低,一般只用于低压系统,或连接仪表和钢管不便装配之处
尼龙管	因其透明,可观察液体的流动情况,加热后可任意弯曲成形及扩口,冷却后即定型,其承压能力因材料而异
塑料管	耐油、价低、装配方便,长期使用会老化,一般只用作液压系统的回油管与泄油管
胶管	用于相对运动组件间的管道连接,分高压和低压两种类型。高压胶管是以钢丝编织体或钢丝缠绕体为骨架的胶管,价格较高,用于压力油路;低压胶管是以麻线或棉线编织体为骨架的胶管,用于回油管路

2) 管接头

管接头是管道和管道、管道和其他元件(如泵、阀、集成块等)之间的可拆卸连接件。

按管接头和管道的连接方式的不同可将管接头分为扩口式、卡套式和焊接式三种,如图8-22所示。

图 8-22 管接头和管道的连接方式

三 液压传动基本回路

任何一种液压传动系统都是由一些基本回路组成的。液压基本回路是指由有关液压元件组成的用来完成特定功能的典型油路结构。按油路的功能不同，基本回路可分为方向控制回路、压力控制回路和速度控制回路等。

❶ 方向控制回路

方向控制回路是利用各种方向控制阀来控制油液的通断和变向，从而使执行元件起动、停止或换向。图 8-23 所示为常用的锁紧回路。

❷ 压力控制回路

压力控制回路是利用各种压力阀控制系统或系统某一部分油液压力的回路，实现调压、减压、增压、卸荷和多级压力等控制，满足执行元件对力或转矩的要求。图 8-24 所示为三级调压回路。

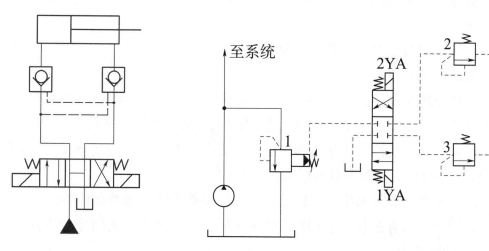

图 8-23 锁紧回路　　　　图 8-24 三级调压回路

❸ 速度控制回路

速度控制回路是控制和调节液压执行元件运动速度的基本回路。按被控制执行元件的运动状态、运动方式以及调节方法。速度控制回路有调速、制动、限速和同步回路等。图8-25所示为节流调速回路。

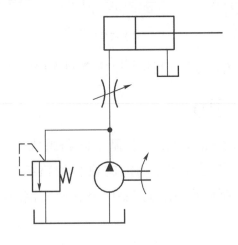

图 8-25　节流调速回路

单元小结

（1）液压传动的工作原理是以油液作为工作介质，通过密封容积的变化来传递运动，通过油液内部的压力来传递动力。

（2）液压传动由液压介质、动力元件、执行元件、控制元件、辅助元件等组成。

（3）液压传动的主要参数有压力和流量。

（4）液压传动的特点。

（5）静压传递原理是指密闭容器内，静止油液中任意一点的压力如有变化，其压力的变化值将传递给油液的各点，且其值不变，也称帕斯卡原理。

（6）液体流动连续性原理是指理想液体在无分支管路中作稳定流动时，由于其不可压缩，故液体流过每一截面时的流量相等。

（7）液压元件主要有液压泵、液压缸、液压控制阀及液压辅助元件等。

（8）常用液压泵有齿轮泵、叶片泵和柱塞泵三种。液压控制阀分为方向阀、压力阀和流量阀三类。

（9）液压基本回路是由有关液压元件组成的用来完成特定功能的典型油路结构。按油路的功能不同，它可分为方向控制回路、压力控制回路和速度控制回路等。

单元八　汽车液压传动

(一)填空题

1. 液压传动有两个基本参数,即_____和_____。
2. 液压传动系统利用_____将原动机的机械能转换为液体的_____,通过液体压力能的变化来传递能量,经过各种控制阀和管路的传递,借助于液压执行元件,把液体压力能转换为机械能,驱动工作机构实现直线往复运动和回转运动。
3. 液压传动中,管道越长,流速越_____,损失就越_____。
4. 液压传动系统中,辅助元件主要有_____、_____、_____及_____等。

(二)选择题

1. 以下(　　)是液压传动系统的动力元件。
   A. 压缩机　　　B. 汽缸　　　C. 换向阀　　　D. 液压泵
2. 以下(　　)是属于液压传动系统的压力控制阀。
   A. 溢流阀　　　B. 节流阀　　　C. 换向阀　　　D. 调速阀
3. (　　)是液压传动中最重要的参数。
   A. 压力和流量　B. 压力和负载　C. 压力和速度　D. 流量和速度
4. 在液压传动系统中液压缸是(　　)。
   A. 动力元件　　B. 执行元件　　C. 控制元件　　D. 传动元件
5. 相比而言,可在运动过程中实现大范围调速的传动是(　　)。
   A. 机械传动　　B. 电器传动　　C. 气压传动　　D. 液压传动
6. 液压系统利用液体的(　　)来传递动力。
   A. 位能　　　　B. 动能　　　　C. 压力能　　　D. 热能
7. 液压系统的压力是由(　　)决定的。
   A. 泵　　　　　B. 阀　　　　　C. 负载　　　　D. 液压油
8. 高压系统多采用(　　)。
   A. 齿轮泵　　　B. 叶片泵　　　C. 柱塞泵

(三)判断题

1. 液压传动有压力和流量两个基本参数。　　　　　　　　　　　　　(　　)

2. 液压传动系统利用液压泵将原动机的机械能转换为液体的压力能,通过液体压力能的变化来传递能量,经过各种控制阀和管路的传递,借助于液压执行元件,把液体压力能转换为机械能,驱动工作机构实现直线往复运动和回转运动。(　　)

3. 液压传动中,管道越长,流速越小,损失就越大。(　　)

4. 液压泵的吸油腔的压力越低越好。(　　)

5. 在停电或原动机发生故障时,蓄能器可作为液压系统的应急能源。(　　)

6. 过滤精度表示滤油器对颗粒大小在一定范围内的污染物的过滤能力。(　　)

(四)简答题

1. 简述液压传动系统的组成。

2. 液压传动有哪些特点?

3. 举例说明液压传动在汽车上的应用。

单元九　汽车气压传动

 学习目标

1. 知道气压传动系统的组成、气压传动的特点,知道气压传动系统各组成元件作用、结构和工作原理;
2. 描述气压传动系统的工作原理和汽车上的气压装置的工作过程;
3. 正确进行汽车气压传动元件拆装;
4. 正确使用汽车维修气压设备。

 建议课时

2 课时。

一　气压传动的认识

(一)气压传动系统的工作原理

❶ 气压传动系统的组成

气压传动系统由四部分组成:动力元件、执行元件、控制元件和辅助元件。

(1)动力元件。动力元件是将机械能转化成气压能,向气压系统提供压力气体,是系统的气压发生装置,如空气压缩机。

(2)执行元件。执行元件是将气压能转化成机械能,在压力气体的作用下,完成对外做功,如气缸、气动马达。

(3)控制元件。控制元件是控制气体的流动方向、调节压力和流量,如各种控制阀。

(4)辅助元件。辅助元件是保证气压系统正常工作所必需的部分,主要起清洁、润滑、密封和储存等作用,如除油器、储气罐、密封件和管件等。

❷ 气压传动系统的工作原理

气压传动是以压缩空气作为工作介质传递运动和动力的,靠气体的压力传递动力或信息,将压缩空气经由管道和控制阀输送给气动执行元件,把压缩空气的压力能转换为机械能而做功。如图9-1所示,空气被空气压缩机压缩,经冷却器、除油器、干燥器到达储气罐,储存压缩空气并稳定压力。然后经过滤器、调压器(减压器)形成清洁稳压的压缩气体。经过处理的压缩空气,再经气压控制元件进入气压执行元件,推动活塞带动负载工作。油雾器的作用是将润滑油喷成雾状,悬浮于压缩空气内,使控制阀及气缸得到润滑。

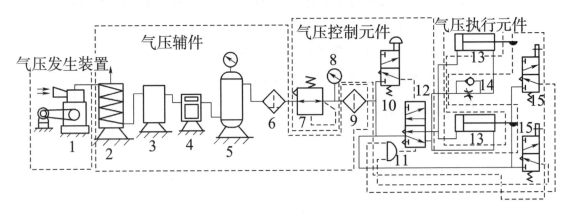

图9-1 气压传动的工作原理图

1-空气压缩机;2-冷却器;3-除油器;4-干燥器;5-储气罐;6-过滤器;7-调压器(减压器);8-气压表;9-油雾器;10、11、12、14、15-控制阀;13-气缸

❸ 气压传动系统的参数

气压传动系统的参数主要是系统工作压力,在系统中采用气压表显示。

(二)气压传动的特点

❶ 气压传动的优点

(1)以空气为工作介质,来源方便,使用后可以直接排入大气中,处理简单,不污染环境。

(2)由于空气流动损失小,压缩空气便于集中供气,能实现远距离传输和控制。

(3)与液压传动相比较,气压传动具有动作迅速、反应快等优点,短时间内即可达到所要求的工作压力及速度。此外,气压传动维护简单,管路不易堵塞,且不存在介质变质、补充和更换等问题。

(4)工作环境适应性强,特别是在易燃、易爆、多尘埃、强辐射、振动等恶劣环境下工作时比液压、机械、电器传动更具优势。

(5)结构简单、轻便,安装维护简便,压力等级低,使用安全可靠。

(6)空气具有可压缩性,气动系统能够实现自动过载保护。

❷ 气压传动的缺点

(1)由于空气具有可压缩性,所以气缸的动作速度易受负载变化的影响。

(2)工作压力较低,系统输出力较小,传动效率较低。

(3)气动系统具有较大的噪声。

(4)工作介质空气本身没有润滑性,需要加油雾器进行润滑。

二 气压传动的主要元件

(一)气压传动系统的动力元件

气压传动系统的动力元件是空气压缩机。它的作用是把大气压状态下的空气升压提供给气压传动系统。图9-2所示是最常用的汽车活塞式空气压缩机。其工作原理如图9-3所示。工作时在汽车发动机驱动下,曲柄作回转运动,通过连杆推动活塞作往复运动。当活塞下移,体积增大,气缸压力小于大气压,空气从进气阀进入气缸,即实现了吸气。当活塞上移,气体受到压缩,气压增大,进气阀关闭。随着活塞不断上移,当压力高于打开排气阀所遇到的阻力时,排气阀打开,空气压缩机就连续输出高压气体。

图9-2 汽车空气压缩机

(二)气压传动系统的执行元件

气压传动系统的执行元件在系统中,是将压缩空气的压力能转变成机械能的元件,包括气缸和气动马达。气缸用于实现直线往复运动或摆动,气动马达用于实现连续的回转运动。图9-4所示为汽车上常用的活塞式气缸,又称为活塞式制动气室。该制动气室主要靠压缩空气作用在膜片上,推动推杆来控制制动器起制动作用。

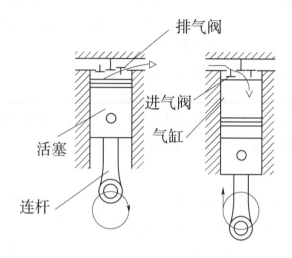

图9-3　活塞式空气压缩机结构原理图

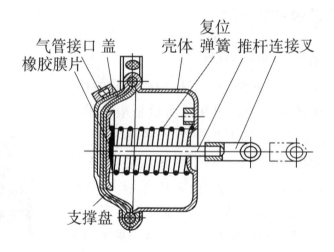

图9-4　汽车制动气室

(三)气压传动系统的控制元件

在气压传动系统中,通过控制压缩空气的压力来控制执行元件的输出推力、转矩以及动作顺序的阀,称为压力控制阀,包括减压阀、顺序阀和安全阀。

1 减压阀

减压阀又称调压阀,如图9-5所示,其作用是将储气罐内空气内压力减到每台装置所需的压力,并使减压后的压力稳定在所需压力值上。

单元九 汽车气压传动

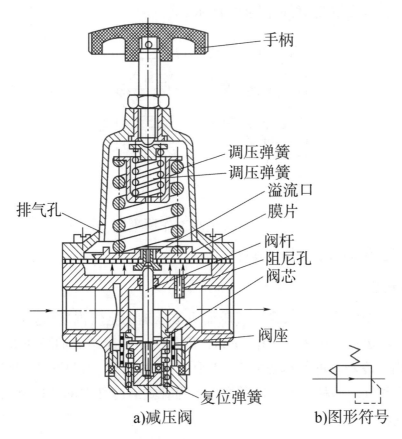

图 9-5 减压阀及图形符号

❷ 顺序阀

顺序阀的作用是控制执行元件的动作顺序。顺序阀是依靠气路中压力的大小来控制执行元件先后顺序动作的压力控制阀,它根据弹簧的预压缩量来控制顺序阀的开启压力。当输入压力达到或超过开启压力时,顶开弹簧,于是 A 才有输出;反之 A 无输出,如图 9-6 所示。

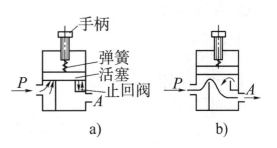

图 9-6 顺序阀工作原理图

❸ 安全阀

安全阀的作用是防止系统内压力超过最大许用压力,以保护回路或气动装置的安全。当系统中气体压力在调定范围内时,作用在活塞上的压力小于弹簧的力,活塞处于关闭状态。当系统压力升高,作用在活塞上的压力大于弹簧的预定压力时,活塞向上移动,阀门开启排气。直到系统压力降到调定范围以下,活塞又重新关闭,如图9-7所示。

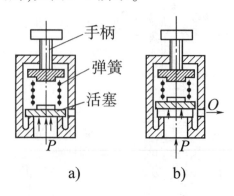

图9-7 安全阀工作原理图

(四)气压传动系统的辅助元件

❶ 冷却器

冷却器的作用是降低来自空气压缩机被压缩的空气温度,这样可使压缩空气中的油雾和水汽迅速达到饱和,使其大部分析出并凝结成油滴和水滴,以便经除油器排出。冷却器的结构形式有:蛇形管式、列管式、散热片式、管套式,冷却方式有水冷和气冷两种方式。蛇形管式和列管式后冷却器的结构及图形符号如图9-8所示。

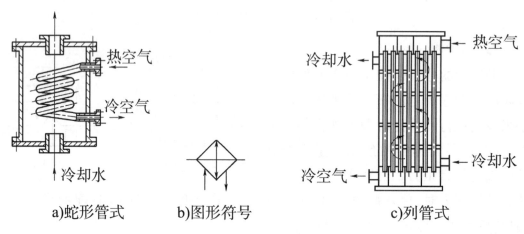

图9-8 冷却器

❷ 除油器

除油器的作用是除去空气中的杂质油。

❸ 储气罐

储气罐的主要作用是储存一定数量的压缩空气,以便发生故障或临时需要应急使用;消除压力脉动,保证输出气流的连续性和平稳性;进一步分离压缩空气中的油、水等杂质。储气罐一般采用焊接结构,以立式居多,其结构及图形符号如图9-9所示。

❹ 空气过滤器

空气过滤器是气动系统中最常用的一种空气净化装置。其作用是滤除压缩空气中的水分、油滴及杂质,以达到气动系统所要求的净化程度。

❺ 油雾器

油雾器是一种特殊的注油装置。它以压缩空气为动力,将润滑油喷射成雾状并混合于压缩空气中,使压缩空气具有润滑气动元件的能力。

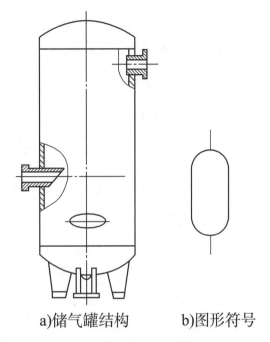

a)储气罐结构　　　　b)图形符号

图9-9　储气罐结构及图形符号

单元小结

(1)气压传动系统由四部分组成:动力元件、执行元件、控制元件和辅助元件。

(2)气压传动系统的工作原理。

(3)气压传动系统的特点。

(4)气压传动系统的参数主要是系统工作压力。

(5)气压传动系统的动力元件是空气压缩机。它的作用是把大气压状态下的空气升压提供给气压传动系统。

(6)气压传动系统的执行元件在系统中,是将压缩空气的压力能转变成机械能的元件,包括气缸和气动马达。

(7)在气压传动系统中,通过控制压缩空气的压力来控制执行元件的输出推力、转矩及动作顺序的阀,称为压力控制阀,包括减压阀、顺序阀和安全阀。

(8)气压传动系统的辅助元件包括冷却器、除油器、储气筒、空气过滤器和油雾器等。

思考与练习

(一) 填空题

1. 气压传动系统由_____、_____、_____和_____四部分组成。
2. 气压传动系统的参数主要是系统_____。
3. 气压传动系统的动力元件是_____。
4. 气缸和气动马达是将压缩空气的_____转变成_____的元件。

(二) 选择题

1. 以下( )是气压传动系统的执行元件。
   A. 空气压缩机　　B. 气缸　　C. 止回阀　　D. 储气筒
2. 气压传动系统中,去除空气中杂质油的装置称为( )。
   A. 空气过滤器　　B. 储气筒　　C. 除油器　　D. 冷却器

(三) 判断题

1. 气压传动是靠气体的压力传递动力或信息,将压缩气体经由管道和控制阀输送给气动执行元件,把压缩气体的压力能转换为机械能而对外做功。( )
2. 气压传动系统的动力元件是气缸和气动马达。( )
3. 储气罐的主要作用是储存一定数量的压缩空气;消除压力脉动,保证输出气流的连续性和平稳性;进一步分离压缩空气中的油和水等杂质。( )

(四) 简答题

1. 气压传动有哪些特点?
2. 简述气压传动系统的动力元件的工作原理。
3. 举例说明气压传动的应用。

参考文献

[1] 辜东莲,李同军,于光明.机械制图(少学时)[M].2版.北京:高等教育出版社,2018.

[2] 刘根平.汽车机械基础[M].2版.北京:人民交通出版社股份有限公司,2021.

[3] 顾欣.汽车机械基础[M].南京:江苏教育出版社,2010.

[4] 刘新江.机械基础(少学时)[M].2版.北京:人民交通出版社股份有限公司,2016.

[5] 栾学钢,王诚,吴建蓉.机械基础(少学时)[M].北京:高等教育出版社,2010.

[6] 于光明.机械制图习题集(少学时)[M].2版.北京:高等教育出版社,2018.

[7] 张让莘.汽车机械基础学习指导与练习[M].3版.北京:高等教育出版社,2021.

[8] 丁宏伟.汽车材料[M].2版.北京:中国劳动社会保障出版社,2014.

[9] 杨士伟.机械基础与实训[M].2版.北京:科学出版社,2014.

[10] 崔振民,张让莘.汽车机械基础[M].2版.北京:高等教育出版社,2014.

[11] 凤勇.汽车机械基础[M].4版.北京:人民交通出版社股份有限公司,2019.

[12] 柳波.汽车液压与气压传动[M].北京:人民交通出版社股份有限公司,2014.

[13] 孙旭.汽车机械基础[M].北京:人民交通出版社股份有限公司,2019.